왜, 유럽 5개국인가

왜, 유럽 5개국인가

초판 1쇄 발행 2012년 12월 10일
초판 3쇄 발행 2017년 5월 2일

지은이 정두용 · 김다원 · 김희경

펴낸이 김선기
펴낸곳 (주)푸른길
출판등록 1996년 4월 12일 제16-1292호
주소 (08377) 서울특별시 구로구 디지털로 33길 48 대륭포스트타워 7차 1008호
전화 02-523-2907, 6942-9570-2
팩스 02-523-2951
이메일 purungilbook@naver.com
홈페이지 www.purungil.co.kr

ISBN 978-89-6291-215-9 03920

*이 도서의 국립중앙도서관 출판시도서목록(CIP)은 e-CIP홈페이지(http://www.nl.go.kr/ecip)와
국가자료공동목록시스템(http://www.nl.go.kr/kolisnet)에서 이용하실 수 있습니다.(CIP제어번호:
CIP: 2012005387)

청소년을 위한 국제 이해 교육

왜,
유럽 5개국인가

글 · 정두용 · 김다원 · 김희경

푸른길

머리말

20세기 중반만 해도 유럽은 우리나라와 아주 까마득히 먼 곳으로 느껴졌는데 반세기가 지난 지금 유럽은 우리가 지척에서 만질 수 있을 것처럼 가까워졌어요. 실제로 우리는 오감五感, 보고·듣고·맛보고·냄새 맡고·만지고을 통해 유럽을 느낄 수 있는 정도가 되었어요. 이런저런 이유로 여행하는 많은 사람들은 말할 것도 없고 TV나 인터넷을 통해서도 얼마든지 유럽을 보고 들을 수가 있게 되었어요. 그 예로, 유럽의 축구 중계는 우리나라 축구 팬들이 가장 즐겨 보는 프로그램이에요. 에스파냐에서는 축제가 끊이지 않지요. 그렇다면 맛보고, 냄새 맡고, 만지는 것은 어떨까요? 이탈리아의 파스타, 영국의 위스키, 프랑스의 향수, 독일의 자동차 등 유럽의 먹거리를 맛보고, 화장품을 바르고, 향수의 냄새를 맡고, 자동차를 타고, 물품들을 만지면서 생활하고 있어요. 뿐만 아니라 유럽의 경제에 좋은 일이 생기면 우리도 기대를 하게 되고, 유럽의 경제가 어려워지면 우리나라도 함께 걱정해야 하는 정도가 되었어요. 이처럼 유럽은 지리적으로 먼 곳이지만 우리 생활에서는 아주 가까운 지역이 되었어요.

사실 유럽은 이렇게 가까워지기 전에도 '서양'이라는 이름으로 알게 모르게 우리에게 많은 영향을 미친 지역이에요. 정치, 경제, 사회, 문화 등 거의 모든 면에서 우리나라나 동양의 것보다 오히려 유럽에 근원을 둔 것들에 더 익숙해져 살고 있거든요. 민주주의와 인권, 산업화와 자본주의, 시민운동, 복지사회, 과학기술과 문화예술 등 거의 모든 분야에서 유럽의 이념과 제도의 틀 안에서 살고 있는 거예요. 그런데 유럽인들은 우리에게만 그렇게 큰 영향을 미친 것이 아니라 세계 거의 모든 나라와 지역에도 그들의 것을 전파했어요. 세계는 유럽에 의해 서구화西歐化되었고 지금도 계속 진행되고 있어요. 유럽을 모르면

현재의 세계를 알 수 없는 이유예요.

그러면 유럽은 어떻게 해서 지금의 유럽이 되었고 어떤 과정을 거쳐서 자신의 것들을
세계에 전파할 수 있었으며 그렇게 할 수 있었던 배경과 힘은 어디에서 나왔을까요? 그
답을 찾기 위해 유럽의 근대화와 세계화 주역들을 탐색하는 가운데서 자연히 유럽의
근대사를 이끌어 온 다섯 국가이탈리아, 에스파냐, 영국, 프랑스, 독일에 대해 좀 더 관심을 갖게
되었어요. 그 결과 유럽을 이해할 때 5개국을 중심으로 큰 줄기를 잡아가면서 살펴본다면
유럽을 이해하고, 나아가 세계화를 이해하는 데 큰 도움이 된다는 결론을 얻었어요. 그렇게
해서 『왜, 유럽 5개국인가』를 집필하게 되었어요.

『왜, 유럽 5개국인가』는 3년 전 국제이해교육학회의 작은 연구 모임인 MIU(Meeting
of International understanding)에서 만들어 낸 첫 번째 책『왜 미국, 중국, 일본,
러시아인가?』에 이어 두 번째로 나온 책이에요. 주로 중·고등학생과 같은
청소년들을 대상으로 국제이해교육의 한 분야인 다른 나라에 대한 이해를 돕기
위해 구상된 책이기는 하지만 교사, 학부모, 일반인들도 읽기 쉬운 교양서로서 기능할
것으로 기대하고 있어요. 이 책의 출판을 위해 애써 주신 푸른길의 김선기 사장님과 편집을
꼼꼼히 맡아 주신 이선주 씨께 깊은 감사의 뜻을 전합니다.

2012년

정두용, 김다원, 김희경

CONTETS

왜, 유럽인가?
왜, 유럽 5개국인가?

이탈리아는 1300년간 지속된 로마 제국(공화정 포함)의 역사를 지닌 나라예요. 로마는 유럽 역사상 가장 긴, 가장 강력한, 가장 광대한 영토를 지닌, 유럽의 다른 국가에 가장 큰 영향을 미친 역사를 지닌 나라였어요. 또한 로마는 크리스트교를 인정하고 국교로 정함으로써 세계적인 종교가 되는 계기를 마련한 나라이기도 해요. 로마 시대의 긴 역사와 찬란했던 역사를 보여 주는 문화 유적은 이탈리아뿐 아니라 유럽과 북부아프리카, 서아시아에서도 볼 수 있어요. 15~16세기에는 르네상스의 본고장으로 인본주의 사상을 바탕으로 문화 예술을 꽃 피웠으며 이를 유럽을 거쳐 전 세계로 전파한 나라이기도 해요. 음악에서 오페라의 나라이기도 하고 음식에서 파스타의 나라이기도 해요.

르네상스를 꽃피운 나라
이탈리아

1. 이탈리아의 자연 환경과 사람들

지중해의 중심이라고 불리는 이탈리아는 유럽의 박물관이라고 해도 지나치지 않습니다. 전 세계 문화 유적의 60%가 이탈리아에 위치하고 있기 때문입니다. 이탈리아는 1870년 하나의 국가로 통일이 되었으며 단일 언어로 이탈리아어를 사용하고 있습니다. 인구의 98%가 가톨릭을 믿는 국가이지만 21개의 각 지방은 저마다 독특한 도시 문화를 가지고 있습니다. 면적은 약 30만 1220km²로 남한 면적의 3배이며 인구는 약 5800만 명입니다.

이탈리아는 유럽 중남부에 위치하고 있는 나라로, 지도에서 찾아보면 마치 긴 장화 모양의 반도(半島)국입니다. 북서에서 남동까지의 길이가 약 1200km에 이르는 남북으로 긴 나라이기 때문에, 이탈리아의 국토는 지형적으로 북쪽에서 남쪽으로 대륙부, 평야부, 반도부, 도서부로 나눌 수 있습니다. 이 가운데 국토의 17%는 섬으로, 시칠리아 섬과 사르데냐 섬, 엘바 섬 이외에 70여 개의 섬을 포함하고 있지요.

이탈리아 반도는 이베리아 반도, 발칸 반도와 함께 남유럽의 3대 반도에 포함되지만 다른 반도와는 달리 지중해 사이에 위치하고 있어서 가장 유럽적인

자연과 문화를 지닌 곳이라고 할 수 있습니다. 이탈리아의 북쪽으로는 알프스를 경계로 프랑스, 스위스, 오스트리아, 슬로베니아 등과 이웃하며, 동쪽으로는 아드리아 해를 사이에 두고 발칸 반도와, 남쪽으로는 지중해를 사이에 두고 북아프리카와 마주 보고 있습니다. 또한 이탈리아는 산지와 구릉이 많은 나라로 700m 이상의 산지가 35%를 차지하며 국토의 42%는 구릉 지대, 나머지 23% 정도가 평지를 구성하고 있습니다.

이탈리아는 남북으로 긴 나라이기 때문에 지역에 따른 기온차가 크게 나타납니다. 기후는 사계절의 구분이 분명하여 우리나라의 기후와 전체적으로 비슷하지만, 우리나라의 여름과는 달리 여름이 건조하고 겨울에 비교적 비가 많이 온다는 점이 특징입니다.

이탈리아 사람들의 삶을 설명하는 동사에는 세 가지가 있습니다. 바로 '아마레(amare, 사랑한다)', '칸타레(cantare, 노래한다)', '만다레(mangiare, 먹는다)'입니다. 과거 로마 제국의 후예답게 전통을 존중하고 새로운 것을 창조하려는 열정이 가득한 이탈리아는 과연 어떤 나라일까요? 먼저 이탈리아의 역사부터 살펴보도록 합시다.

2. 이탈리아의 역사 이야기

로마의 건국 신화

"모든 길은 로마로 통한다."라는 말이 있습니다. 그런데 왜 로마일까요? 이 말은 로마가 세계의 중심이며 서양 문명의 근간임을 의미하는 것입니다. 과거 이탈리아 반도 및 지중해권 전역을 장악하여 고대 세계의 중심이 되었던 로마 제국에는 아주 흥미로운 건국 신화가 전해집니다. 신화에 따르면 전쟁의 신 마르스와 고대 이탈리아의 도시였던 알바롱가의 왕녀 사이에서 태어난 쌍둥이 형제는 태어난 지 얼마 되지 않아 아물리우스로 인해 티베르 강(현재의 테베레 강)에 버려졌습니다. 이를 본 늑대가 쌍둥이를 구하고 자신의 젖을 먹여 길렀습니다. 그러던 중 어느 양치기가 이들을 발견해 집으로 데려와 로물루스와 레무스라는 이름을 짓고, 정성껏 길러 주었습니다. 이후 훌륭하게 자란 쌍둥이 형제는 자신들의 출생의 비밀을 알게 되었고, 반란을 일으켜 자신들에게서 왕위를 빼앗았던 아물리우스를 죽였습니다. 그후 BC 753년에 로물루스는 티베르 강에서 가까운 곳에 로마라는 작은 도시 국가를 건설하게 됩니다.

왕정에서 공화정으로

처음에 로마는 작은 도시 국가에 지나지 않았습니다. 하지만 이탈리아 반도의 중심에 위치하여 비교적 좋은 지리적 조건을 가지고 있었고, 외국인들도 로마 시민으로 받아들이는 개방적인 정책을 펼쳤습니다. 그래서 로마는 인근 도시 국가의 상인과 수공업자들이 모여드는 교역의 중심지가 되어 상공업이 크게 발달하게 되었습니다.

초기 로마의 정치체제는 왕이 정치·군사·종교 분야에서 최고의 권한을 갖는 왕정을 실시했습니다. 제5대 왕부터 제7대 왕까지 로마의 왕은 에트루리아 출신이었는데, 당시 로마보다 문화적으로 앞서 있었던 에트루리아의 문화적

로물루스와 레무스가 늑대의 젖을 먹고 있는 모습을 나타낸 로마 카피톨리니 박물관의 청동 동상

영향을 많이 받았습니다. BC 6세기 말경, 제7대 왕을 마지막으로 로마의 정치체제는 왕정에서 공화정으로 바뀌게 됩니다. 왕이 없이 민회와 원로원, 집정관이 서로 견제하면서 권력을 나누어 행사하는 공화정으로 바뀌게 된 것이지요.

로마는 어떻게 이러한 제도를 만들었을까요? 우선 공화정 초기의 로마는 사람들을 귀족 신분과 평민 신분, 그리고 노예 신분으로 엄격히 구분하였습니다. 귀족 가문 출신만이 집정관이나 원로원 의원이 될 수 있었고 귀족과 평민은 신분의 차이로 인해 결혼도 할 수 없었습니다. 이에 평민은 귀족에 대해 정치·사회적 평등을 요구하기 시작했고 마침내 평민들로 이루어진 평민회를 만들어서 평민을 대표하고 보호하는 2명의 호민관을 뽑을 수 있게 되었습니다. 평민들은 전쟁이 나면 군인이 되어 적과 싸우고 나라를 운영하는 데 필요한 세금을 내고 있었으므로 귀족이라고 해서 평민들의 요구를 계속 무시만 할 수는 없었던 것입니다.

이와 같은 평민의 끊임없는 요구에 그 권리를 인정하여 12개 조항의 법률을 정하게 됩니다. 이 법률을 12표법이라고 하는데 이는 고대 로마 법률의 바탕이 되었고 후에 법의 기초가 되었습니다. 법치 국가의 전통이 생겨나게 된 것이지요. 결국 BC 445년에 이르러서는 귀족과 평민 간에도 결혼을 할 수 있도록 카눌레이우스법이 제정되었고, BC 367년에는 리키니우스·섹스티우스법이 제정되어 유능한 평민은 집정관과 원로원 의원이 될 수 있는 조치가 마련되었습니다. 이로써 노예를 제외하고 귀족과 평민이 로마의 시민으로서 같은 권리와 평등을 나누는 공화국을 이룰 수 있었습니다.

길이 50km, 너비 8m의 도로로 세계에서 가장 오래된 아피아 가도. 로마 제국은 이 도로를 통해 군대와 물자를 신속하게 이동시킬 수 있었고 로마의 문명 역시 이 도로를 통해 전 세계로 퍼져 나갔다.

로마의 영토 확장

건국 당시 티베르 강가의 작은 도시 국가에 지나지 않았던 로마가 어떻게 이탈리아 반도를 통일하고, 지중해권 전역을 장악해 고대 세계의 중심이 되었던 것일까요? 로마의 건국 신화에도 등장할 정도로 로마인들이 중요하게 여기는 신은 전쟁의 신 마르스입니다. 사실 로마 영토의 역사는 주변 도시 국가들과의 끊임없는 전쟁과 정복의 역사로 볼 수도 있습니다. BC 312년 로마는 현대 고속 도로의 효시라고 할 수 있는 로마 제국의 포장도로 아피아 가도를 건설하기 시작했습니다. 이 도로는 이탈리아 남부 지역과의 원활한 교류를 위해 만들어졌는데, 이 도로를 통해 로마의 군대와 물자뿐만 아니라 로마의 문명까지 전 세계로 퍼져나갈 수 있었던 것입니다.

로마는 주변 도시 국가들과의 전쟁을 통해 이탈리아를 통일한 후 더 넓은 영토를 차지하기 위해 대규모의 전쟁을 전개했습니다. 우선 지중해 전역을 장악하기 위해 카르타고와의 전쟁을 시작했습니다. 카르타고는 당시 시칠리아, 사르디니아(현재의 사르데냐), 이베리아 반도에 세력의 기반을 두고 지중해 무역으로 부강해진 나라였습니다. 지중해로 진출하려는 로마가 카르타고와 충돌하는 것은 피할 수 없는 것이었죠. 로마와 카르타고 사이에 있었던 길고 긴 전쟁을 '포에니 전쟁'이라고 합니다. 제1차 포에니 전쟁(BC 264~BC 241)은 로마와 카르타고 사이에 자리 잡아 지중해 항로에 아주 중요한 지역인 시칠리아를 놓고 벌인 전쟁을 말합니다. BC 241년 로마 해군이 카르타고 함대를 완전하게 항복시키는 것으로 제1차 포에니 전쟁은 끝이 납니다.

그러나 BC 218년 제2차 포에니 전쟁(BC 218~BC 201)이 일어나게 됩니다. 이 전쟁에서 카르타고의 명장 한니발이 이끄는 카르타고군은 코끼리 부대와 함께 갈리아 지방(현재의 프랑스)을 통과하고 알프스 산맥을 넘어 이탈리아를 공격하여 큰 승리를 거두기도 합니다. 한니발은 몇 차례나 맹활약을 했지만, 결국 기병의 열세를 극복하지 못하고 패하여 제2차 포에니 전쟁은 로마군의 승리로 끝났습니다. 제3차 포에니 전쟁(BC 149~BC 146) 역시 로마의 승리로 끝나면서 무려 100년 이상 계속된 포에니 전쟁은 카르타고의 멸망으로 끝이 나게 됩니다. 로마는 카르타고를

한니발

멸망시킨 후 영토 확장을 위한 전쟁을 계속하여 지중해 세계 전체를 지배하게 됩니다.

자, 제국의 중심지로서 로마 시민들이 사는 이탈리아 사회에는 어떤 변화가 일어났을까요? 우선 전리품과 배상금 등 엄청난 재물이 로마로 흘러들었습니다. 전쟁에서 진 패전국의 수많은 주민은 포로로 잡혀 노예가 되었습니다. 이러한 전쟁 수입과 속주로부터 거두어들이는 막대한 세금은 모두 로마의 귀족들이 차지하게 되었습니다. 로마의 귀족들은 정복지를 개인 소유로 만들고 노예를 부리게 되면서 '라티푼디움(Latifundium)'이라는 대농장을 경영하였고, 이를 통해 권세와 재산을 엄청나게 불리며 사치스러운 생활을 누렸습니다.

반면에 영토를 확장하기 위해 전쟁을 치르는 동안 전장에 나가 싸운 로마 시민들의 생활은 나아진 것이 없었습니다. 오랜 기간 전쟁을 치르느라 농사를 제대로 짓지 못했기 때문에 생활은 자연히 어려워졌습니다. 또한 속주에서 값싼 농산물이 흘러들어 오고, 부유한 귀족들은 노예를 이용하여 농장을 넓혀 대농장을 경영했습니다. 이 때문에 어려움을 견디다 못한 농민들은 땅을 헐값에 귀족들에게 넘기고 도시로 이주하여 굶주린 생활을 하게 되었습니다. 몰락한 농민과 노예 등 궁핍한 생활을 하는 빈민이 증가함에 따라 로마는 심각한 사회 문제를 안게 되었습니다. 이러한 위기를 해결하기 위해 호민관으로 선출된 그라쿠스 형제(티베리우스 셈프로니우스 그라쿠스와 가이우스 그라쿠스)는 개혁을 시도했습니다. 하지만 귀족들의 반대로 그라쿠스 형제의 개혁안이 실패로 돌아감에 따라 로마 사회는 혼란과 내전에 빠지게 되었습니다.

로마 제정의 성립과 로마의 평화

원로원 귀족들의 세력을 누르기 위해 율리우스 카이사르는 마그누스 그나이우스 폼페이우스, 마르쿠스 리키니우스 크라수스와 함께 동맹하여 로마를 지배하게 되었는데 이를 두고 제1차 삼두정치라고 합니다. 그러나 세 사람의 동맹은 오래 지속되지 못했습니다. 크라수스는 파르티아와 전쟁 중 전사하고, 카이사르와 대립하던 원로원 귀족들과 손을 잡은 폼페이우스는 결국 이집트에서 죽음을 맞이합니다. 남은 카이사르는 소아시아에서의 전투에서 승리를 거두고 로마로 개선하게 됩니다.

한편 카이사르는 왕과 다름없는 절대 권력자로서 임기가 무제한인 독재관이었기 때문에 원로원으로부터 불만을 사게 되었습니다. 결국 BC 44년 카이사르는 원로원 회의장에서 브루투스 등에 의해 살해되었습니다. 그리고 BC 43년 안토니우스, 레피두스, 옥타비아누스가 로마를 다스리는 제2차 삼두 정치를 펼치게 됩니다. 하지만 서로 경쟁하는 관계에 있던 세 사람이 권력을 나누어 로마를 다스리는 방식의 제2차 삼두 정치 역시 오래 지속되지 못했습니다. 레피두스는 옥타비아누스에게 패해 권력 싸움에서 물러나고, 안토니우스는 악티움 해전에서 옥타비아누스에게 크게 진 후 스스로 목숨을 끊게 됩니다.

안토니우스와 동맹했던 이집트의 클레오파트

율리우스 카이사르. 지금의 프랑스 땅인 갈리아 지방의 총독이었다. 군대를 해산하고 로마로 귀환하라는 원로원의 명령에 군단을 이끌고 루비콘 강을 건너 권력을 장악한 뒤 종신 독재관이 되었으나 브루투스 등에 의해 암살당했다. 타고난 정치가로서 "왔노라, 보았노라, 이겼노라."라는 말과 함께 많은 군사적 업적을 남겼다.

라 7세 역시 자살로 안토니우스와 같은 길을 택하여 이집트 프톨레마이오스 왕조는 멸망하고 이로써 로마는 오랜 내전에 종지부를 찍게 된 것입니다. 옥타비아누스는 자신에게 대항할 만한 세력을 가진 사람들이 모두 사라진 후 혼자 권력을 장악하게 되었습니다. 이는 사실상 로마의 공화정이 무너지게 되었고 '존엄한 자'라는 뜻의 '아우구스투스' 황제가 지배하는 로마 제국이 시작되었음을 의미하는 것이었습니다.

이때부터 로마는 차츰 안정과 번영의 길로 들어서게 되었습니다. 아우구스투스는 무려 41년이나 로마를 지배했고 그의 훌륭한 통치로 안정을 찾은 로마는 계속해서 영토를 넓혀갔습니다. 아우구스투스가 서기 14년 79세의 나이로 세상을 떠난 이후 네로와 같은 괴팍한 황제를 거치기도 하는 등 여러 명의 황제가 권력을 이어받았고 5현제로 불리는 다섯 명의 현명한 황제 네르바, 트라야누스, 하드리아누스, 피우스, 아우렐리우스에 이르기까지 약 300년에 가까운 '팍스 로마나(Pax Romana)'를 누리게 됩니다.

팍스 로마나

팍스 로마나는 '로마의 평화' 엄밀히 말하면 '로마 지배하의 평화'를 의미한다. 로마 제국은 건국된 이후 내전과 혼란을 겪기도 했지만 주변 도시 국가들과의 계속적인 전쟁을 통해 이탈리아 반도를 통일했을 뿐 아니라 이탈리아 밖에서 대규모의 전쟁을 전개해 나감으로써 영토를 확장해 나갔다. 이러한 전쟁의 역사를 통해 로마는 당시 지중해권 전역을 장악하는 강력한 중앙 집권 제국의 수도이자 고대 세계의 중심이 되었으며 방대한 영토를 지배하게 되었던 것이다. 팍스 로마나는 아우구스투스가 통치하던 시기부터 5현제에 이르기까지 로마 제국의 세력이 지배하는, 국경 안에서 전쟁이나 외부로부터의 침입에 대한 두려움 없이 상대적으로 평화로운 시대를 맞이했던 약 300년에 가까운 기간을 가리킨다. 이로부터 생겨난 신조어, 예를 들어 '팍스 아메리카나', '팍스 브리타니카', '팍스 자포니카', '팍스 유로피아나' 등과 같은 용어는 어떤 패권에 의해 상대적인 평화가 이루어졌음을 의미한다.

로마인들의 삶과 문화

　다섯 명의 현명한 황제가 로마를 다스리는 동안 로마 제국은 태평성대로 전성기를 누리게 되었고 예술, 건축, 문학의 빛나는 발전을 이루었습니다. 당시 로마 제국의 생활은 어떠했을까요? 원형 경기장, 극장, 목욕탕과 같이 지금도 남아 있는 고대 로마의 유적은 당시의 찬란한 문화를 잘 말해 주고 있습니다.

　로마에 있는 원형 경기장은 5만 명을 수용할 수 있는 압도적인 규모를 자랑하는 건축물로 로마 제국의 힘과 정복욕을 보여 주는 로마의 대표적인 상징이라고 할 수 있습니다. 로마인들은 원형 경기장이나 전차 경주장에서 벌어지던 '서커스'라는 것을 가장 좋아했습니다. 원형 경기장에서는 검투사들이 목숨을 걸고 서로 싸우거나 사람과 동물들을 풀어놓고 서로 죽고 죽이는 경기가 벌어졌는데 로마에서는 이를 서커스라고 합니다. 전차 경주 역시 매우 위험해서 경주에 참여한 사람들이 죽거나 다치는 일이 자주 일어났습니다. 로마인들은 이렇게 피비린내 나고 잔인한 경기를 가장 즐겼던 것입니다.

　로마인들은 왜 이렇게 잔인하고 야만스러운 서커스를 즐겼던 것일까요? 로마 제국의 번영기에 황제나 정치가들이 시민들에게 제공한 서커스는 나름대로 정치적인 목적이 있었습니다. 경기에 참여하여 목숨을 걸고 위험한 싸움을 해야만 하는 검투사들은 주로 노예나 죄수 신분이었습니다. 그렇기 때문에 로마 시민들은 이들을 동정할 이유가 없다고 생각했습니다. 결국 잔인하고 야만스러운 경기가 벌어지는 원형 경기장은 황제가 자신의 권력을 과시하거나 시민들이 자신들의 의사를 표현하는 장소로 사용되었던 것입니다.

　로마 사회는 성과 신분에 따른 불평등이 존재한 사회였다고 할 수 있습니다. 로마 시대에 정치에 참여할 수 있는 권리는 성인 남자 시민에게만 주어졌으므로 여성의 지위는 상대적으로 낮았습니다. 가정에서 남자, 특히 아버지의

폼페이 유적지에 남아 있는 돌 제분기

공동 수돗가. 로마인들은 수도관을 만들어 집집마다 깨끗한 물을 공급했다.

상점 거리. 도로 쪽으로 문을 낸 상가들 모습과 인도와 차도가 확실하게 구분되어 있는 모습은 오늘날과 거의 닮아 있다.

권한은 매우 컸습니다. 전통적으로 여성의 경우 결혼을 하기 전에는 아버지에게, 결혼을 하면 남편에게 복종해야 했습니다. 주인에게 전적으로 속하여 노동을 해야 했던 노예의 신분은 자유가 없었기에 더욱 낮았습니다.

　로마인은 곡물을 맷돌로 갈아 가루로 만드는 곡물 제분 기술이 발달하면서 밀가루를 만들었고, 빵을 만들어 먹었습니다. 또한 로마인은 수도를 건설하는 데 뛰어난 기술을 발휘했습니다. 로마 시민은 물이 필요할 경우 100km나 떨어진 곳에서도 수도관으로 늘 깨끗한 물을 쓸 수 있었습니다. 이 물은 목욕하는 데 쓰이기도 하고, 분수를 만들어 뿜어내는 데 쓰이기도 하였습니다. 폼페이의 유적지에서 로마인의 과거 생활 모습을 살펴볼 수 있습니다.

로마의 국교가 된 크리스트교

　로마는 원래 많은 신을 숭배하는 다신교 사회로 우상을 숭배했습니다. 영토를 확장하면서 다른 민족의 신들도 인정하고 받아들였습니다. 이러한 로마가 왜 크리스트교는 박해를 가했을까요? 로마가 크리스트교를 엄격하게 금지했던 것은 이 종교의 교리가 국가의 신들을 숭배하는 로마의 종교와 크게 달랐기 때문이었습니다. 크리스트교도는 하느님 이외의 다른 신은 믿지 않았습니다. 로마인이라면 누구나 국가의 신들을 숭배하는 종교 의식에 참여했는데 크리스트교도들은 이러한 의식에 참여하기를 거부했습니다. 그 이후 네로 황제 시절 로마에 큰 화재가 일어났는데 그 원인이 크리스트교도에 있다는 비난을 받게 되었습니다. 이후 로마 제국은 크리스트교를 박

크리스트교를 공인한 로마 황제 콘스탄티누스 1세

해하기 시작했지만 크리스트교가 이미 크게 번져 있었고 그 신도의 수가 계속 늘어 갔기 때문에 로마의 황제도 그 세력을 무시할 수 없는 지경에 이르게 되었습니다. 결국 콘스탄티누스 황제는 큰 세력으로 자란 크리스트교를 공식적으로 인정하는 것이 제국을 통치하는 데 도움이 될 것이라고 생각하였습니다. 313년 콘스탄티누스 황제가 인정한 크리스트교는 392년에 테오도시우스 황제에 의해 로마의 국교로 선포되었습니다.

이탈리아 안의 또 다른 국가, 바티칸

이탈리아 수도 로마 안에는 면적 0.44km²의 세계에서 제일 작은 나라 바티칸이 있다. 중세의 중심이었던 바티칸에는 성 베드로 대성당, 성 베드로 광장, 교황 궁전, 관청, 미술관 등이 있다. 바티칸은 19세기 들어 이탈리아가 통일되면서 교황청 직속 교황령으로서의 지위를 상실하게 됨에 따라 1929년 이탈리아와 교황청 주변의 지역에 대해 주권을 인정하는 라테란 조약을 체결함으로써 현재의 면적을 가진 독립국이 되었다. 도로 위에 그어진 흰색 선은 이탈리아와 바티칸을 구분하는 일종의 국경 역할을 한다. 순례자와 관광객으로 넘쳐 활기찬 이곳은 미켈란젤로의 '천지창조', 라파엘로의 '아테네 학당' 등 훌륭한 예술 작품을 감상할 수 있는 이탈리아 예술의 보고이다.

로마 제국의 쇠퇴와 멸망

크리스트교가 로마의 국교가 되어 성장하는 동안 로마 제국은 쇠퇴하기 시작했습니다. 소수의 로마 귀족이 방대한 영토를 지배하는 것이 사실상 불가능했으며 오랜 평화에서 온 정신적 해이, 향락과 부패가 로마 제국을 점점 쇠퇴하게 만든 것입니다. 5현제의 마지막 황제인 마르쿠스 아우렐리우스가 죽자, 그동안 세력을 키워 온 로마의 장군들이 정치에 손대기 시작했습니다. 정치에 야심을 가지고 있던 장군들이 창칼을 앞세워 권력을 잡고 서로 황제가 되려고 경쟁하면서 내전이 발생했습니다. 이때를 군인 황제 시대(235~284)라고 부르는데, 약 50년 동안 26명의 군인이 황제에 오르고 죽임을 당하는 일이 계속되었습니다. 군대가 내전에 휘말려 서로 싸우는 동안 로마의 국방 수비는 자연히 허술해지게 되었고 게르만족의 약탈은 더욱 빈번해졌습니다. 군인 황제 시대의 위기 속에 디오클레티아누스가 황제 자리에 오르면서 로마는 다시 안정을 찾는 듯 했습니다. 디오클레티아누스는 넓은 제국을 효율적으로 통치하기 위해 제국을 넷으로 나누어 4명의 황제가 통치하도록 했습니다. 이로 인해 로마는 넷으로 나누어지고 황제도 4명이 되었습니다. 이들 가운데 가장 유능한 인물로 꼽히던 콘스탄티누스 황제는 경쟁하던 다른 황제들을 제압하고 로마 제국의 황제로 자리를 굳히게 되었습니다. 콘스탄티누스 황제는 로마 제국의 수도를 비잔티움으로 옮겼습니다. 이 도시는 오래전부터 교통과 군사의 요지였고 그리스 시대부터 번영했던 곳으로 오늘날 터키 제1의 도시인 이스탄불입니다. 로마 제국의 수도가 되면서 콘스탄티누스 황제의 이름을 딴 '콘스탄티노플'로 불리게 되었습니다. 계속되는 게르만족의 침략, 군인들의 반란으로 로마 제국은 더욱 혼란스러워졌습니다. 395년에 로마 제국 전체를 통치한 마지막 황제 테오도시우스가 세상을 떠나자 로마 제국은 동서로 분열되었고 이후

로마 제국이 세계의 역사와 문화에 끼친 영향

역사상 1200년간 지속된 최초의 대제국으로서 고대 세계의 중심으로 군림했던 로마 제국은 멸망했지만, 로마 제국이 세계에 끼친 영향은 한두 가지가 아니다. 세계 문명의 기본적인 틀을 마련해 이를 전 세계에 퍼뜨려 놓았기 때문이다. 로마의 영향을 받은 것에는 어떤 것들이 있을까? 우선 '제도와 법률'을 들어 볼 수 있다. 로마가 거대한 땅덩어리를 지배하면서 만들어 놓은 조직적이고 합리적인 법률은 오늘날 세계 여러 나라 법률이 참고로 하는 근간이 된다. 이와 함께 로마가 지배한 지방과 속주에서 어김없이 발견되는 원형 경기장, 목욕탕 등 로마의 건축물들과 라틴어의 전파이다. 고대 로마의 언어인 라틴어는 중세 유럽에서 매우 중요한 언어였다. 또한 로마는 단지 강압적인 방법으로 제국을 지배하려 하지 않았다. 로마는 야만인(野蠻人)이나 이민족 출신에게도 로마인과 동등한 지위를 누릴 수 있는 로마 시민권을 주어 제국을 확장하는 데 도움이 될 수 있도록 했다. 로마의 위대함은 곧 이러한 포용력에서 비롯되었다고 할 수 있다. 이와 아울러 서구 유럽 사회에 전파된 기독교의 영향이다. 테오도시우스 1세 때 로마 제국의 국교가 되었던 크리스트교는 로마 제국이 멸망한 후에도 계속 성장하여 로마 제국의 5대 교구였던 로마, 예루살렘, 알렉산드리아, 안티오크(현재의 안타키아), 콘스탄티노플을 중심으로 서구 유럽 사회로 널리 퍼져나가 로마 제국의 문화를 전해 주는 데 큰 역할을 했다.

동로마와 서로마는 하나로 통일되지 못하고 서로 다른 역사의 길을 걷게 됩니다. 서로마 제국에서는 게르만 출신 장군들이 세력을 키워 로마 군대의 중요한 자리를 차지하게 되었습니다. 이들 가운데 오도아케르는 서로마 제국의 마지막 황제 아우구스툴루스를 퇴위시키고 476년 서로마 제국은 멸망하게 됩니다. 한편 동로마 제국은 '비잔틴'이라고 하는 화려한 문화를 꽃피웠지만 이슬람 세력에 밀려 결국 1453년 멸망하게 됩니다.

로마 제국의 멸망 이후

로마 제국이 멸망한 이후 이탈리아 반도는 이민족의 침략과 약탈이 이어졌고 유럽 대부분의 국가들이 크리스트교를 중시하게 되면서 교황을 중심으로 한 로마의 의미가 증대하게 되었습니다. 바로 이러한 이유로 인해 이탈리아 반도는 유럽의 패권을 장악하고자 하는 유럽 여러 나라들이 세력 대결을 펼치는 대결의 장이 되어버렸습니다. 6세기 중반 롬바르드족은 오늘날 롬바르디아 지방을 정복하여 롬바르드 왕국을 건설하고 북부 이탈리아 지방을 지배했습니다. 갈리아 지역에 프랑크 왕국을 세운 프랑크족의 카를 대제는 롬바르드 왕국을 멸망시키고 프랑크·롬바르드 왕국의 왕이 되었습니다. 이후 843년 베르됭 조약으로 프랑크 왕국은 셋으로 나누어지는데, 후에 각각 이탈리아, 독일, 프랑스가 됩니다. 이로 인해 이탈리아의 역사는 독일, 프랑스의 역사와 밀접한 관계를 갖는 것입니다. 반면 남부 이탈리아 지방은 이슬람교도의 침공을 받아 이슬람 문화의 영향을 받게 됩니다. 11세기경 이들을 제압한 노르만족은 시칠리아 섬을 점령하고 왕국을 건설했습니다.

한편 로마 제국이 멸망해 사라진 이탈리아 반도에는 수없이 많은 도시 국가들이 등장했습니다. 이들 도시 국가들은 지중해에 위치해 동방과 가깝다는 지리적인 이점으로 교역을 독점할 수 있었습니다. 도시와 그 주변 영토를 마치 독립국처럼 지배하는 여러 개의 도시 국가들이 등장하면서 많은 재산을 모으고 권세를 얻은 귀족과 상인들이 그들만의 독특한 문화를 발전시키게 됩니다. 이탈리아의 르네상스 운동은 바로 이 도시 국가들을 중심으로 화려하게 꽃을 피우게 되었습니다.

16세기 이후가 되자, 세계적인 상황은 이탈리아 반도에 위치한 도시 국가들의 운명을 바꾸어 놓게 되었습니다. 즉 오스만투르크 제국이 이슬람 세계를 거의 장악하면서 이탈리아 도시 국가들의 동방 무역이 어려워지게 됨으로써 점점 쇠퇴하기 시작했던 것입니다. 반면 포르투갈, 에스파냐 등 유럽의 다른 나라들은 동방으로 가기 위한 새로운 항로를 찾기 위해 나섰습니다. 콜럼버스가 아메리카 대륙을 발견하고 중국, 인도에 이르는 새로운 항로가 개척되자 동방과의 무역 주도권이 서유럽 국가들로 넘어가게 되어 16세기 이후 이탈리아 반도의 도시 국가들은 크게 쇠퇴하게 되었습니다. 그러나 이탈리아 반도의 북서부에 위치한 사보이 왕국은 18세기에 이르러 강력한 세력으로 성장하면서 피에몬테-사르데냐 왕국으로 변신하고 1789년 프랑스 대혁명 이후에는 이탈리아 반도를 통일한 주역으로 등장하게 되었습니다. 당시 이탈리아 반도는 서로 다른 여러 도시 국가들로 나뉘어 있어서 하나의 통일 국가를 건설하기에는 너무도 어려운 상황이었습니다. 남쪽의 시칠리아 왕국은 전형적인 봉건주의 국가였고 중부의 토스카나, 파르마, 모데나 등은 세도가들이 다스리는 공국이었으며, 베네치아와 피렌체는 공화국이었거든요. 또한 롬바르디아는 독일, 에스파냐, 프랑스의 지배를 받다가 오스트리아의 영토가 되어 있던 상황이었습니다.

이처럼 어려운 상황에서 이탈리아의 통일에 결정적인 역할을 하게 된 4명의 영웅이 있습니다. 이들은 주세페 마치니, 주세페 가리발디, 비토리오 에마누엘레 2세, 그리고 카보우르입니다. 특히 가리발디는 리소르지멘토(Risorgimento), 즉 이탈리아 통일 운동에 가장 미온적인 태도를 보였던 시칠리아를 장악하면서 1860년에 이탈리아의 국토 통일을 완성하게 됩니다. 이후 1866년 베네치아를 되찾고 1870년 에마누엘레 2세가 로마에 입성함으로써 통일 이탈리아 왕국이 창건되었습니다. 이후 혼란 그 자체였던 유럽 대륙에 제1차 세계대전이 일어나게 되고 극우 파시스트 베니토 무솔리니가 독일, 일본과 함께 전 세계를 대상으로 제2차 세계대전을 일으키게 됩니다. 전쟁에 진 이탈리아는 국민 투표를 거쳐 1948년 이탈리아 공화국 정부를 수립하였습니다. 1948년 이탈리아 공화국이 출범한 이래, 이탈리아는 유럽경제공동체(ECC)에 가입했고 유럽연합(EU) 회원국으로서 오늘날에 이르게 되었습니다.

3. 이탈리아의 삶과 문화

이탈리아의 사람들은 어떨까?

로마 제국, 중세의 크리스트교 제국 그리고 르네상스의 꽃을 피운 이탈리아 사람들은 어떤 사람일까요? 이탈리아 사람들은 일을 천천히 하기 때문에 게을러 보일 수도 있지만 일단 일을 시작하면 열정적으로 그리고 집요하게 합니다. 르네상스 이후 이탈리아의 천재 예술가들이 세계의 건축과 도시를 이끌었던 점을 보면 알 수 있습니다. 오늘날에도 세계인이 감탄하는 아피아 가도의 탄탄함은 말할 나위가 없습니다. 이탈리아인들이 가지고 있는 디자인과 패션에 대한 감각은 매우 뛰어납니다. 1931년생으로 팔순을 코앞에 둔 나이지만, 지금도 왕성하게 활동하는 이탈리아의 거장 디자이너 알레산드로 멘디니에 대해 들어본 적 있나요? 멘디니라는 이름을 알지 못해도 전 세계에서 가장 유명한, 사람 모양의 와인병따개를 본 기억은 있을 겁니다.

알레산드로 멘디니의 와인병 따개

밀라노의 라스칼라 극장. 세계적인 오페라 극장 가운데 가장 유명한 오페라 극장이다. 밀라노를 지배하던 오스트리아의 여제 마리아 테레지아의 명에 의해 1778년에 세워졌다. 맞은편에 레오나르도 다빈치의 동상이 서 있다.

또한 우리가 즐겨 부르는 가곡 중에는 이탈리아 가곡이 많습니다. 우리 귀에 익숙한 '오솔레미오' 같은 가곡은 어떨까요? 우리나라를 대표하는 성악가 조수미도 이탈리아에서 성악 공부를 했지요. 베르디 국제콩쿠르, 만토바 국제콩쿠르 등 이탈리아에서 열리는 콩쿠르는 성악가들의 세계적인 경쟁 무대입니다.

이탈리아에서는 어떤 음식을 먹을까?

21세기 들어 냉동식품, 인스턴트식품, 패스트푸드의 세계화에 따라 우리나라뿐만 아니라 유럽의 전통적인 식생활이 무너지고 있는 추세라고 합니다. 이런 상황에서도 이탈리아는 자신들의 음식 문화에 대한 자부심이 대단해서 전통음식을 중요시하고 심지어는 전통음식을 지켜 나가려는 운동까지 벌이는 나라입니다. 1980년대 말 '좋고 깨끗하고 공정한 음식'을 내세워 이탈리아에서 일어난 '슬로푸드' 운동은 식생활의 중요한 변화를 깊이 있게 다루었다고 할 수 있지요.

열정적인 이탈리아 사람들이 자주 먹고 좋아하는 음식들에는 무엇이 있을까요? 이탈리아의 도시에도 맥도날드나 대형 슈퍼마켓이 자리 잡고 있지만 이탈리아 사람들은 신선한 재료로 음식을 만들기 위해 시장과 단골 가게에서 장보는 것을 좋아하지요. 제철, 제고장에서 나온 질 좋고 신선한 재료를 구하는 데 이보다 더 좋은 곳은 없거든요. 이처럼 신선한 재료로 만드는 이탈리아 음식 하면 남녀노소를 불문하고 전 세계 누구나 좋아하는 피자, 파스타, 에스프레소 커피 그리고 아이스크림이 떠오르지요. 피자와 함께 우리에게 주로 스파게티로 알려진 파스타는 이탈리아 음식의 꽃이라고 할 수 있습니다. 파스타는 이탈리아 식단에서 수프 다음에 나오는 프리모에 해당합니다. 또한 신선한 야채로 직접 만들어 낸 슬로푸드라고 할 수 있지요! 우리나라의 만두, 칼국수, 수제비, 막국수와 같은 음식에 견주어 볼 수 있는 파스타는 스파게티, 라자냐, 마카로니 등으로 구분합니다. 마른 파스타는 물과 밀가루로 만들어 오래 보관할 수 있고, 생 파스타는 달걀로 반죽하여 상하기 쉽기 때문에 냉장고에 보관하고 하루나 이틀 안에 먹어야 합니다. 항간에 떠도는 속설에 의하면 『동방견문록』을 쓴 마르코 폴로가 13세기에 중국에서 파스타를 이탈리아로 들여갔다고 합니다. 그러나 거꾸로 유럽에서 중국으로 갔다는 주장도 있고, 중동에서 시작해 동서로 전해졌다는 설도 있습니다. 이렇게 국수의 기원을 두고 여러 가지 주장과 설이 제기되는 것은 국수의 역사가 오래되었을 뿐 아니라 그만큼 사람들이 좋아하기 때문이 아닐까요? 파스타는 지역에 따라 매우 다양합니다. 예를 들어 소스만 해도 볼로냐에는 다진 고기와 포도주가 들어간 라구(ragu)가 있고, 나폴리에서는 토마토와 바질을 넣어서 소스를 만들며, 제노바는 바질, 잣, 치즈를 갈아 올리브 기름에 갠 페스토, 시칠리아는 마늘과 고추를 많이 넣은 해물 파스타가 있습니다.

이번에는 이탈리아의 아침 식사부터 저녁 식사까지 알아볼까요! 대개 이탈리아 사람들은 간단하게 아침 식사를 하는데 아주 진한 에스프레소 커피나 끓인 커피에 거품이 나지 않을 정도로 살짝 데운 우유를 넣은 카페라테를 마시

카푸치노

대개 이탈리아 가정에서는 아침에 에스프레소나 카페라테를, 일터에 나가 오전 업무가 대강 끝날 때쯤에는 스푼티노로 빵을 먹고 카푸치노를 마셨다. 하지만 요즘은 시간에 관계없이 취향대로 마시는 게 일상이 되었다. 이 밖에 거품을 넣은 카푸치노도 유명한데 카푸치노는 프란치스코회의 카푸친 작은형제회의 수도사 옷에서 유래한 이름이다. 수도사들이 입는 브라운색이 카푸치노의 색과 닮아서 그런 이름이 붙여졌다고 하기도 하고, 청빈의 상징으로 세모꼴 두건이 달린 수도복 모양이 커피잔에 담긴 거품과 닮아 붙여졌다고 한다. 카푸치노는 오스트리아 왕가에서 만들어졌으며, 제2차 세계대전 후 에스프레소 기계가 보급되면서 전 세계로 확산되었다.

는 경우가 많습니다. 아침 식사가 너무 간단한가요? 하지만 오전의 간식인 스푼티노, 점심과 오후의 간식 메렌다, 저녁 식사가 기다리고 있으니 괜찮습니다. 그리고 이탈리아 사람들은 후식 메뉴 중 아이스크림을 정말 좋아합니다. '얼었다'는 의미의 '젤라토(gelato)'는 맛도 좋지만 들어가는 재료에 따라 종류도 아주 다양합니다.

후식으로 식단의 마지막 코스인 진한 에스프레소 커피와 아이스크림까지 먹고 나면 정해진 식사가 모두 끝나게 됩니다. 우리나라에서 식사 후 잘 먹었다는 표시로 끄윽 소리를 내면서 트림을 하는 경우를 종종 보게 되는데 이탈리아의 식사 예절에 의하면 트림은 실례가 됩니다. 대신 종이를 말아서 큰 소리로 코를 푸는 것은 괜찮다고 합니다. 우리나라에서는 실례가 되는 경우가 이탈리아에서는 실례가 아니라고 하니 참 재미있죠!

다진 고기가 들어간 라구

4. 이탈리아의 르네상스 시대

르네상스는 프랑스어로 '재생' 또는 '부흥'을 의미합니다. 역사적으로 르네상스는 15세기에서 16세기 서유럽에서 일어난 그리스와 로마의 고전문화를 부흥시키고자 했던 운동을 가리킵니다. 신 중심 사회였던 중세와 달리 새롭게 인간 중심 문화를 창조한 운동인 르네상스가 이탈리아에서 시작되어 유럽 곳곳으로 확산되었다는 사실을 알고 있었나요? 크리스트교를 통해 중세의 정신 세계를 지배했던 이 시기를 가리켜 흔히 암흑기라고 합니다. 그러니까 중세의 유럽은 봉건적 농경사회였고 교황을 중심으로 한 크리스트교의 의미가 크게 증대한 시기입니다. 그런데 르네상스 시대에 이르러 유럽의 영국, 프랑스, 독일 등에서는 정치적으로 강력한 중앙 집권 시대가 열리고 이탈리아에서는 교역으로 많은 재산을 축적한 상인들이 문화를 주도하게 되는 자립 경제에 바탕을 둔 도시 중심 국가들이 나타났습니다. 이때 고대 그리스와 로마의 학문이 부활하여 대학에서는 활발한 연구가 이루어졌고, 15세기 중엽 독일의 요하네스 구텐베르크가 활판 인쇄술을 발명하면서 고대 학문 연구는 더욱 박차를 가하게 되었습니다. 인쇄술은 계속해서 발달했고 책의 대량생산이 가능하게 되어 소수 지배층이 아닌 일반인들도 지식에 접근할 수 있었기 때문입니다.

그렇다면 르네상스는 왜 이탈리아에서 시작되었을까요? 정확히 말하면 이탈리아는 르네상스가 시작될 수 있는 여러 가지 조건을 갖추고 있었습니다. 우선 유럽 여러 나라 가운데 이탈리아 도시들은 화려한 로마의 문화유산을 물려받아 문화적으로 앞서 있었다는 점을 들 수 있습니다. 그리고 당시 피렌체는 금융의 중심지였고 베네치아는 지중해 동부권의 무역을 장악하고 있었는데 이처럼 상업 활동으로 막대한 부를 쌓은 귀족이나 상인들이 학문과 예술에 관심을 보이며 재정적인 후원을 할 수 있을 정도로 성장해 있었습니다.

여기서 질문 하나 더! 귀족이나 상인들은 왜 학문과 예술에 대한 경제적인 지원을 했을까요? 15세기에 이르러 이탈리아 대부분의 도시는 막대한 재산을 축적한 어느 한 가문의 지배하에 놓이게 되었습니다. 피렌체의 메디치 가문, 밀라노의 비스콘티 가문과 스포르차 가문 등이 바로 그 예에 해당하는 경우입니다. 당시 피렌체는 베네치아와 더불어 가장 강력한 세력을 가지고 있었으며 그 중심에는 15세기부터 300여 년에 걸쳐 유럽의 문화와 역사를 지배했던 메디치 가문이 있었습니다. 열세 살이던 미켈란젤로의 천재성을 발견해 그를 후원한 것, 라파엘로를 원조해 그의 예술을 개화시킨 것, 브루넬레스키가 산타마리아델피오레 대성당의 커다랗고 둥근 지붕인 돔(쿠폴라)을 설계해 완성할 수 있도록 지원한 것 등 많은 지원을 했던 것이 피렌체의 메디치 가문입니다. 메디치 가문이 학문과 예술이 지닌 가치와 중요성을 인식하고 예술가들에게 엄청난 후원을 했지만 다른 한편으로는 이와 같은 후원을 통해 금융업으로 축적한 재산을 사회적으로 환원함으로써 금융업에 대한 '고리대금업'이라는 오명을 씻고자 한 것입니다. 그리고 일반 시민들의 지지를 얻고자 했고 예술품을 통해 경쟁적으로 자신이 속한 가문을 선전하고자 한 목적도 있었습니다.

학문과 예술의 진흥을 위한 메디치 가문의 경제적 지원이 없었다면 이탈리

피렌체 시청 앞 코시모 데 메디치의 청동상

아나 유럽은 지금과는 전혀 다른 모습이었을 겁니다. 이탈리아의 르네상스는 메디치 가문의 후원에 힘입어 꽃피울 수 있게 된 것입니다. 가문의 후원으로 '시스티나 성당의 천장화'를 그린 미켈란젤로, '아테네 학당'의 라파엘로 산치오, '모나리자'의 레오나르도 다빈치 이 세 미술가가 이루어 낸 이탈리아 르네상스 미술의 전성기는 독창적이고 지적이면서 완벽한 조화를 이루는 미술 작품들로 우리에게 감동을 선사해 줍니다.

5. 이탈리아의 주요 지역 탐색

베네치아, 과거 지중해 무역의 중심지

이탈리아 베네토 주의 주도인 베네치아는 1500년의 역사를 지닌 도시로 과거 지중해를 주름잡던 영광이 숨 쉬는 축제의 도시이자 바다의 도시입니다. 화려했던 과거가 물로 가득 찬 골목마다 구석구석 배어 있는 베네치아의 역사, 문화, 예술, 축제에 대해서 알아보도록 해요.

베네치아의 역사는 6세기부터 시작되는데, 이민족들에게 쫓겨 온 롬바르디아의 피난민들이 살게 된 섬들이 마을이 되고 이 마을들이 서로 연결되면서 수세기를 거쳐 16세기에 베네치아의 지금 모습이 완성되었습니다. '물의 도시'라고 불리기도 하는 베네치아는 과거 해상 무역을 통해 막대한 부를 축적한 지중해 무역의 중심지였습니다.

베네치아는 약 120개의 작은 섬들을 400여 개의 다리로 연결해서 만든 인공의 섬이기 때문에 독특한 도시 풍경을 만들었습니다. 우선 바닷물이 흐르는 대운하 카날 그란데를 중심으로 여러 섬들이 연결되면서 작은 섬과 섬 사이에

물의 도시 베네치아

는 작은 운하 리오가 만들어졌어요. 리오는 바닷물의 흐름을 그대로 유지하도록 만들어져 바닷물이 고여 썩는 것을 방지해 줍니다. 정말 놀라운 기술이지요! 베네치아의 섬과 섬 사이를 이동하는 데 대운하 카날 그란데는 주요한 교통로입니다. 베네치아에서 다른 섬으로 이동할 때 가장 중요한 교통수단은 수상버스 바포레토인데, 이탈리아어로 '증기선'이라는 뜻을 가지고 있지요. 대운하를 건너는 또 다른 교통수단은 나룻배 트라게토인데 다리가 세 개 밖에 없는 대운하를 건너는 데 가장 편리하고 경제적이라고 합니다. 마지막으로 베네치아의 명물 곤돌라를 빼놓을 수 없겠죠. 한쪽에서만 노를 젓기 때문에 약간 기울어져 있지만 원래는 귀족들만 타고 다니던 고급 승용차였다고 합니다. 이탈리아어로 '흔들리다'라는 뜻을 가진 곤돌라는 물로 가득 찬 골목들을 누비고

여기서 잠깐!

무역을 통해 얻은 막대한 부를 토대로 찬란한 문화를 꽃피운 물의 도시 베네치아에 최근 들어 커다란 걱정이 생겼다. 그것은 다름 아닌 환경오염 문제이다. 지난 2008년 12월에는 도시 전체가 1m 이상 물에 잠기는 대홍수를 겪었다. 19세기 이후 베네치아는 과도한 개발과 환경파괴 등으로 지반이 가라앉고 있는데다 지구온난화의 영향으로 해마다 40~50차례 크고 작은 침수 피해를 입고 있다. 해수면은 최근 100년 동안 24cm 상승했다고 하는데 이러한 해수면 상승이 지속되면 향후 100년 이내에 베네치아 전체가 바닷속으로 가라앉을 것이라고 한다. 베네치아의 예를 통해 지구 온난화 방지를 위한 인류 공동의 노력이 왜 시급한 과제인지 절감할 수 있다.

베네치아의 교통수단인 곤돌라

산마르코 광장은 베네치아에서 가장 큰 광장으로 산마르
코 대성당과 두칼레 궁전이 있어서 여행자들이 많이 모이
는 곳이다. 상점과 카페가 많이 들어서 있고 비둘기가 유
난히 많이 모이는 이곳은 베네치아에서 비둘기에게 모이
를 줄 수 있는 유일한 곳이다. 산마르코 광장 중앙에 있는
종탑 캄파닐레는 높이가 99m에 이른다. 정면에 보이는
건물이 산마르코 대성당이다.

산마르코 대성당은 산마르코 광장의 동쪽에 위치한 건축
물로 베네치아의 수호신인 성 마르코의 유해가 보관된 곳
으로 유명하다. 이집트의 알렉산드리아에 있던 성 마르코
의 유해를 베네치아의 상인이 수입해 왔다고 한다.

두칼레 궁전. 산마르코 광장에 위치한 두칼레 궁전은 베네치아의 권력과 영광을 상징하는 곳으로 과거 베네치아의 풍요로움을 볼 수 있는 곳이다. 궁전 안에는 베네치아의 중요한 순간을 묘사한 그림인 틴토레토의 '천국'이 걸려 있다.

다니기에 아주 좋은 교통수단이지요. 이제 베네치아의 유적들을 살펴보도록 해요.

세계적인 음악가 안토니오 비발디의 고향으로도 유명한 베네치아는 이렇게 다양한 유적뿐만 아니라 축제로도 잘 알려져 있습니다. 화려하지만 무표정한, 그래서 조금은 섬뜩하기도 한 가면들! 바로 베네치아의 대표적인 가면 축제 카니발레에서 만나 볼 수 있지요. 가면의 유래는 중세로 거슬러 올라가는데,

사계의 작곡가 안토니오 비발디(1678~1741)

베네치아 가면 축제 카니발레

축제 기간 동안 귀족 흉내를 내며 그들에 대한 불만을 달래던 서민들의 놀이
가 귀족들의 오락으로 변화된 것이지요. 12일 동안 계속되는 산마르코 광장의
카니발레에서는 저마다 개성을 살린 가면과 복장을 한 사람들의 모습과 가면
퍼레이드를 볼 수 있어요. 오스트리아의 지배를 받으면서 한때 축소되고 중지
되기까지 했지만 1979년 시민들의 노력으로 부활되었다고 합니다.

피렌체, 12세기 금융·15세기 르네상스의 중심지

12세기 금융의 중심지이자 15세기 르네상스의 꽃을 피운 이탈리아 중부 토스카나 주의 주도 피렌체. 프랑스의 스탕달이 자신의 일기에서 "이 도시의 아름다움은 사람을 병들게 하고 정신을 잃게 한다."라고 적은 것으로도 유명한 피렌체는 중세 암흑기를 벗어나 문예부흥을 시작한 곳입니다. 르네상스를 꽃피운 도시답게 과연 걸출한 인물들과 예술가, 문화유적이 살아 숨 쉬는 곳이지요. 피렌체가 속한 토스카나 지방은 세계적인 와인 생산지이기도 합니다. 르네상스 양식의 궁전인 피티 궁전이 있고, 코지모 데 메디치가 조성한 보볼리 공원도 있는데 이탈리아의 많은 사람들이 휴식을 취하는 공간이기도 합니다. 피렌체는 도시가 형성될 때부터 외적의 침입을 막기 위해 성곽을 쌓기 시작했고 성 안의 모든 길을 돌로 깔아 놓았습니다. 그리고 피렌체를 이야기할

메디치 가문 문장

때 빠질 수 없는 유명한 메디치 가문! 피렌체 곳곳에서 메디치 가문을 상징하는 문장을 볼 수 있습니다.

　메디치 가문은 원래 의사 집안이었으나 금융업으로 큰 재산을 모으고 권세를 얻어 이 도시를 이끌던 귀족의 자리에 올랐습니다. 15세기부터 300여 년에 걸쳐 서구 유럽의 문화와 역사를 지배했던 메디치 가문은 세 명의 교황 레오 10세, 클레멘스 7세, 레오 11세를 배출하였으며 '위대한 로렌초'로 불렸던 로

산타마리아델피오레 대성당. 고대 로마 판테온을 건축할 때 사용했던 기술을 원용한 건축물로, 1296년부터 175년간 건설했다. 동시에 3만 명을 수용할 수 있으며 두오모라고 부른다. 메디치 가문의 지원을 받아 브루넬레스키(1377~1466)가 설계한 커다랗고 둥근 지붕인 돔 쿠포라는 르네상스 건축의 상징물이다. 두오모 앞에는 안에 들어가기 위한 사람들의 행렬이 길게 늘어져 있으며 백합꽃 모양의 메디치 문장이 새겨진 두오모의 벽면은 화려하게 장식되어 있다. 463개의 계단을 걸어 올라가 꼭대기에 오르면 아름다운 피렌체를 한눈에 볼 수 있다.

렌초 데 메디치는 메디치 가문과 피렌체의 황금시대를 연 인물로 르네상스 예술의 후원자 가운데 가장 유명합니다. 카트린느 드 메디치는 1533년 프랑수아 1세의 아들인 오를레앙(나중에 앙리 2세가 됨)과 결혼해 왕비가 되었으니, 혼인을 통해 프랑스 왕실의 일원이 되기까지 한 것이지요. 그러면 피렌체 출신의 예술가들과 유적지에는 무엇이 있을까요? 함께 살펴보도록 해요.

아르노 강과 베키오 다리. 피렌체의 아르노 강에는 여러 개의 다리가 있는데 그중 베키오 다리가 가장 유명하다. 14세기 중반에 완성된 이 다리는 이탈리아어로 '오래된 다리'를 의미한다. 옛날에는 정육점이 있었으나 지금은 금은 세공품을 파는 보석 가게들이 즐비하다.

구두장인 페라가모(1898∼1960)는 나폴리 근교
의 보니토라는 작은 마을에서 출생했으며 9세에
구두공장 견습생을 시작으로 할리우드에 진출하
여 영화배우들의 구두를 만들면서 유명해졌다.

산타크로체 성당. 이 성당의 앞에는 중세의 가장 유명한 이탈리아 시인이자 『신곡』의 작가 단테(1265∼1321)의 동상이 있다. 벽
면에는 피렌체를 빛낸 276명의 묘지가 있는데 단테의 무덤, 이탈리아 정치가이자 『군주론』의 저자인 마키아벨리(1469∼1527)의
무덤, 미켈란젤로(1475∼1564)의 무덤을 볼 수 있다.

피렌체 출신으로 르네상스 시대를 연 이탈리아 최고의 시인 단테는 자신의 삶을 바쳐 라틴어가 아닌 이탈리아어로 『신곡』을 썼다. 단테와 『신곡』을 설명할 때 빠질 수 없는 여인이 있으니 바로 베아트리체이다. 평생에 걸쳐 단 2번밖에 보지 못한 베아트리체를 숭고한 사랑의 이상형으로 그려 놓았다.

미켈란젤로 광장의 다비드상. 미켈란젤로는 이탈리아 피렌체 출신의 세계적인 조각가, 화가, 건축가이다. 14세 때부터 메디치가의 후원으로 활동했으며 다비드상 등 수많은 작품이 있다. 아르노 강 남쪽에는 미켈란젤로 광장이 있는데, 이 광장에 세워진 다비드상은 모조품이다.

레오나르도 다빈치(1452~1519)가 그린 그림은 균형 잡힌 구도와 조화가 절묘하게 어우러져 르네상스 미술의 전성기를 알려 주었다. 그의 그림 작품 가운데 '최후의 만찬', '암굴의 성모'가 유명하고 특히 피렌체 귀족 부인을 그린 '모나리자'는 1503년부터 3년 동안 그린 그림으로 지금은 파리 루브르 박물관에 소장되어 있다.

로마, 유럽 문화유산의 보고

"모든 길은 로마로 통한다."라는 말 그대로 고대의 역사가 살아 숨 쉬는 로마는 도시 전체가 박물관이라고 할 만큼 거대한 유적의 도시입니다. 로마는 테베레 강 유역 7개의 언덕을 기반으로 세워졌습니다. 지금의 로마 시내는 긴 세월 동안 퇴적 작용과 도시화에 의해 언덕의 모습을 찾기가 쉽지 않지만 로마 외곽에는 언덕에 건설된 도시가 많으므로 그 흔적을 가늠해 볼 수 있습니다. 로마의 길은 멀리 떨어진 속주까지 거미줄처럼 뻗어나갔는데 총 길이가 8만 km로 지구 주위를 두 바퀴 돌고도 남는 길이라고 합니다. 이 가운데 앞에

서 사진으로 보았던 '아피아 가도'는 로마에서 제일 먼저 만들어진 길로 BC 312년 건설되기 시작한 세계에서 가장 오래된 도로입니다. 아피아 가도는 이탈리아 남부 여러 항구로 이어져 그리스와 연결된 중요한 길로, 이 길을 통해 그리스 문화가 유입되면서 로마는 서구 문명의 중심지로 도약하게 되었습니다. '로마 문명의 젖줄'이라 불릴 만하죠! 오드리 헵번과 그레고리 펙이 주연한 영화 '로마의 휴일'을 본 적이 있나요? 이 영화는 로마의 역사와 유적을 고스란히 화면에 가득 담아내고 있다고 할 수 있어요. 로마에는 거대한 유적과 함께 광장, 분수가 곳곳에 자리 잡고 있습니다. 로마의 유적들을 함께 살펴볼까요?

콜로세움. 고대 로마의 원형 경기장이다. 콜로세움은 서기 80년 티투스 황제 때 완공되었고 둘레 527m, 높이 48m에 5만 명을 수용할 수 있는 규모가 압도적이다. 로마 제국의 힘과 정복욕을 보여 주는 로마의 대표적 상징이라고 할 수 있다. 중앙의 구조물은 사자 및 맹수들을 가둬 놓았던 곳이다.

스페인 광장은 17세기 이후 에스파냐의 교황청 주재대사가 거주한 데에서 붙여진 이름이다. 거대한 바로크 양식의 계단은 프란체스코 데상크티스가 설계하였으며 137개의 계단으로 되어 있다. 지금은 '로마의 휴일'로 유명해져 항상 많은 사람들이 모이는 최고의 관광지이다. 영화 '로마의 휴일'의 오드리 헵번과 스페인 광장

로마에서 가장 크고 유명한 트레비 분수. 니콜라 살비가 설계한 것으로 1762년에 완성되었다. 바다의 신 넵투누스가 거대한 조개를 밟고 서 있으며 좌우에 두 트리톤이 전차를 이끌고 있다. 뒤돌아 첫번째 동전을 던지면 로마에 다시 오게 해 주고 다시 두 번째 동전을 던지면 꿈을 실현시켜 준다는 재미난 얘기를 담고 있는 분수이다.

스페인 광장 중앙에 있는 바르카차 분수. 교황 우르바노 8세에 의해 조각가 피에트로 베르니와 그의 아들인 로렌초 베르니니가 1627년에 제작한 분수이다. 바로크 양식의 분수로 배 모양을 하고 있는 것이 특징이다.

성 베드로 대성당 옥상에서 내려다 본 성 베드로 대광장. 세계에서 제일 작은 나라 바티칸시국에 있고, 순례자와 관광객이 모이는 곳으로 교황 베네딕토 16세를 멀리서나마 볼 수 있는 곳이다. 중앙에 위치한 건축물은 이집트에서 가져온 오벨리스크이다.

미켈란젤로의 조각 '피에타'. 성 베드로 대성당 안에 있다.

산타마리아인코스메딘 교회. '진실의 입'이
있는 교회로 6세기에 세워졌다.

진실의 입. 영화 '로마의 휴일'을 본 사람이라면 꼭
가 보고 싶은 곳으로 '거짓말을 하면 손이 잘린다'는
전설이 있다. 고대 로마 시대에는 거대한 하수도 시
설이 있어 하수도 뚜껑으로 사용되었다고 한다. 중
세에 들어 지금의 위치인 산타마리아인코스메딘 교
회로 옮겨지게 되었다.

에스파냐는 서유럽 국가들 중 유일하게 이슬람의 지배를 받아 유럽과 이슬람의 혼재된 문화를 가지고 있는 나라예요. 에스파냐 곳곳에서, 특히 남부에서 그 당시 찬란했던 문화 유적을 볼 수 있어요. 에스파냐는 지리상 발견으로 대서양 시대를 열면서 지리적으로 세계화의 기원을 만들어 낸 나라예요. 현재에도 브라질을 제외한 중남미의 거의 모든 나라가 에스파냐어를 사용하고, 많은 사람들이 가톨릭교를 믿는 것도 모두 에스파냐의 영향이에요. 그러나 에스파냐가 중남미를 침략할 당시 아스텍 문명과 잉카 문명이 멸망하게 된 것은 세계 인류에게 큰 아쉬움을 남겨 주었고 에스파냐가 비난과 비판을 받은 역사적 사건이기도 해요. 투우와 플라멩코 같은 정열적인 춤과 다양한 축제를 많이 가지고 있는 나라이기도 해요.

지리상 발견으로 세계지도를 만들어 낸 나라

에스파냐

1. 에스파냐의 자연 환경과 사람들

에스파냐는 유럽 서남부 이베리아 반도에 있으며 면적은 50만 4750km²로 한반도 전체 면적의 약 2.3배나 되는 큰 나라예요. 인구는 약 4000만 명으로 우리 남한 인구와 비슷해요. 우리에게 영어 이름인 스페인(spain)으로 알려져 있기도 합니다.

지도를 펼쳐 놓고 보면 에스파냐가 자리 잡은 이베리아 반도는 유럽과 아프리카를 이어주는 육교이며 지중해와 대서양을 이어주는 교차점이지요. 따라서 북아프리카에 진출한 이슬람교는 비교적 쉽게 이베리아 반도까지 진출할 수 있었고 이베리아 반도에 짙은 이슬람 문화의 흔적을 남길 수 있었어요. 마찬가지로 이베리아 반도는 지중해와 대서양을 이어주는 지대이므로 세계사의 중심무대가 지중해에서 대서양으로 옮겨가는 역사적 과정에서 무대의 중앙부 역할을 했어요. 에스파냐의 지정학적 위치가 역사적 운명과 매우 밀접한 관계를 맺고 있음을 알 수 있어요.

그럼, 에스파냐의 자연 환경을 간단히 살펴볼까요?

에스파냐는 대부분 에스파냐어로 고원이라는 뜻의 메세타(Meseta)라고 불리

는 대지로 이루어져 있어요. 메세타는 서쪽으로 기울어진 대지이기 때문에 두에로 강, 타호 강, 과달키비르 강 등 동쪽에서 서쪽으로 흐르는 주요 하천이 많아요. 예외적으로 비스케이 만에 인접해 있는 칸타브리아 산맥에서 발원한 에브로 강은 피레네 산맥 남쪽 기슭의 아라곤 저지(低地)를 남동 방향으로 흘러 하구에 커다란 삼각주를 만들고 있어요.

프랑스와의 국경을 이루는 피레네 산맥은 해발고도 3000m를 넘는 험준한 산지이며, 비스케이 만을 따라 동서로 뻗어 있는 칸타브리아 산맥은 그보다 낮아 해발고도 2000m 정도예요. 메세타의 남쪽 가장자리에는 시에라모레나(Sierra Morena)와 시에라네바다(Sierra Nevada)의 두 산맥이 각각 동서로 나란히 달리고 있어요.

기후는 대체로 여름에 건조한 정도가 심한 지중해성 기후이지만 국지적으로는 대서양의 영향을 받는 곳도 있어요. 북서부와 칸타브리아 산맥, 피레네 산맥 일대에서는 비교적 비가 많아 연간 강수량이 1500mm를 넘는 곳도 있지만, 레온 지방과 지중해 쪽의 무르시아 지방은 강수량이 적어 연간 400mm 이하예요. 내륙 지방도 강수량이 적은데다 여름과 겨울의 기온차가 심하여 국지적으로는 스텝 또는 사막과 같은 경관이 나타나기도 해요.

이에 비하여 북동부의 카탈루냐 지방은 이탈리아, 프랑스의 리비에라 지방의 기후와 비슷하며 해안은 겨울에도 비교적 온난하고, 건조한 기후 조건 때문에 일반적으로 민둥산과 척박한 다갈색 토양이 주를 이루어 식생에 부적당하여 북부의 산지에서만 삼림을 볼 수 있어요.

그럼 이러한 자연 환경 안에는 어떤 사람들이 살고 있을까요?

에스파냐의 주요 민족은 남부유럽에 주로 분포하는 라틴족이에요. 그러나 조금 자세히 들여다보면 에스파냐는 인종적·문화적으로 다양한 요소가 어우러진 복합체라고 할 수 있어요. 원주민은 지중해의 인종에 속하는 이베리아족이지만 기원전에 남해안과 동해안을 따라 들어온 페니키아인과 그리스인에 의하여 식민 개척이 이루어졌고, 북부에서는 피레네를 넘어 켈트인이 들어왔어요. 그 후 로마인에 이어 반달족, 서고트족 등의 게르만 민족이 들어왔으며, 이슬람 세력이 확대되자 아랍인과 아프리카의 베르베르족이 침입하여 복잡한 혼혈이 이루어졌어요.

일반적으로 에스파냐인은 키가 작고 눈동자와 머리칼이 검으며 백인 치고는 피부가 어두운 빛깔이에요. 인종적·문화적인 면에서 에스파냐가 다른 유럽 국가들에 비하여 동양적·아프리카적 색채를 강하게 띠는 것은 800년간에 걸친 이슬람 지배의 영향 때문이에요.

에스파냐어는 로마 식민지 시대에 들어온 라틴어가 속어화된 것으로, 안달루시아 지방을 포함한 메세타와 카스티야 지방의 카스티야 방언, 바르셀로나를 중심으로 한 카탈루냐 방언, 북서부의 갈리시아 방언으로 구별되고 있어요. 갈리시아 방언은 포르투갈어에 가깝고 카탈루냐 방언은 프로방스어의 영향을 강하게 받았어요. 에스파냐어의 표준어는 정치적 중심인 마드리드의 카스티야 방언이에요. 소수민족으로는 피레네 산중의 바스크족이 있는데, 바스크어는 이베리아 반도 원주민인 이베리아족의 영향을 가장 많이 간직하고 있어요.

에스파냐인의 99%가 국교인 가톨릭교의 유아세례를 받을 정도로 에스파냐는 열렬한 가톨릭교의 나라예요. 이렇게 가톨릭교가 에스파냐 사회에서 큰 영향력을 가지게 된 것은 외세로부터, 특히 이슬람 지배로부터 벗어나려는 국토회복운동(Reconquista: 레콩키스타)이 가톨릭교의 힘을 배경으로 이루어졌기 때문이에요. 또한 중세 말기 유럽에서 종교개혁 운동이 일어나 개신교들의 세력이 확장될 무렵 이를 저지하고 가톨릭을 수호하며 가톨릭의 개혁을 주도했던 것도 에스파냐의 가톨릭 세력이었어요. 그래서 가톨릭교는 정신적인 지배자일 뿐 아니라 거대한 부동산 소유자인 동시에 강력한 정치적 발언권도 가지고 있는 존재예요. 에스파냐의 가톨릭교회는 가톨릭 국가들 중에서도 가장 보수적인 편이에요.

오늘날 에스파냐는 포도, 올리브, 오렌지의 나라로 세계인의 입맛을 사로잡고 있어요. 에스파냐의 여름이 고온 건조하여 여름의 건조함을 잘 견디어 낼 수 있는 과수 농업이 발달했거든요. 온도가 높고 건조한 기후는 더 달콤하고 깊은 맛을 내는 과일을 생산하는 데 아주 효과적이에요. 그래서 에스파냐의 과일 맛은 세계적으로 알려져 있어요.

2. 에스파냐의 역사 이야기

선사 시대에서 서고트 왕국까지

에스파냐가 위치한 이베리아 반도의 아주 오래된 원주민은 크로마뇽인이에요. 크로마뇽인은 세계에서 가장 먼저 동굴 벽화를 만들어 냈어요. 일명 '신석기 시대의 시스티나 성당'이라고 불리는 에스파냐 북부의 알타미라 동굴 벽화가 그것이에요. 에스파냐는 이미 선사 시대부터 사람들이 살았다는 흔적인 동굴 벽화를 가지고 있었던 거예요. 이 벽화로 인해 에스파냐 지역은 유럽에서 가장 먼저 사람들이 살았던 것으로 알려지게 되었어요. 그만큼 뿌리 깊은 역사와 전통이 있는 나라이지요.

BC 1100년 무렵에 에스파냐에는 페니키아인이 들어와 상업기지를 건설했으며 BC 6세기경에는 그리스인들이 발렌시아 지방을 식민지로 만들었고, 같은 무렵 카르타고가 바르셀로나에서 카르타헤나에 걸쳐 식민지를 건설했어요. 또한 카르타고는 안달루시아 지방에서 에스파냐 중부까지 침입하여 이 일대를 지배했어요. BC 3세기에 로마와 카르타고 사이에 포에니 전쟁이 일어났고 이 전쟁에서 패배한 카르타고는 로마인들에 의해 추방되었고 에스파냐는 로마의 속주가 되었습니다. 로마의 지배는 500년이나 지속되었으며 이로 말미암아 에스파냐어의 모체가 된 라틴어와 에스파냐의 정신적 지주인 가톨릭교가 전파되었어요.

그 후 유럽에서 게르만족의 이동이 시작되면서 로마 제국도 쇠퇴의 길을 걷게 되어 에스파냐에서 물러나고 414년 서고트족이 에스파냐에 침입하여 그보다 먼저 침입한 반달족을 아프리카로 몰아내고 서고트 왕국을 건설하게 되는데 이것이 에스파냐 최초의 왕국이 됩니다. 서고트 왕국은 8세기 초까지 대부분의 에스파냐를 지배했어요.

이슬람의 에스파냐 지배

에스파냐 지역의 서고트 왕국은 서유럽 봉건제도의 확립을 위한 과도기에 종교·왕위 계승 문제와 관련한 혼란을 극복하지 못한 채 711년 북아프리카에 있던 이슬람 우마이야 왕조 세력의 침입으로 붕괴되었어요. 이슬람 세력은 피레네를 넘어 프랑크 왕국도 위협하였으나 732년의 푸아티에 싸움에서 패배하여 이베리아 반도로 물러났고, 그 이후 8세기 동안 이베리아 반도를 지배하게 됩니다. 무려 800년 동안 에스파냐를 지배한 것입니다.

이슬람이 지배하는 동안 산업과 농업이 발전되었으며 농업에서는 관개시설이 건설되고 목화, 복숭아, 사탕수수 등의 새 작물이 재배되었어요. 수공업은 톨레도, 그라나다, 알메리아, 코르도바에서 발달하였고 코르도바, 세비야는 시장과 수출항으로서 번창하였습니다. 뿐만 아니라 당시 이슬람의 문화와 기술 수준은 서유럽을 능가하는 수준이어서 이미 10세기에 코르도바 도서관의 소장 서적이 60만 권에 이르고, 그리스 철학 연구도 상당한 수준이었으며 11세기에는 제지 생산이 이루어지기도 했다고 해요.

이슬람의 에스파냐 지배는 세 개의 도시를 중심으로 펼쳐졌어요. 즉 711년에서 1010년까지는 코르도바에서, 1010년부터 1248년까지는 세비야에서, 그리고 1248년에서 1492년까지는 그라나다에서 이루어졌기 때문에 이 세 도시는 이슬람 지배하에서 번영을 누린 곳이에요. 코르도바의 메스가타 대성당, 세비야의 알카사르, 그라나다의 알람브라 궁전 등은 옛 문화적 번영을 짐작하게 하는 유적들이죠. 특히 에스파냐 남부의 그라나다는 많은 이슬람인들이 주로 거주했던 곳으로 그때 만들어진 알람브라 궁전은 '세계 불가사의'에 해당할 정도로 이국적인 정취와 환상을 자아내는 건축물로 남아 있습니다.

에스파냐의 대항해시대와 황금시대

이슬람 지배로부터 벗어난 이베리아 반도는 15세기에 다시 여러 나라로 분열되었으나 이들 가운데서 카스티야, 아라곤, 포르투갈이 가장 강한 나라였어요. 이들 세 나라들은 15세기 중엽에 이베리아 반도 대부분을 차지할 정도로 세력이 확장되었어요. 이렇게 세 왕국이 군림하고 있던 이베리아 반도는 1469

에스파냐의 전설적 영웅 엘 시드

에스파냐 재정복의 전설적 영웅은 엘 시드이다. 에스파냐의 전사들은 그를 중심으로 뭉쳐 무어족과 싸웠다. 이베리아 반도에서 민족주의와 가톨릭교 신앙으로 무장한 에스파냐 사람들은 결국 이슬람 지배에서 벗어나는 데 성공한다. 그리고 이 일은 콜럼버스가 아메리카 대륙을 발견한 1492년의 일이다. 그들은 이때 이슬람의 마지막 거점인 그라나다를 탈환했던 것이다.

마젤란과 라푸라푸

마젤란의 함대는 부하 엘카노의 지휘 아래 에스파냐에 도착하여 최초의 세계 일주에 성공하였다. 1521년 필리핀에 도착한 페르난디드 마젤란은 원주민 라푸라푸 왕과 가톨릭 개종 문제로 격렬한 전투를 벌였다. 이러한 역사적인 사실을 기념하여 필리핀 세부 막탄 섬에는 마젤란 기념비와 라푸라푸 동상이 있다. 1521년 4월 27일, 라푸라푸와 부하들은 에스파냐 침략자들을 격퇴하고 지휘관인 마젤란을 죽였다. 이로써 라푸라푸는 유럽 침략자를 물리친 최초의 필리핀인이 되었다.

마젤란 기념비

라푸라푸 동상

년 새로운 역사적 전기를 맞이하게 됩니다. 뒷날 아라곤의 왕이 될 페르디난드와 카스티야의 여왕이 될 이사벨라가 결혼을 한 것입니다. 두 왕의 결혼은 10년 후 양국의 역사적 통합으로 이어져 지금의 에스파냐를 탄생시키는 새로운 역사의 시작이 되었습니다.

1479년에 에스파냐가 통합된 후, 1492년에는 에스파냐가 이탈리아의 항해가 콜럼버스를 지원하여 신항로 개척의 막을 올렸습니다. 이어 마젤란은 대서양과 태평양을 횡단하여 세계 최초로 지구가 둥글다는 사실을 입증하며 세계 일주에 성공하였어요. 지구 상의 여러 지역과 문명이 서로 활발하게 접촉함에 따라 참된 의미의 세계사를 성립시켰던 역사적인 순간을 만든 셈이에요.

그 후 1519년 에스파냐 왕 카를로스 1세가 신성 로마 제국의 카를 5세 자리에 오르면서 에스파냐는 유럽의 중심 국가로 부상하게 되었어요. 이때 코르테스, 피사로 등 에스파냐의 정복자들은 남아메리카 대륙을 식민지화하기 시작했어요.

카를로스의 아들 펠리페 2세(1556~1598)는 에스파냐 사람들로 하여금 '팍스 에스파냐'의 황금시대를 연 왕으로서 에스파냐를 넓은 영토와 강력한 국력을 자랑하는 대국으로 발전시켰어요. 펠리페 시대의 에스파냐는 이베리아 반도의 대부분, 남부 이탈리아와 시칠리아, 네덜란드와 벨기에 등의 유럽 영토, 서인도 제도, 멕시코, 페루 등의 라틴 아메리카, 그리고 1569년에 필리핀 등을 영유하게 되었어요. 필리핀이라는 국명은 당시 에스파냐 국왕의 이름을 딴 것으로 잘 알려져 있지요. 대제국이 된 에스파냐는 영국에 앞서 세계에서 '해가 지지 않는 나라'의 위세를 과시하면서 에스파냐 역사의 황금기를 연출해 냈어요. 에스파냐의 수도를 톨레도에서 현재의 마드리드로 옮긴 것도 펠리페 2세 때의 일이에요.

당시 에스파냐의 식민지인 멕시코와 페루는 에스파냐가 경제·군사대국으로 비약하는 데 중요한 토대가 되었어요. 특히 멕시코에서 세계적 은광을 개발하여 다량의 은괴(銀塊: 은덩어리)를 에스파냐로 들여와 상품을 수출하지 않고도 막대한 은의 유입만으로 더할 수 없는 부(富)를 누리게 되었어요. 당시 유럽의 화폐가 은화였다는 것을 고려할 때 에스파냐의 경제적 번영을 미루어 짐작할 수 있겠죠.

이렇게 해서 에스파냐는 유럽의 강대국 중에서 해외 식민지를 개척하고 신대륙의 거대한 자원을 실어 올 수 있는 해군력과 상선대를 가진 최초의 나라가 되었어요.

그러나 1588년에 막강한 위용을 자랑하던 에스파냐의 무적함대가 엘리자베스 1세의 영국함대에 패배함으로써 결정적으로 쇠퇴의 길을 걷게 됩니다. 역사는 영국이 에스파냐로부터 바통을 이어받아 대영 제국으로 발전하는 계기를 만들어 준 거예요.

1568년 네덜란드 독립 이후, 1668년에는 리스본 조약이 성립되어 1580년에 병합했던 포루투갈이 에스파냐로부터 독립하고 1821년 이후 라틴 아메리카 식민지 국가들의 독립이 이어지면서 에스파냐의 국력은 급격히 쇠퇴의 길을 걷게 되었습니다. 또한 프랑스 나폴레옹과의 대립, 영국과의 대항 등 국외적 혼란뿐 아니라 국내적으로도 왕위 계승 문제로 인한 혼란과 공화정 수립 등 격동의 19세기 후반을 보내게 됩니다. 1871년 제1공화국이 수립된 이후에 제1차 세계대전의 혼란을 겪으면서 1931년 제2공화정을 수립하였습니다.

1931년 에스파냐 공화국이 수립되었지만 내전으로 인해 프랑코를 총통으로 하는 독재 정권이 수립되었어요. 1975년 프랑코의 사망으로 후안 카를로스 국왕이 이끄는 입헌 군주국가가 수립되어 민주주의가 시작되었습니다. 1985년에는 유럽경제공동체(ECC)에 가입하여 오늘날에는 EU회원국으로 활동하고 있어요.

3. 대항해로 세계사를 열었던 에스파냐

에스파냐와 포르투갈의 신항로 개척으로 지구촌에는 어떤 변화가 생겨났을까요?

유럽인들에게 15~16세기는 새로운 세계를 향해 길을 찾아 헤매던 시기였어요. 동방이 유럽 여러 나라들에서 필요로 하는 갖가지 산물의 생산지라고 알려지면서 유럽인들은 동방에 호기심과 관심을 가지게 되었어요. 특히 원(元)에 다녀와 동방의 세계를 폭넓게 알려 주었던 마르코 폴로의 여행기『동방견문록』을 통해서 동방은 유럽인들에게 신비의 세계로 비쳐졌어요. 이 신비로운 그리고 풍요로운 산물을 만들어 내는 동방으로의 항해에 앞장섰던 나라가 에스파냐였어요. 하지만 오스만 제국의 지중해 장악으로 인하여 유럽은 서아시아를 거쳐 육로를 이용한 동방과의 교류는 어렵게 되었어요. 그래서 관심을 갖게 된 것은 육로가 아닌 바다를 이용한 동방으로의 진출이었어요. 이처럼 날로 커가는 동방에 대한 호기심, 경제적 욕구, 자연과학을 비롯한 항해기술의 발달, 기독교를 전파하려는 종교적 열정, 국가의 강한 개척 의욕 그리고 수많은 탐험가들의 목숨을 건 노력이 합쳐지면서 유럽은 서아시아의 이슬람 지

마르코 폴로의 『동방견문록』 일부

역을 거치지 않고 동방으로 갈 수 있는 바닷길을 찾아 나서게 되었어요. 그 길이 바로 새로운 세계를 향한 신항로였어요.

　유럽의 여러 나라들 중 가장 먼저 신항로 개척에 뛰어들어 큰 성과를 거둔 나라는 포르투갈이었어요. 1488년 초 탐험가 바르톨로뮤 디아스의 아프리카 남단 희망봉 도달로 인해 아프리카 항로를 개척한 포르투갈은 이후 바스코 다 가마의 항해로 희망봉을 경유한 인도 항로를 발견하였어요(1498). 포르투갈과 경쟁하던 에스파냐도 당시 유능했던 항해가 페르디난드 마젤란을 지원하여 동방으로 가는 신항로를 개척하였어요(1522). 마젤란보다 먼저 에스파냐의 지원을 받아 동방으로 가는 신항로를 개척하고자 했던 사람은 크리스토퍼 콜럼버스였어요. 그는 지구가 둥글다고 믿고 동방을 찾아 서쪽으로 항해했어요. 하지만 그가 도착해서 동방이라고 생각했던 땅은 오늘날 아메리카 대륙의 서

인도 제도였어요. 이후 아메리고 베스푸치가 4번에 걸쳐 탐험(1497~1503)하고 바스코 빌보아가 1513년에 태평양을 발견하면서 콜럼버스가 발견한 곳은 동방이 아닌 신대륙이었음이 밝혀졌어요. 에스파냐는 마젤란의 항해로 인해 동방으로 가는 신항로를 개척하게 되었어요. 마젤란의 배는 3년에 걸쳐 갖은 고초를 겪은 대모험으로 인해 지구가 둥글다는 것을 입증하게 되었으며 태평양을 거쳐 동방으로 가는 또 다른 신항로를 발견하는 데 기여했어요.

신항로 개척으로 인하여 유럽인들은 지중해를 거치지 않고 직접 동방과 교역할 수 있는 새로운 항로들을 찾게 되었으며 그 과정에서 신대륙도 발견하게 되었어요. 동방과 신대륙의 다양한 산물(차, 향료, 담배, 감자, 코코아, 옥수수)들이 신항로를 통해 유럽으로 풍부하게 흘러들어오게 되었어요. 그리하여 오늘날 감자칩, 감자튀김 요리로 유럽인들의 배고픔을 달래주고 유럽인들의 입맛을 채워 주게 되었지요. 만약에 아메리카로부터 옥수수, 감자 등이 들어오지 않았더라면, 동방으로부터 후추가 들어오지 않았더라면 오늘날 서양 사람들의 식단은 어떠했을까요?

유럽은 과거 빙하의 영향으로 토양이 척박하였고 기후적으로 온화하여 농업에는 적합하지 않은 자연 환경이었어요. 그래서 척박한 토양을 활용하여 밀, 호밀, 수수 등의 밭작물과 목축업으로 식량을 얻었지요. 그 당시에는 육류를 저장할 냉장 시설이 없었기에 육류를 오래 보관하면서 생기는 잡다한 냄새를 제거해 주는 후추의 필요성이 아주 컸다고 해요. 마젤란과 그 일행이 에스파냐를 출발하여 남아메리카를 지나 태평양을 건너 필리핀에서 획득한 후추를 유럽에 판매하여 얻은 수익금이 마젤란 일행의 세계 일주 비용을 능가했다고 하네요. 그 당시 후추가 얼마나 중요했는지 짐작이 가지요? 그리고 유럽은 농경에 부적합한 기후 조건으로 인하여 농산물의 생산량이 적은 지역이 많아 식량이 부족했어요. 그런데 아메리카로부터 감자와 옥수수가 유입되어 유럽

잠깐! 아메리카인디언의 생활 문명을 살펴보자!

아메리카에 살았던 원주민으로 알려진 아메리카인디언들은 에스파냐가 침입하기 전에 자신들만의 찬란한 문명을 꽃피우고 있었다. 라틴 아메리카는 적도가 통과하는 곳으로, 열대 기후 지역이 대부분이어서 원주민들은 안데스 산지를 중심으로 서늘한 기후의 높은 고산 지역에 주로 살았다. 안데스 산지를 중심으로 생활하면서 이들이 만들어 놓은 찬란한 문명으로 알려진 것은 마야, 아즈텍, 잉카 문명이 있다. 그 문명 속으로 하나씩 들어가 보자.

미국 대륙 원주민 문명 지도

마야 문명

기원전부터 9세기경까지 중앙아메리카의 과테말라에서 유카탄 반도에 걸쳐 형성된 마야족의 고대 문명이다. 옥수수 재배, 신권(神權) 정치, 큰 돌로 지은 건물, 천문, 역법, 상형 문자 등의 문화가 발달했다. 1532년 에스파냐의 침입으로 파괴되었다.

아즈텍 문명

13세기부터 16세기 초까지 멕시코 중앙고원에서 번성하였던 아메리카인디언의 고대 문명이다. 커다란 돌로 만든 건축물, 역법(曆法), 옥수수, 양파 등 재배 문화, 태양신 숭배, 신권 정치의 문화를 가지고 있었다. 그러나 에스파냐의 침략과 천연두로 인하여 몰락하였다.

잉카 문명

15세기부터 16세기 초까지 남아메리카의 안데스 지방 (페루, 볼리비아)을 중심으로 발달한 제국의 문명이다. 신성한 절대군주 잉카를 받들고, 친족인 지배층과 일반 평민으로 구성되는 계층 사회를 형성해서 중앙 집권적 전제 정치를 시행하였다. 옥수수, 감자, 고추 등의 재배 문화, 신권 정치, 커다란 돌로 만든 건축물 등 마야, 아즈텍 문명과 유사한 문화를 가지고 있다. 인디언들의 문명적 공통점으로 볼 수 있다.

인들의 식탁을 풍요롭게 하는 데 큰 도움이 되었지요. 특히 감자의 경우 경제적으로 여유가 없는 하류 계층에게 다른 먹거리 없이 오로지 감자만으로 식사가 되기도 하여 주식이 되다시피 했다고 해요.

신항로 발견으로 이전까지 유럽 문화와 무역의 중심지였던 이탈리아에서는 지중해를 중심으로 서아시아를 거쳐 아시아와 행했던 무역업과 선박업이 쇠퇴하고, 에스파냐와 포르투갈 중심의 경제적·정치적·사회적으로 큰 변화가 일어나게 됩니다. 무역량이 증가하고 구하기 어렵던 농산물들이 풍부해졌으며, 종전에는 듣지도 보지도 못했던 담배를 피우고, 차와 커피를 마시고, 비싼 도자기와 보석 같은 사치품들을 사용하게 되었어요. 아메리카의 신세계와 동방은 유럽인들에게 새로운 종교관·세계관·인생관을 가지게 했다고 볼 수 있어요. 무엇보다도 신대륙의 발견으로 유럽, 아시아, 아메리카 대륙을 연결하는 새로운 세계사 형성의 계기가 마련되었어요.

또한 유럽의 아메리카 진출로 인하여 아메리카에는 새로운 세계가 형성되었어요. 인디언들이 애써 만들어 놓았던 마야, 아즈텍, 잉카 문명이 에스파냐 침입자들에 의해 파괴되고 유럽인들의 생활 방식에 정복당하여 오늘날 아메리카와 인디언들은 제2의 유럽을 보여 주게 되었어요. 이후 계속해서 유럽인들은 아메리카로 이동했고, 플랜테이션 농업, 라틴 문화, 경제, 사회, 문화 등 모든 면에서 아메리카 인디언 중심의 세계는 유럽화되고 말았어요. 이렇게 에스파냐 주도의 신항로 개척은 또 다른 유럽 식민지를 형성했다는 어두운 면도 가지고 있습니다.

4. 오감을 유혹하는 문화

에스파냐의 문화를 대표하는 것으로는 무엇이 떠오르나요?

루치아노 파바로티, 피카소 파블로, 다양한 맛을 선사하는 음식, 지중해성 기후의 영향을 받아 감미로운 맛을 선사하는 과일, 강렬한 투우 장면, 알람브라 궁전과 같은 전통문화?

에스파냐를 대표하는 문화로 음식, 전통문화, 문화유산, 예술 등을 생각해 볼 수 있어요. 지금부터 하나씩 살펴볼까요?

입맛을 유혹하는 별미

에스파냐 사람들은 만남을 좋아하는 사람들이라는 평가를 많이 받아요. 그렇기 때문에 만남을 더 향기롭게 해 주는 음식 문화가 발달할 수 있었다고 해요. 게다가 온화한 기후 조건, 지중해와 대서양으로 둘러싸인 지리적 조건 덕분에 에스파냐의 농산물은 저렴하고 풍성해요. 이로 인해 에스파냐 요리는 다양한 맛과 모양을 선사하고 있어요.

파에야

모든 지역에서는 지역의 자연 환경과 문화에 따라 다양한 음식이 발달했지만 에스파냐 대부분 지역에서 만나볼 수 있는 파에야가 있어요. 파에야는 에스파냐식 밥이라고 볼 수 있어요. 향신료인 샤프란이 가미된 쌀로 만들어 닭고기, 야채, 해산물, 소시지, 토끼고기와 함께 먹기도 해요. 발렌시아 지방의 전통 요리로 특히 축제 때 대표적인 음식으로 등장한다고 하네요.

에스파냐에서 파에야는 농부들이 밭을 일구다가 점심때 다같이 시원한 나무 그늘에 모여서 장작을 피우고 넓적한 파에야(파에야를 만드는 프라이팬도 파에야라고 합니다)에 쌀, 주변에서 갓 따온 야채, 달팽이 등을 넣고 바글바글 끓여서 함께 나눠먹던 새참 같은 것이었다고 해요. 파에야라고 하면 새우와 홍합이 들어간 해물파에야가 먼저 떠오르는데요. 전통적인 파에야는 토끼고기, 닭고

해물 파에야와 전통 파에야

기, 콩 등이 주재료입니다.

하몬

에스파냐어로 햄을 의미합니다. 돼지의 넓적다리 부분을 통째로 소금에 절여 건조시킨 요리로 열을 가하지 않고 공기를 이용하여 서늘한 곳에서 오랫동안 말려서 만든다고 해요. 에스파냐 산골 지방에서 토종 돼지의 뒷다리를 바닷물에 담가 지붕 처마 밑에 걸어 두고 건조한 겨울 바람에 말려서 먹는 데에서 유래했다고 해요. 완성된 하몬은 썰어서 그냥 먹거나 다른 재료와 섞어 요리하여 먹는다고 합니다.

에스파냐 와인

맛 좋은 와인을 생산하는 지역을 추천한다면, 어디를 말할 수 있을까요? 이탈리아? 프랑스? 칠레? 캘리포니아? 에스파냐? 이 나라들은 모두 포도 생산량도 많고 와인 맛도 일품인 지역들이네요. 에스파냐도 세계적인 와인 생산국입니다. 포도 재배 면적이 1256만 km²로 세계 최대인 만큼 수확량도 많다고 합니다. 그런데 포도 수확량 못지않게 다양한 맛의 와인이 생산됩니다. 그 비결은 무엇일까요? 에스파냐의 포도 재배는 이미 로마 시대 이전부터 시작되었고, 8세기경 에스파냐를 정복한 무어인들도 에스파냐에서 포도를 재배하였습니다. 이처럼 에스파냐의 포도 재배는 오랜 역사와 전통, 지속적인 품질 개선의 노력으로 하나의 명품이 되었어요. 그런데 에스파냐 와인 산업 발달의 바탕이 된 것이 또 있어요. 무엇일까요? 바로 자연 환경을 빼놓을 수 없겠지요. 에스파냐는 지중해 연안에 위치한 반도 국가입니다. 그래서 지중해성 기후의 영향을 많이 받지요. 지중해성 기후의 특징은 여름이 고온이면서 건조합니다. 한여름 과일 맛을 달콤하게 만들어 주는 기후 조건이지요.

우리나라에서도 세계적으로 인정받을 수 있는 와인을 생산하려면 어떻게 해야 할까요? 생각해 봅시다.

자, 그러면 에스파냐에서 와인을 만드는 것을 살펴볼까요?

와인이 만들어지는 과정

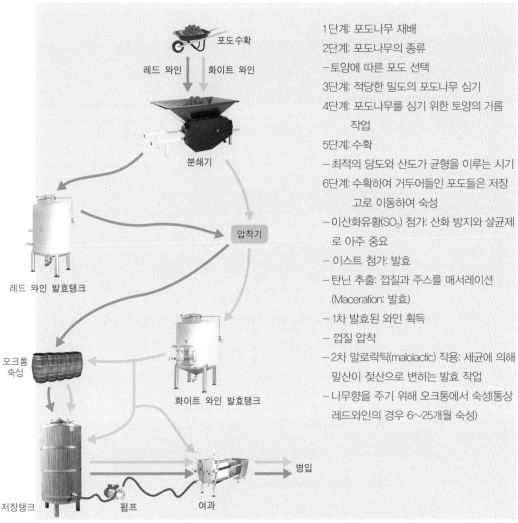

1단계: 포도나무 재배
2단계: 포도나무의 종류
－토양에 따른 포도 선택
3단계: 적당한 밀도의 포도나무 심기
4단계: 포도나무를 심기 위한 토양의 거름
　　　작업
5단계: 수확
－최적의 당도와 산도가 균형을 이루는 시기
6단계: 수확하여 거두어들인 포도들은 저장
　　　고로 이동하여 숙성
－이산화유황(SO_2) 첨가: 산화 방지와 살균제
　로 아주 중요
－이스트 첨가: 발효
－탄닌 추출: 껍질과 주스를 매서레이션
　(Maceration: 발효)
－1차 발효된 와인 획득
－껍질 압착
－2차 말로락틱(malolactic) 작용: 세균에 의해
　말산이 젖산으로 변하는 발효 작업
－나무향을 주기 위해 오크통에서 숙성(통상
　레드와인의 경우 6～25개월 숙성)

가스파쵸

가스파쵸는 아랍어로 젖은 빵이라는 뜻입니다. 주재료는 토마토와 잘게 썬 빵 조각으로 오이, 고추, 피망 등을 함께 넣어 만든 찬 수프이지요. 여름철에 시원하게 먹을 수 있는 건강식이기도 합니다. 가스파쵸는 에스파냐 남부 안달루시아 지방에서 유래되었다고 해요. 역시 좀 더 더운 지역에서 목마름을 달래줄 음식으로 발달했어요. 그런데 신기한 것은 토마토와 고추 등의 주재료가 16세기 라틴 아메리카 식민지에서 도입한 채소류인데 그 이전 그리스, 로마 지역에서도 가스파쵸를 먹었다는 이야기가 전해 온다고 해요.

그럼, 우리나라에서도 여름철 더위에 목마름을 달래줄 시원한 음료가 필요한데, 가스파쵸를 만들어 먹어 보면 어떨까요?

삶의 환희가 넘치는 축제

이탈리아 사람들처럼 에스파냐 사람들도 열심히 일합니다. 그리고는 축제 때가 되면 더할 나위 없이 즐깁니다. 에스파냐에서는 어느 날이라도 축제라고 할 정도로 축제가 많이 있어요. 여러분들이 기억하고 있는 에스파냐의 대표적인 축제들로는 무엇이 있을까요? 축제의 현장으로 가 볼까요?

투우

투우는 어떻게 보면 잔인하기도 하고 황소를 부당하게 다루는 것이라고 생각되기도 해요. 그래서 투우를 처음 보는 사람이라면 충격적일 수도 있어요. 그러나 에스파냐인에게 투우는 발레와 다름없는 하나의 예술이고, 문화이고, 축제입니다. 목숨을 건 황소와의 대결이 숨가쁜 위험으로 느껴질 수도 있지만

숨 막히게 아름다운 모습일 수도 있어
요. 투우 경기는 고대 크레타 섬, 테살
리아, 로마 제국에서도 흔히 행해졌으
며 산림지역에 서식하는 야생소의 특
성을 이용하여 사냥하던 것에서 기원
했다고 해요. 바에티카(후에 에스파냐의
안달루시아 지방이 됨)에서 열린 투우 경기
에서 투우사는 노련한 기술과 용맹성
을 보여 준 후에 도끼나 창을 이용하
여 야생소에게 치명적인 공격을 가했

투우

어요. 그 후 투우의 인기가 점차 높아지면서 세비야·코르도바·톨레도·타라
고나·메리다·카디스 등지의 허물어져 가던 로마 시대의 원형 극장이 개축되
었고 새롭게 단장되었어요. 원형 극장이 없던 곳에서는 도시의 광장이나 옥외
의 들판에서 투우 경기가 열렸어요. 오늘날 에스파냐에는 크고 작은 투우장이
400개 정도나 되는데, 약 2만 명의 관중을 수용할 수 있는 마드리드나 바르셀
로나의 대규모 투우장에서부터 약 1500명을 수용할 수 있는 작은 투우장에 이
르기까지 그 규모가 다양하게 있어요.

산페르민 축제

여러분의 지역에서는 어떤 축제가 열리나요? 축제는 지역의 역사적 배경과
특성을 반영하고 지역의 이미지를 개선하고자 하는 지역민들이 만드는 즐거
움, 화합, 어울림의 행사입니다. 에스파냐의 산페르민 축제는 팜플로나에서 7
월 6~14일에 열리는 것으로, 복음을 전파하러 프랑스에 갔다가 참수당한 가
톨릭교의 성인 산페르민을 기리는 행사입니다. 1591년부터 시작된 축제는 지

금은 이곳의 수호성인이 된 성자 산페르민이 소에 받혀 죽자, 신앙심이 강한 주민들이 그를 추모하기 위한 공공의 장을 마련한 것에서 시작되었다고 해요.

파야스(불 축제)

축제의 나라 에스파냐에서 첫째가는 축제가 무엇이냐고 물어본다면?

매년 3월 15일경 거대한 종이 점토 인형들이 정치인과 유명 인사를 풍자하며 거리에 전시됩니다. 모두 모아 한밤중에 불을 붙여 태우는 불꽃놀이 축제

파야스 축제

의 대표적인 지역이 발렌시아 지역이에요. 파야스는 동부 지중해 연안에 있는 에스파냐의 세 번째 도시 발렌시아가 자랑하는 멋들어진 축제입니다. 3월은 목수들의 수호성인인 산호세(San Jose)의 달인데 3월 중순에서 5일 정도에 열리게 되죠. 파예로(fallero)라고 불리는 파야(falla, 발렌시아어로 니놋ninot) 전문가들이 일년 내내 8~15m에 달하는 거대한 인형 작품 파야를 만듭니다. 이 축제 기간 동안 자그마치 수백 개가 넘는 인형들을 발렌시아의 골목 곳곳에 전시하고, 마지막 날 밤 자정에는 모두 불태워 버립니다. 규모와 예술성, 감동 면에서 그 어느 축제와도 비교가 안 될 만큼 근사한 축제입니다. 파야스의 기원에 대해서는 여러 가지 설이 있지만 에스파냐에서 3월이 되면 목수들이 그간의 작업한 흔적들을 불태우며 봄을 맞이했다고 하는 데에서 시작되었다고 하네요.

플라멩코

여러분, 춤 좋아하세요? 플라멩코 춤 아세요?

국가마다 전통 춤이 있지요. 우리나라에는 부채춤, 중국에는 사자춤과 용춤, 캄보디아에는 압살라, 인도에는 카마니, 브라질에는 삼바, 아르헨티나에는 탱고 등이 있지요. 그럼 에스파냐에는 어떤 춤이 있을까요? 플라멩코가 있어요. 플라멩코는 에스파냐의 민속 음악 '칸테'와 춤 '바일레', 그리고 기타 연주 '토케'가 어우러진 에스파냐의 전통 춤으로 15세기 에스파냐 남부 안달루시아에 정착한 집시들에 의해 만들어졌다고 해요. 오랫동안 각지를 유랑하던 집시들이 이곳에 모여 살면서 자신들의 슬픈 처지를 노래와 춤으로 표현하였다고 합니다. 이것이 차츰 외부 사람에게 알려지면서 오늘날에는 에스파냐를 대표하는 전통 예술이 되었을 뿐 아니라 전 세계인으로부터 사랑받는 대중음악, 춤, 연주 등으로 발전하였어요.

유네스코 지정 세계문화유산

알타미라 동굴 벽화

알타미라 동굴 벽화는 에스파냐 북부 산텐데르 주에 있는 석기 시대의 동굴 유적으로 BC 15000~BC 10000년경의 것으로 추정되고 있어요.

1879년 에스파냐 북부 산탄데르에 사는 귀족 마르셀리노 산스 데 사우투올라는 옛 문화에 남다른 관심을 가진 아마추어 고고학자였어요. 사우투올라는 산탄데르에서 서쪽으로 30km 떨어진 알타미라 지역을 헤매다가 우연히 알타미라 동굴 벽화를 발견했어요. 동굴 내에는 말, 돼지, 들소 등이 그려진 벽화와 제사 때 사용하던 막대기, 짐승 무늬를 새긴 칼, 뼈, 부싯돌 등의 선사 시대 유물이 발견되었어요.

알타미라 동굴에서 '그림의 거실'이라고 불리는 곳의 천장에는 가로 18m, 세로 9m에 동물 25마리가 그려져 있었어요. 멧돼지 3마리, 말 2마리, 이리 1마리를 빼놓고는 모두가 들소 그림이었는데 당시 사람들의 예술적 감각과 생활 모습을 보여 준 가치 있는 문화유산이지요. 그림은 주로 선사 시대 사람들이 사냥하고자 하는 동물들로, 그 당시 사람들이 그 동물들을 향해 주문을 외움으로써 사냥에 성공하기를 바랐을 거예요. 그런데 선사 시대 대표적인 사냥감은 사슴이었다고 하는데 알타미라 동굴 벽화에서 사슴의 모습이 보이지 않는다고 합니다. 무엇 때문이었을지 생각해 봅시다.

알타미라 동굴 벽화는 그것이 지닌 뛰어난 아름다움으로 사람들을 사로잡습니다. 짐승들이 움직이는 순간을 잘 나타냄으로써 힘차고 살아 있는 느낌을 주며, 넉넉한 질량감을 갖게 한다는 데에서 뛰어난 예술적 가치가 있습니다. 그리고 짙고 옅음과 밝고 어두움을 기막히게 조화시켜 입체감을 나타냈다는 점도 뛰어난 점이에요. 알타미라 동굴의 들소 그림이야말로 그 대표적인 모습

이라고 할 수 있습니다.

위 그림에 어떤 동물이 등장하나요? 사람들은 왜 이런 벽화를 남겼을까요?

부르고스 대성당

부르고스 대성당은 에스파냐 고딕 건축 양식 최고의 걸작으로 1984년 유네스코에 의해 세계문화유산으로 지정되었어요. 부르고스 대성당은 건축 과정도 만만치 않아요. 1221년 페르난도 3세가 대성당으로 기공식을 연 이후 여러 명의 건축가들과 장인들의 손을 거쳐 16세기경에야 완성되었어요. 약 400여 년의 긴 시간 동안 예술적 손길을 거쳐 만들어진 걸작이에요. 각각의 테마를 가진 예배실은 다른 작가의 조각품과 독특한 모양의 황금 계단, 빛이 쏟아지는 높은 창 등으로 장식되어 크고 화려한 모습을 자랑하고 있어요.

그럼 부르고스 대성당이 있는 곳으로 가볼까요?

부르고스는 마드리드 북쪽 약 210km, 아를란손 강 유역의 해발고도 800m 고원에 위치한 천연 요새지예요. 884년 아스투리아스 왕국의 동쪽 전초기지로 건설되어, 1035년 카스티야 왕국의 수도가 되었지요. 부르고스 대성당은 여러 시대에 걸쳐 건축물과 조형물에 영향을 주었어요. 부르고스는 1560년 마드리드로 수도를 옮긴 후 도시가 쇠퇴하였으나 오늘날 농업과 공업의 중심지로 다시 발달하고 있어요. 여러분들도 부르고스의 여러 곳을 살펴보면 과거 에스파냐의 역사와 문화를 온몸으로 느낄 수 있을 거예요.

부르고스 대성당

마드리드의 엘에스코리알 수도원 유적지

여러분은 신항로 개척에 가장 먼저 앞장섰던 나라를 알지요? 예, 바로 에스파냐입니다. 에스파냐가 가장 먼저 무적함대를 앞세우고 콜럼버스, 마젤란 등의 항해가를 통해 아시아, 아프리카, 아메리카까지 일찍이 신항로 개척에 나섰지요. 이렇게 신항로 개척을 지원했던 에스파냐의 절대 군주를 기억하시나요? 바로 펠리페 2세입니다. 펠리페 2세는 왕권은 신으로부터 받은 절대적인 권력이라는 것을 보여 준 사람이기도 해요. 엘에스코리알 수도원도 펠리페 2세에 의하여 1563년부터 약 20여 년에 걸쳐 완성된 건물입니다. 그런데 엘에스코리알 수도원은 수도원뿐 아니라 왕궁으로도 사용되었어요. 이상하죠? 어떻게 수도원과 왕궁이 함께 있을 수 있을까요? 에스파냐의 종교부터 생각해 보면 쉽게 답을 찾을 수 있어요. 에스파냐의 종교는 로마가톨릭이죠. 그래서 에스파냐의 절대자인 하느님께 예배드리는 수도원이 신으로부터 권력을 부여받은 왕의 건물인 왕궁과 함께 있을 수 있는 거예요. 이 수도원에는 궁전, 신학교, 도서관, 귀족학교, 병원 등이 있었고 방이 300여 개, 안뜰도 16개 정도가 있을 만큼 규모가 큽니다. 무엇보다도 건물의 모습이 과거 르네상스 건축 양식으로, 간결하면서도 수수한 외관이 현대 건축물에서는 보기 드문 아름다운 건축물이라고 해요.

톨레도 구시가지

기사들의 무용담을 풍자적으로 그려놓은 소설 『돈키호테』를 한 번쯤은 들어 보았지요? 그 소설 속 배경이 되었던 곳이 지금 살펴보게 될 톨레도예요. 톨레도는 명화를 통해서 많이 보고 들었던 화가 엘 그레코의 고향이기도 합니다. 타호 강이 감싸고 돌면서 아름다운 모습을 자아내는 톨레도는 수도 마드리드의 대표적인 역사·문화·관광 도시라고 할 수 있습니다. 1986년 유네스

엘에스코리알 수도원 전경과
수도원 내 정원

톨레도 시가지 전경과 엘 그레코의 톨레도 전경을 그린 그림

코 세계문화유산으로 지정되었을 정도로 도시 곳곳에 오래된 역사 유적지들
이 그대로 살아 숨 쉬고 있어요. 특색 있는 공예품, 아름다운 유적지, 흥미로
운 역사적 배경 등이 톨레도를 지탱하고 있어요. 어떤 역사를 간직하고 있는
지 한번 볼까요?

　톨레도는 BC 190년경 로마인들의 식민지가 된 이후 게르만족에 의해 건국
된 서고트 왕국과 카스티야 왕국의 수도로서 크리스트교와 이슬람 문화가 함
께 발달했어요. 로마인들이 만들었다고 하는 알칸타라 다리, 이슬람인들이 만
들었다는 알카사르 성, 크리스트교인들이 만들었다는 톨레도 대성당 등 다양
한 문화를 보여 주는 유물들을 지닌 에스파냐의 역사를 간직한 곳이랍니다.

에스파냐의 시인 프란시스코 데 이카자는 "그라나다에서 눈이 머는 것보다 더 참혹한 것은 없다."라고 말했다고 합니다. 왜 그런 말을 했을지 생각해 볼까요?

알람브라 궁전은 711년 지중해를 건너 온 이슬람교도들이 1238년경부터 세운 이슬람 궁전으로 알려져 있어요. 이후 가톨릭교도들의 에스파냐 회복 운동으로 1492년 이곳을 다시 되찾을 때까지 약 250여 년 동안 유럽의 가톨릭교 문화 속에 이슬람 문화 양식을 세워 놓은 성전이랍니다. 이 궁전의 마지막 왕인 이슬람 왕국 나스르 왕조의 무함마드 12세는 에스파냐 국민의 국토 회복 운동에 굴복하여 평화적으로 이 성을 가톨릭 왕에게 건네주고 아프리카로 떠났다고 하네요. 떠나면서 "에스파냐를 잃는 것은 아깝지 않지만 알람브라를 다시 볼 수 없는 것이 원통하구나."라고 개탄하며 통한의 눈물을 흘렸다고 합니다. 이로써 1238년부터 시작된 약 8세기간의 이슬람 제국의 지배에서 벗어나 가톨릭교를 국교로 하는 근대 에스파냐의 탄생을 보게 된 것입니다. 지금은 주로 가톨릭을 신봉하는 국가이지만 이슬람 양식으로 이루어진 알람브라 궁전은 과거 이슬람 제국의 지배를 받았던 가슴 아픈 역사적 유물입니다. 그러나 화려한 정원과 기둥, 벽 등이 아름다워서 전 세계인의 눈과 마음을 사로잡은 건물이기도 합니다. 이렇게 문화유산은 그 지역의 역사가 쓰고 만든 예술 작품이라는 것을 알 수 있지요.

여러분은 프란시스코 타레가의 기타곡 '알람브라 궁전의 추억'을 들어 본 적이 있나요? 타레가가 아름다운 사랑과 추억을 그리면서 만든 곡이라고 하네요.

에스파냐를 빛낸 사람들

에스파냐를 더 찬란하게 빛내 준 인물들이 있어요. 바로 디에고 벨라스케

(위) 알람브라 궁전 전경

(가운데) 사자의 중정. 왕 이외에 어떤 남자의 출입도
금지했던 곳이다.

(아래) 알람브라 궁전 안의 나스르 궁전. 이슬람인들
의 아라베스크 문양이 아름답게 수놓아져 있다.

스, 프란시스코 고야, 파블로 피카소, 엘 그레코 등의 유명한 화가들이죠. 벨라스케스는 17세기 에스파냐 미술사에서 가장 중요한 화가로 인정받고 있지요. 자연주의 양식으로 묘사한 인물과 정물 작품들을 보면 그의 뛰어난 관찰력을 짐작할 수 있어요. 그는 16세기 베네치아 회화를 연구하였고 또 이에 많은 영향을 받아 사물의 특성을 정확하게 묘사하는 것부터 시작해서 당시에는 독특하게 시각적 인상을 강조한 걸작들을 만들어 갔어요. 벨라스케스는 화려하고 다양한 붓놀림과 미묘한 색의 조화를 이용하여 형태, 질감, 공간, 빛, 분위기의 효과를 내는 데 성공했으며, 그로 인해 19세기 인상주의 그림의 선구자가 되었지요.

화가 피카소를 소개해 볼까요?

피카소는 입체파를 대표하는 천재 화가이자 조각가로 회화·조각·소묘·도자기·시 분야에 이르기까지 무수한 작품으로 오늘날 현대 미술의 발전에 크게 기여했어요. 특히 6·25전쟁을 기사로 접한 피카소는 '한국에서의 학살(1951)'이라는 작품을 완성하기도 하였습니다. '게르니카', '아비뇽의 처녀들' 등과 같은 피카소의 대작들은 그의 천재 화가로서의 명성을 지켜주었습니다. 나중에는 프랑스 미술에 관심을 가지게 되어 파리로 이주하여 오귀스트 르누아르, 에드바르 뭉크, 폴 고갱, 빈센트 반 고흐 등 거장들의 영향을 받기도 했지만 다른 화가들과는 차별적인 색과 기법으로 그의 독특한 그림 세계를 만들어 갔어요. 피카소의 배후에는 미술 교사였던 아버지가 있었는데 아버지에게서 가장 많은 영향을 받았다고 해요.

에스파냐의 작가 미겔 데 세르반테스를 볼까요?

이룩할 수 있는 꿈을 꾸고,

이루어질 수 있는 사랑을 하고,

이길 수 있는 적과 싸움을 하고,

견딜 수 있는 고통을 견디며,

잡을 수 있는 저 하늘의 별을 잡자.

이 글은 『돈키호테』에 있는 글입니다. 『돈키호테』는 1605년에 세르반테스가 지은 소설이자 주인공의 이름이며 중세 기사도를 풍자한 에스파냐의 근대를 대표하는 작품이에요. 작품 속 이야기를 잠깐 볼까요?

에스파냐 시골의 하류 귀족 출신 아론소 기하노는 날마다 중세 기사들의 이야기를 탐독한 나머지 기사도의 세계에 빠져 스스로 중세 기사가 되어 사회의 부정과 비리를 없애고 홀대받는 백성들을 살려 내겠다고 다짐합니다. 먼저 기하노는 이름을 '돈키호테 데 라만차'로 바꾸었습니다. 돈키호테는 '엉뚱한 행동을 하는 사람'을 뜻하는 말이기도 합니다. 갑옷을 입은 채 로시난테라는 말을 타고, 이웃에 사는 농부 산초를 데리고 길을 나섰습니다. 현실에 어울리지 않는 이상주의자 돈키호테는 순진무구하고 충실한 산초와는 대조적인 인물이었어요. 그의 기사도 정신은 광기와 몽상으로 똘똘 뭉쳐 있었고 가는 곳마다 현실과 충돌하고 실패와 패배를 거듭하지만 그들의 용기와 의지는 조금도 꺾이지 않았어요.

세르반테스는 에스파냐가 낳은 가장 위대한 소설가이고 극작가이자 시인으로 칭송받았어요. 그 이유는 『돈키호테』가 나왔을 당시 중세 사회가 신 중심의 사회임에도 인간을 대상으로 소설을 썼기 때문입니다. 이와 같은 사실은 당시 서양 사회에 큰 변화를 주었어요. 영국에 셰익스피어가 있다면, 에스파냐에는 세르반테스가 있다고 해요.

건축가로는 에스파냐를 대표하는 천재 건축가 안토니오 가우디가 있어요.

가우디의 대표적인 건축물로는 1884년부터 시작하여 1926년 자신이 죽을 때까지 혼을 다한 사그라다파밀리아 성당이 있어요. 사그라다파밀리아 성당

사그라다파밀리아 성당 구엘 공원

　은 1882년에 건축이 시작되어 100년 이상 지난 지금도 지어지고 있어요. 신의 의뢰에 의해 시작된 만큼 그 완성 시기도 신만이 알 수 있다는 신비에 싸인 건물이에요. 그러나 무엇보다도 이 건축물이 세계인의 이목을 끄는 것은 건축물 내부와 외부에서 느껴지는 자연미와 곡선미라고 해요.

　가우디는 사그라다파밀리아 성당 외에 구엘 공원, 카사밀라, 카사바트요 등 인류에게 축복을 주는 듯한 건축물들을 세상에 남겼어요. 구엘 공원은 가우디의 대표작으로 곡선 위주의 건물들과 화려하고 독특한 모자이크 장식과 타일, 나선형의 층계, 깨진 도기 조각으로 장식한 난간, 구불구불한 길과 인공 석굴 등 곳곳에서 독창성을 엿볼 수 있어요. 그리고 카사밀라의 물결치듯 이어지는 벽과 동굴을 떠올리게 하는 출입구, 투구를 쓴 사람의 얼굴 모양을 하고 있는 굴뚝 등 모든 것이 건축에 대한 기존의 고정관념을 깨고 독창성을 드러내

카사밀라

카사바트요

고 있습니다. 카사바트요는 울퉁불퉁한 외관에 색유리 파편을 촘촘히 박은 것이 인상적이에요. 뼈를 연상시키는 발코니의 석조 난간은 조금 으스스한 느낌으로 햇빛이라도 비치면 건물 전체가 잔혹한 아름다움으로 빛난다고 해요. 그야말로 동화 속에나 나올 법한 건축물이지요.

가우디는 어린 시절을 시골 마을에서 보내서인지 자연 그대로를 모티브로 한 각종 건축물을 창조해 냈어요. 파도, 나뭇잎, 버섯, 구름 등을 건축물로 승화시킨 까닭에 누구나 그의 작품을 직접 보면 아름다운 자태와 자연스러움에 넋을 잃을 정도라고 해요.

가우디 작품의 독창성과 여러분이 주변에서 흔히 보는 건물과의 차이점을 생각해 볼까요?

5. 에스파냐 주요 지역 탐색

에스파냐는 국토의 1/3 정도가 산지로 이루어져 있어요. 프랑스와의 사이에 피레네 산맥, 북부 대서양 연안에는 칸타브리아 산맥, 남부 지중해 연안으로는 시에라네바다 산맥이 펼쳐져 있지요. 중앙부에는 메세타 고원이 자리 잡고 있어요. 이러한 지형의 영향으로 기후의 차이에 따라 다양한 문화가 나타나지요. 다음에서는 에스파냐를 북부 지역, 남부 지역, 동부 지역, 중부 지역으로 나누어 살펴보겠습니다.

북부 지역

북부 지역은 피레네 산맥에서 북부 대서양 연안을 따라 절벽과 좁고 긴 해안 지역을 이루고 있어요. 해안이라서 여름에는 상대적으로 더 서늘한 기후가 나타나고 겨울에는 대서양 난류의 영향으로 따스한 날씨를 느낄 수 있어요. 서부 해안 지역은 연중 불어오는 편서풍과 북대서양 난류의 영향으로 일 년

산티아고데콤포스텔라

산세바스티안
바스크 지방의 중심지로
현대식 정경을 드러내는
휴양지

바르셀로나
동북부의 산업
도시 고딕 건축
물의 보고

마드리드
에스파냐의 수도이며
정치·산업의 중심지

톨레도

발라아레스 제도

발렌시아

마요르카

그라나다

세비야
안달루시아 지방의 중심지.
예술과 건축물, 성대한 축제,
플라멩코와 투우로 유명

카나리아 제도

에스파냐 북부의 축제

1월	20일: 로산 세바스티안 축제
2월	상순~중순: 카니발
3월	3월 또는 4월: 세마나 산타(전국)
6월	25~30일: 수호 성인 축제(레온)
7월	6~14일: 산페르민 축제(팜플로나)
	25일: 산티아고 축제(산티아고데콤포스텔라)
8월	둘째 주: 전통음악 및 연극 문화제(부르고스)
9월	하순: 리오하의 수확제(로그로뇨)

내내 온화하면서 비가 자주 내리는 날씨가 나타나요. 이 지역은 이베리아 반
도의 이슬람화를 막기 위한 가톨릭교의 노력과 가톨릭교도들의 성지 순례 길

목이었기 때문에 가톨릭교 관련 유물을 많이 볼 수 있어요. 그리고 프랑스와의 국경 지역에 위치한 바스크 지방도 여기에 속하네요. 북부 지역에서 체험해 볼 만한 멋진 곳을 소개해 볼까요?

북부 지역의 여행 코스는 크게 두 가지로 나누어 볼 수 있어요. 먼저 해안 지방을 따라가는 코스와 순례자의 길을 따라 가는 코스가 있어요. 해안 지방을 따라가는 코스로는 칸타브리아 만의 해안선을 따라 가는 코스가 있어요. 바스크 지방의 산세바스티안 → 칸타브리아 지방의 산탄데르 → 아스투리아스 지방의 오비에도, 산티야나델마르 → 갈리시아 지방의 라코루냐를 연결하는 코스예요.

다른 하나의 순례길 코스는 성 야곱의 순례 길을 따라가는 코스로, 나바라 지방의 팜플로나 → 카스티야이레온 지방의 부르고스 → 갈리시아 지방의 산티아고데콤포스텔라예요.

또한 북부 지방에서는 세계문화유산인 순례의 길, 알타미라 동굴, 부르고스의 대성당, 산티아고데콤포스텔라의 구시가, 아스투리아스 왕국 교회군이 있으며, 연중 진행되는 축제들로 인해 이국적 정취를 느껴볼 수 있는 곳이에요.

에스파냐의 아름다운 전원, 바스크 지방

바스크 지방은 에스파냐 북부의 자치 지방으로 독립의 집념을 불태우고 있는 곳입니다. 주민의 대부분은 민족의식이 아주 강한 바스크인으로 에스파냐 사람과는 조금 다른 사람들이 독자적인 바스크어와 바스크 문화를 보존하며 살아가고 있는 이색적인 곳입니다. 또한 북부의 아름다운 대서양 해안과 주변의 청정한 자연 환경을 그대로 보존하여 자연과 더불어 농업과 목축업 중심의 산업이 발달한 곳이에요. 하늘이 내린 천혜의 지역이라는 별명을 갖고 있기도 합니다. 이 지역의 대표적인 도시로는 산세바스티안과 게르니카가 있어요. 산세바스티안은 북부 해안 도시로서 해산물 요리가 유명합니다. 게르니카는 피카소의 그림 '게르니카'에 등장하는 도시로 1937년 독일 나치 공군의 무차별 공격을 받았던 비운의 도시이지요. 그리하여 분노한 피카소가 그의 심정을 그림으로 표현한 것이 '게르니카'라고 하네요. 지금도 게르니카 도시 벽화로 피카소의 '게르니카'가 그려져 있어요.

산티아고 가는 길

산티아고 순례 길은 프랑스의 생장피드포르에서 에스파냐 북서부 산티아고 데콤포스텔라에 이르는 약 800km의 순례자 길이에요. 길의 전설은 이렇답니다. 예수의 12사도 중 한 명인 성 야곱은 이베리아 반도에 와서 포교 활동을 하고 예루살렘으로 귀환하였는데 헤롯 왕에 의해 순교를 당합니다. 유해는 야곱 본인의 뜻에 따라 에스파냐로 향하였는데 도중에 난파를 당하게 됩니다. 약 800여 년이 지난 후 그 유해가 에스파냐 북부의 들판에서 한 사제에 의해 발견되었다고 해요. 하느님의 계시로 사제를 유해가 있는 곳으로 인도하였기에 발견 장소를 콤포스텔라(Campus Stellae, Plain of the Star)로 부르게 되었다고 하네요. 그 장소에 교회가 지어지고 난 이후 이슬람과 크리스트교 간의 교전이 이어졌는데 십자군이 불리할 때마다 성 야곱이 흰 갑옷을 입고 혜성처럼 나타나 전세를 역전시켜 주었습니다. 이후 성 야곱은 크리스트교의 수호신으로 알려지고, 이곳은 순례자들의 발길이 끊이

산티아고 가는 길

지 않게 되었습니다. 순례를 마치면 모든 죄과를 용서 받는다고 믿었던 당시의 성지가 로마, 예루살렘, 산티아고의 세 곳이었는데 그중 산티아고 가는 길은 많은 순례자들뿐 아니라 관광객, 여행객들이 이어가고 있어요.

중부 지역

에스파냐의 수도 마드리드가 있는 중부 지역은 마드리드, 카스티야이레온, 에스트레마두라, 카스티야라만차 등 4개의 큰 지방으로 구성되어 있어요. 마드리드는 에스파냐의 수도로 에스파냐의 한가운데 위치해 있어요. 카스티야이레온은 중세 에스파냐의 중심지 역할을 했던 곳으로 역사 유적과 문화재가 풍부한 곳이에요. 카스티야라만차 지방은 와인 생산에 최적의 조건을 갖고 있어서 포도주만 생산하는 지역으로 세계에서 가장 큰 규모라고 하네요. 이렇게 과거와 현재의 에스파냐 중심지 역할을 하고 있는 이 지역의 주요 지역들을 따라가 볼까요?

마드리드

마드리드는 해발고도 646m에 이르는 에스파냐의 정 중앙부에 위치해 있어요. BC 850년경 아랍 세계가 지배하면서부터 사람들이 살기 시작했어요. 1083년 '물이 고이는 곳'이라는 뜻의 마드리드는 카스티야 왕국에 의해 아랍으로부터 회복되었고, 1561년 펠리페 2세에 의해 당시 수도였던 톨레도에서 마드리드로 수도가 이전되면서 지금까지 에스파냐의 역사적·문화적·정치적·사회적 중심부가 되었어요. 도시는 '태양의 문'이 있는 푸에르타델솔 광장을 중심으로 마치 태양의 빛이 방사되듯 9개의 도로가 방사선형으로 퍼져 있어요. 에스파냐의 전성기에 수도가 된 이래 유구한 역사를 간직한 도시이기에 오랜 역사를 자랑하는 건축물, 미술관, 박물관, 유적지들이 곳곳에 남아 있어요. 특히 프라도, 레이나소피아와 같은 세계적 미술관, 에스파냐의 문화를 마음껏 보고 즐길 수 있는 마요르 광장, 세계적인 축구팀 레알 마드리드를 만나 볼 수 있는 곳이에요.

프라도 미술관

프랑스에 루브르 박물관, 영국에는 대영 박물관이 있다면 에스파냐에는 프라도 미술관이 있어요. 카를로스 5세 때의 티치아노, 펠리페 3세 때의 루벤스,

프라도 미술관

펠리페 4세 때의 벨라스케스, 그리고 카를로스 4세 때의 고야 등이 남긴 세계적인 명화를 만날 수 있어요. 이렇게 에스파냐의 고대, 중세, 근대 문화뿐 아니라 17~18세기 바로크와 로코코 화풍을 유행시켰던 프랑스 미술과 독일 미술, 이탈리아 미술 등을 두루두루 체험해 볼 수 있어요. 특히 세계에서도 손꼽히는 규모와 역사를 가진 프라도 미술관이 고야의 작품에서 마감한다면, 고야 이후 20세기 작품들은 길 건너 레이나 소피아 미술관에서 이어지네요. 피카소, 달리, 미로, 그리스 등의 작품들은 레이나소피아 미술관에서 볼 수 있어요. 15세기 이래 역대 에스파냐 왕가의 콜렉션을 전시하는 미술관에서 1819년에는 왕립 미술관으로 개관하여 1868년에 프라도 미술관으로 개칭되었어요.

마요르 광장

마요르 광장은 136개의 방으로 이루어진 4층 건물이 직사각형 모양으로 광장을 에워싸고 있는 독특한 광장이에요. 펠리페 3세 때 만들어진 이후 국왕의 취임식, 각종 종교 의식이 행해졌던 역사적인 곳이에요. 마요르 광장에서는 예전부터 매일 시장이 서고 투우 경기가 열리기도 하였으며 종교 재판, 종교 행렬, 공연, 축제에 이르기까지 다양한 행사가 벌어지던 곳이었어요.

아주 오래전 푸에르타델솔 광장에 곰이 소귀나무 열매를 먹으러 내려 온 것을 표현한 동상으로 오늘날 마드리드와 에스파냐의 상징이다. 푸에르타델솔 광장에 0km가 표시되어 있다.

지금은 광장을 둘러싸고 있는 4층 건물의 1층에는 옷과 장신구, 기념품을 파는 가게들이 들어서 있고, 노천 카페가 곳곳에 자리하고 있습니다.

푸에르타델솔 광장

푸에르타델솔 광장은 에스파냐의 상징으로 여겨지는 광장으로 '태양의 문'이라는 의미를 가지고 있습니다. 태양의 문이라는 이름은 중세 시대 이곳에 있던 벽에 해시계가 있었던 것에서 유래한다고 해요. 지금은 이름만 남아 있을 뿐 흔적은 찾을 수 없어요. 광장을 중심으로 10여 개의 방사선 도로가 뻗어 있어서 상업적 중심지이자 만남의 장소로 애용되고 있어요. 푸에르타델솔 광장의 종탑 건물 정문과 도로 사이의 인도에는 이곳이 에스파냐 모든 지역의 중심지라는 의미에서 바닥에 '0km'라는 표시가 그려져 있어요. 에스파냐의 심장부로서 아직도 오랜 역사적 문화유산을 간직하고서 새로운 변화를 끌어안은, 역사와 현재와 미래가 공존하는 중심지예요.

카스티야라만차 지역

카스티야라만차 지역은 에스파냐 중부의 톨레도, 시우다드레알, 쿠엥카, 과달라하라, 알바세테를 포함하고 있습니다. 중세 이후 에스파냐 문화가 형성되었고, 돈키호테의 활동 무대로 많이 알려져 에스파냐를 대표했던 지역으로 유명해요. 그러나 오늘날에는 바로 북쪽에 있는 수도 마드리드로의 직업을 구하기 위한 진출로 이 지방의 인구가 많이 감소하게 되었습니다. 특히 산악지대에 자리 잡고 있는 쿠엥카 주와 과달라하라 주 등지에서 아주 심하게 나타나고 있어 사회 문제가 되고 있다고 해요.

농업은 이 지역에서 가장 활발한 경제 활동 영역이에요. 농작물 대부분이 건지농법으로 경작되고, 주요 작물로는 밀, 포도, 올리브, 해바라기, 샤프란, 옻나무, 목화 등이 있어요. 카스티야라만차 지역에서 가장 먼저 떠오르는 도시는 톨레도에요. 톨레도를 중심으로 이 지역의 특징을 살펴볼까요?

톨레도는 1986년 시 전체가 유네스코에 의해 세계문화유산으로 지정되었어요. 오랫동안 에스파냐의 정치와 종교 중심지 역할을 했지만 1561년 수도가 마드리드로 옮겨지면서 쇠퇴의 길을 걸었습니다. 그러나 역설적이게도 이러한 쇠퇴 덕분에 톨레도는 옛 영화의 흔적을 고스란히 간직할 수 있었습니다.

중세 도시인 톨레도는 6세기경 이슬람 세력에 의해 점령되었다가 1085년 알폰소 6세에 의해 다시 회복되고 수도가 되기까지 약 400여 년간 이슬람의 지배를 받았던 곳이에요. 그래서 톨레도는 크리스트교, 유대교, 이슬람교의 문화가 하나로 어우러진 다문화 도시이지요. 화가 엘 그레코는 그림을 통해 톨레도를 마치 천상의 세계와 맞닿은 듯한 모습으로 표현하였어요. 그만큼 톨레도가 하늘과 가깝고, 톨레도가 하나의 성 역할을 하는 중요한 도시라는 것

을 알 수 있어요.

타호 강이 도시를 둘러싸고 반원을 그리며 흘러가고 있어 마치 강물에 둘러싸인 거대한 요새처럼 보이는 톨레도에 들어가기 위해서는 16세기에 세워진 비사그라 문을 통과해야 한다고 해요. 이후부터 미로 같은 고풍스러운 골목길을 걸으며 중세의 모습을 현재의 문화가 가미된 채로 들여다 볼 수 있어요.

동부 지역

동부 지역은 피레네 산맥을 사이에 두고 프랑스와 인접하고 지중해에 접해 있는 곳이에요. 그리하여 일찍이 유럽 문화의 영향을 많이 받아 로마 제국의 문화와 역사적 유적지를 많이 간직하고 있는 곳입니다. 뿐만 아니라 해안 지역의 넓은 평야와 따뜻한 기후를 이용하여 농업이 발달하였어요. 이 지역에는 역사적으로 강력한 해상력을 드러냈던 카탈루냐 지방, 에스파냐 형성의 한 부분이었던 아라곤, 그리고 오렌지 농업 경관으로 유명한 발렌시아 지방 등이 있습니다. 이 지역은 지중해 영향권으로 에스파냐의 중부, 북부와는 다른 독특한 에스파냐 문화를 형성해 왔어요. 여기에서는 바르셀로나와 발렌시아를 중심으로 그 문화적 특징을 더듬어 볼까요?

바르셀로나

바르셀로나는 에스파냐에서 두 번째로 큰 도시로 에스파냐 동부 지중해 연안 지역의 중심 도시예요. 1988년 우리나라에서 열렸던 서울 올림픽에 이어

바르셀로나의 황영조 공원

1992년 바르셀로나 올림픽이 개최되었던 곳이에요. 그리고 바르셀로나 올림픽 때 황영조 선수가 손기정 선수에 이어 우리나라 선수로는 마라톤에서 두 번째로 금메달을 획득했던 역사적인 도시이기도 합니다. 바르셀로나 중심부에는 황영조 공원이 조성되어 있습니다. 또 하나 바르셀로나는 앞에서 그 빼어남에 대해 이야기했던 유적지 사그라다파밀리아 성당이 있는 곳이에요. 사그라다파밀리아 성당은 신만이 알 수 있는 완성의 날을 향하여 오늘도 건축 중인 건물이지요.

또한 화가 파블로 피카소와 호안 미로 등 많은 예술가를 배출한 도시로도 유명합니다. 호안 미로의 예술 활동을 보존하기 위해서 호안 미로 미술관을 설립하기도 했어요. 호안 미로 미술관에는 미로의 작품뿐 아니라 에스파냐가 배출한 미술가들, 그리고 세계적인 화가들의 작품들로 가득하여 바르셀로나를 예술의 고향으로 만들어 내는 데 한몫하고 있어요.

발렌시아

지중해 연안에 위치하여 여름의 고온 건조한 기후 조건으로 맛있는 오렌지가 많이 생산되고 있어요. 발렌시아는 지중해 연안의 넓은 평야와 비옥한 토질, 온화한 기후 조건으로 인해 에스파냐의 곡창지대를 형성하는 지역입니다. 과거 이슬람의 지배권에 들어가면서 아랍인들에 의해 벼농사 기술이 전래되었다고 해요. 그리하여 앞에서 살펴본 것처럼 쌀을 이용해서 만든 파에야와 같은 전통 요리가 발달하기도 했어요. 발렌시아는 지중해 연안에 위치하여 오래전부터 지중해를 중심으로 아시아, 아프리카와의 활발한 교류로 인해 다양한 문화가 발달했어요. 이후 이슬람 지배권에 들어가 이슬람 문화도 함께 간직하게 된 지역이에요.

하얀 마을

남부 지역

에스파냐의 남부는 안달루시아와 코스타델솔 지역을 아우르고 있어요. 이베리아 반도의 남부에 위치하여 온화한 기후와 이슬람의 자취, 그리고 페니키아인들이 지중해 해상권을 장악하면서 차지했던 흔적이 남아 있는 과거 유럽의 여러 문화를 만나 볼 수 있는 지역입니다. 그리하여 올리브, 오렌지, 포도 등의 지중해성 작물과 이슬람 문화, 에스파냐의 문화가 어우러진 곳이지요. 8~15세기경 이슬람의 지배를 받으면서 형성된 이슬람 문화를 각지에서 볼 수 있어요. 코르도바, 세비야, 그라나다, 말라가, 안달루시아의 하얀 마을 등은 지금도 이슬람의 과거 문화가 발견되는 곳이에요. 그리고 카나리아 제도는 아프리카와의 사이에 7개의 섬들로 구성되어 있는데 세계문화유산으로 등록된 도시와 국립공원을 갖고 있는 아름다운 섬이랍니다.

에스파냐 남부 지역의 대표 도시 그라나다와 세비야에 대해 살펴볼까요?

그라나다

시에라네바다 산맥 기슭에 펼쳐진 비옥한 평야 지역에 형성된 지역이며 이슬람 건축의 최고걸작으로 불리는 알람브라 궁전이 있는 역사적인 도시예요. 이슬람 세력의 침략으로 건설된 이슬람 왕조의 궁전이지요. 1238년경부터 약 250여 년에 걸쳐 이슬람 왕궁의 역할을 하다가 1492년 이슬람 왕조의 붕괴로 무함마드 12세가 알람브라 궁전을 떠나면서 가톨릭 왕조가 차지하여 지금까지 역사적인 유적지로 남아 있어요. 알람브라 궁전 안에서 느껴지는 섬세하고 아름다운 모습, 에스파냐의 상큼함을 전해주는 오렌지 정원수들은 알람브라 궁전을 더 아름다운 궁전으로 만들어 줍니다. 지금도 그라나다는 에스파냐 사람들이 가장 가 보고 싶어하는 도시라고 하는데 그 이유가 알람브라 궁전이 아닌가 싶네요.

세비야

남부 안달루시아의 대표 도시, 비제의 오페라 '카르멘', '세비야의 이발사', '피가로의 결혼' 등의 무대로 유명한 곳이에요. 특히 신대륙 발견 이후 대항해 시대가 되면서 세비야는 위치의 지리적 장점으로 인해 라틴 아메리카 지역과의 교역 중심지 역할을 하면서 도시의 성장이 빨랐어요. 이후 에스파냐를 대표하는 플라멩코 춤과 투우의 문화도 발달했어요.

영국은 일찍부터 의회 민주주의가 발달하고 산업혁명이 일어나 유럽을 거쳐 전 세계에 영향을 미친 나라예요. 특히 산업혁명은 환경 오염의 근원을 제공하였으며 노사 문제를 계기로 사회주의 사상이 태동하는 데 빌미를 주기도 했어요. 또한 '해가 지지 않는 나라'라는 대영 제국을 건설하고 세계의 중심 국가가 되면서 세계 식민 지배와 제국주의를 선도했어요. 아직도 50여 개국이 넘는 영연방 국가들이 영국의 여왕을 국가원수로 여기고 있어요. 세계 식민지 경영과 미국에 힘입어 자국 언어인 영어를 세계어로 만든 나라이기도 해요. 영국인들의 홍차 사랑은 유별나서 아침에 홍차 마시는 시간을 별도로 가질 정도예요. 그래서 영국은 홍차로도 유명하답니다.

근대화의 선두에 선 나라
영국

1. 영국의 자연 환경과 사람들

　여러분, 『해리포터』 아시죠? 책과 영화 등으로 한 번쯤은 보았을 거예요. 해리포터 하면 떠오르는 것이 무엇인가요? 검은테 안경의 마법사 해리포터, 작가 조앤 롤링, 이야기의 배경이 된 런던, 영국 등. 맞아요. 여러분들에게 가장 잘 알려진 영국의 이미지는 아마도 『해리포터』가 아닐까 생각해요. 그런데 『해리포터』뿐만 아니라 셰익스피어와 올리버 트위스트, 『크리스마스 캐롤』로 잘 알려진 찰스 디킨스 같은 유명 작가도 있어요. 그리고 공장제 기계공업으로 세계에서 가장 먼저 산업혁명을 이끌었다는 역사적 사실도 중요하지요.

　영국은 잉글랜드, 스코틀랜드, 웨일스로 이루어진 그레이트브리튼과 북아일랜드로 이루어진 연합 왕국입니다. 1536년 잉글랜드와 웨일스가 결합하였고 1707년 스코틀랜드가 결합하였으나 아일랜드 독립 후 북아일랜드를 병합하였어요. 정치는 입헌 군주제로 왕이 있고 정부를 대표하는 수상이 실제적인 통치 업무를 담당하고 있어요. 영국의 정식 명칭은 그레이트브리튼 북아일랜드 연합 왕국(United Kingdom of Great Britain and Northern Ireland)입니다. 보통 UK라고도 부릅니다. 영토는 약 24만 4100km²로 한반도 정도의 크기이며, 인구는 약 6000만 명이에요. 우리나라 남한의 인구보다 약간 많아요. 그 외에도 영국은 우리나라와 많은 부분에서 닮은 점이 있어요. 영토의 크기, 인구의 크기, 오랜 역사와 전통, 온대 기후적 조건, 그리고 웨일스, 아일랜드, 스코틀랜드, 잉글랜드로 나뉘어져 지역 간 갈등의 요소를 안고 있는 점 등. 이렇게 우리와 비슷한 갈등을 겪은 영국은 20세기 이전에 이미 산업혁명을 이끌어 냈고 해외 식민지를 개척하여 세계적으로 정치·경제면에서 중심적인 역할을 했어요. 이제 우리와 비슷한 것 같지만 다른, 그러면서도 16세기 이후 정치·경제뿐만 아니라 문화면에서도 세계 강대국의 이미지를 갖고 있는 영국의 역사와 문화를 살펴보면서 오늘날 영국이 가지고 있는 힘의 원동력과 특징을 찾아보도록 합시다.

영국의 자연 환경을 보면, 북부 스코틀랜드는 대체로 높은 산지가 많고, 남부 잉글랜드와 웨일스 지역은 완만한 경사의 낮은 산지와 저지대가 많아요. 여러분이 잘 알고 있는 템스 강과 멘델스존의 음악에 등장하는 '핑갈의 동굴', 영화 '브레이브 하트'의 배경이었던 스코틀랜드 지방에서는 숲 속의 요정들이 튀어 나올 것 같은 높은 산지를 많이 볼 수 있어요. 북위 30도에서 60도 사이에 위치한 중위도 지역인 만큼 온대 기후에서 냉대 기후까지 나타나는 곳이에요. 또한 대서양에 있는 섬나라로 바다의 영향을 많이 받아요. 영국 서쪽을 흐르는 북대서양 난류와 연중 서쪽에서 불어오는 편서풍의 영향으로 1년 내내 기온의 변화가 적은 해양성 기후를 보이고 있어요. 위도 상으로는 우리나라보다 북쪽에 위치하지만 더 따스한 겨울, 더 서늘한 여름을 즐길 수 있지요. 이런 기후가 '영국 신사는 항상 우산을 준비한다'라는 말이 나오게 된 배경이에요. 언제 비가 올지 모르기 때문에 항상 우산을 준비해야 한다는 말이지요. 자연 환경에 적응할 줄 알고 이용하기도 하면서 근대화를 이끌었던 세계적인 신사의 나라, 영국의 신사들은 어떤 사람들일까요?

앞에서 설명한 것처럼 영국의 명칭이 UK임에서 알 수 있듯이 영국은 여러 민족들이 함께 만들어가는 나라예요. 하나의 국가에 아일랜드인, 웨일스인, 스코틀랜드인, 잉글랜드인들이 함께 생활하고 있어요. 원래 영국 섬의 주인이었던 켈트인들은 처음에 로마인들의 침략을 받았고, 5세기 이후에는 게르만족의 일파인 앵글로족과 색슨족의 침입을 당했어요. 차츰 전투에서 밀려난 켈트인들은 북쪽으로 이주하여 그들의 땅 스코틀랜드를 세웠고 일부는 아일랜드로, 일부는 웨일스로 향했으며 영국 섬의 남동부 지역은 앵글로족의 나라 '잉글랜드'가 되었어요.

영국 국기는 유니온 잭(Union Jack)이라고 하는데 빨간 십자가는 잉글랜드, 파란색 바탕에 하얀 사선으로 엇갈린 엑스표시는 스코틀랜드, 붉은 엑스표시

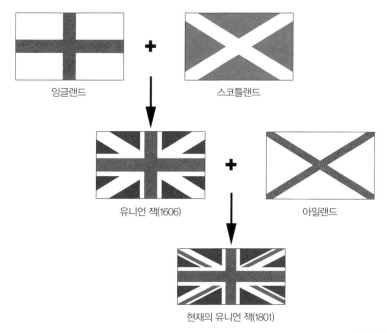

잉글랜드

스코틀랜드

유니언 잭(1606)

아일랜드

현재의 유니언 잭(1801)

유니언 잭의 변화 과정

는 아일랜드, 세 국가의 국기가 합쳐져서 영국 국기가 만들어졌어요. 그런데 웨일스는 영국 국기를 만들 당시 통일된 왕국을 이루지 못한 상태여서 하나의 왕국으로 인정받지 못했고 결국 국기에도 자신들의 깃발을 넣을 수가 없었어요. 현재는 하나하나가 독립적인 국가들이지만, 정치, 외교, 국방 등의 문제에 있어서는 하나의 정부에 의해서 통치되는 체제입니다. 그래서 월드컵 예선전에서, 스코틀랜드, 아일랜드, 웨일스, 잉글랜드가 따로 국가대표팀을 구성하여 출전하는 모습을 볼 수 있지요.

2. 영국의 역사 이야기

영국의 역사 속으로 들어가 볼까요? 영국이 어떻게 만들어졌는지 굵은 역사의 흐름을 따라 올라가봅시다. 영국에서 가장 힘이 약했고 통일 왕국을 형성하지 못했던 남서부의 웨일스가 가장 먼저 1535년에 잉글랜드에 병합되었습니다. 16세기는 영국의 절대주의가 발달하면서 중앙 집권적인 정치로 인해 왕에게 막강한 권력이 부여되었던 시대이지요. 바로 여러분이 잘 알고 있는 엘리자베스 1세 때예요. 이때부터 영국의 식민지 개척이 시작되었습니다. 잉글랜드로 존재했던 영국은 13세기 에드워드 1세 때부터 간접 통치를 하고 있던 웨일스를 차지하게 되었어요. 또한 13세기 말, 잉글랜드를 통치하고 있던 에드워드 1세는 스코틀랜드에 간섭을 하기 시작하였고 많은 스코틀랜드 귀족들은 잉글랜드 왕으로부터 땅과 지위를 부여 받으며 잉글랜드에 동조하였습니다. 그런데 스코틀랜드의 다른 귀족과는 달리 민중 속에서 잉글랜드의 간섭에 맞선 탁월한 지도자 '윌리엄 월레스'는 스코틀랜드의 독립을 위해 싸웠어요. 윌리엄 월레스는 처형당했지만 이 전투에서 스코틀랜드의 백파이프는 '하이랜더(스코틀랜드인)'들의 사기를 올리는 데 큰 기여를 했고, 이후 스코틀랜드의 전통으로 자리 잡게 됩니다. 영화 '브레이브 하트'는 당시의 역사를 보여 줍니다.

그러나 1707년 '연합법(Act of Union)'에 의하여, 그러니까 18세기에 스코틀랜드 왕인 제임스 6세가 잉글랜드의 제임스 1세 왕으로 즉위하면서 잉글랜드와 병합된 스코틀랜드는 대영 제국의 일부가 되었어요. 이후 스코틀랜드 지역 켈트족의 씨족 사회는 점차 쇠락의 길로 접어들게 되었고, 독립을 위해 싸웠던 스코틀랜드의 용감한 전사들은 산업혁명을 겪던 잉글랜드 사회로 유입되어 저임금 노동자로 고된 삶을 살게 되었어요. 아일랜드도 16세기 중반 이후 잉글랜드의 지배를 받고 1801년 통합법에 의해 영국의 일부가 되었으나 1922년 잉글랜드와의 치열한 전쟁과 협상의 결과 '아일랜드 공화국'을 세워 독립하였어요.

영국의 역사를 더 구체적으로 살펴볼까요?

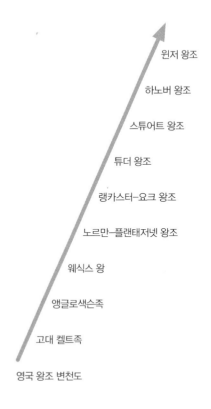

윈저 왕조
하노버 왕조
스튜어트 왕조
튜더 왕조
랭카스터–요크 왕조
노르만–플랜태저넷 왕조
웨식스 왕
앵글로색슨족
고대 켈트족
영국 왕조 변천도

고대 잉글랜드 왕국의 형성

BC 6세기경 유럽에서 켈트족이 들어와 살기 시작했어요. 그 이전에는 일부 이베리아인들이 살고 있었다고는 하지만 켈트족이 오늘날 영국의 주요 민족이기에 켈트족이 들어와 살았던 시대부터 영국의 역사 이야기를 할 수 있겠네요. BC 1세기에는 로마 제국의 카이사르가 영국의 섬을 침략하여 약 400여 년간 식민지로 삼았어요. 4세기 후반, 게르만족의 대이동이 시작되어 앵글로색슨족 등이 침략해 오자 로마 군대는 철수하고 켈트족은 웨일스와 스코틀랜드 지방으로 밀려났어요. 뿐만 아니라 6세기에는 바이킹의 침입을 받기도 했지만 9세기 초 여러 왕국들이 하나로 통일되어 잉글랜드 왕국의 기초가 되었어요.

노르만족의 침공과 중세 시대

9세기경 북쪽 스칸디나비아 반도 주변에 살았던 노르만족들이 남쪽으로 이동하면서 유럽의 여러 곳에 왕국과 공국을 형성했어요. 그중 하나가 오늘날 프랑스 노르망디에 건설된 노르망디 공국이에요. 노르망디 공국과 영국은 아주 가까이에 있어서 교류가 활발했어요. 혼인과 유산 상속을 통해 국경이 자주 바뀌는 상황에서 영국은 에드워드 왕이, 노르망디는 윌리엄 공이 통치하고 있었어요. 윌리엄 공은 에드워드 왕과는 사촌으로 에드워드 왕이 왕위 계승 전 약 20여 년간 노르망디에 거주하기도 했었어요. 그런데 영국의 에드워드 왕이 후계자가 없는 상태에서 병으로 죽자 후계를 둘러싼 분쟁이 발생했어요. 영국의 앵글로색슨계에서는 에드워드 왕의 처가였던 해럴드 고드윈 백작, 북부의 바이킹족에서는 해럴드 하드라다. 그리고 노르망디 공국의 윌리엄 공이 잉글랜드 왕위 계승을 두고 서로 다투었어요. 결국 윌리엄 공이 최후의 승자로 왕위를 계승하면서 영국은 노르망디 공국까지 겸하는 넓은 영토를 확보했어요. 드디어 노르만족에 의한 통치가 이루어졌지요. 그런데 이 당시는 정치적 혼란기였기에 힘이 약한 농민과 노예들은 힘 있는 가신과 영주에게 의지해야 했어요. 가신과 영주도 마찬가지로 왕에 의지하여 왕이 소유하고 있던 영

중세 유럽 봉건 제도

유럽은 4세기 말부터 10세기에 이르기까지 약 600여 년 동안 내부의 분열과 외부의 침입으로 혼란과 무질서의 연속이었다. 이러한 혼란 속에서 무엇보다 필요한 것은 자신의 생명과 재산을 안전하게 지키는 것이었다. 힘이 약한 자는 강한 자에게 의존할 수밖에 없었다. 그리하여 만들어진 것이 봉건 제도였다. 힘이 강한 자는 그 지역의 방어 및 경제적인 측면에서 지배자의 역할을 하게 되었다. 즉 힘이 강한 자와 약한 자 사이에 계약에 의한 주종 관계가 형성되고, 정치적으로는 각 지역이 강한 자에 의해 통치되는 지방분권제가 이루어졌다. 이렇게 하여 힘이 약한 자는 힘이 강한 자의 영토 범위 안에서 주군(영주라고도 함)을 위해 일을 하고 세금을 바치고 충성을 맹세하게 했던 제도이다.

토를 하사받아야 했어요. 그러다 보니 피라미드 형태의 계급 구조가 형성되고 위에서부터 아래로 내려오면서 봉토를 지급하고 '외부로부터 보호'해 주겠다는 명목으로, 아래 계급에서 위로는 충성과 세금을 바치게 되었어요. 그리고 힘없는 농민과 노예(중세에는 농민과 노예가 하나의 신분으로 '농노'라고 함)는 땅을 소유한 영주에 예속되어 자유 없이 생활하는 농노가 되었어요. 이러한 정치 제도를 봉건 제도라고 하지요. 이렇게 해서 영국에서도 봉건 제도와 함께 중세 시대가 시작되었어요.

장미 전쟁과 튜더 왕조

윌리엄 공에 의한 노르망디 공국과 잉글랜드 정복은 그의 후손들에 의해 분열되었어요. 장남이 노르망디 공작이 되고 둘째 아들이 잉글랜드 왕위를 이어받았어요. 그러다 셋째 아들 헨리에 의해 두 지역이 다시 하나로 병합되었어요. 헨리의 아들 헨리 2세 때는 프랑스 남서부 아키텐 지역 출신의 엘레오노르와 결혼하면서 프랑스 영토의 많은 부분을 차지하게 되었어요. 그러나 잉글랜드의 존 왕 때 프랑스로부터 얻었던 많은 영토를 다시 프랑스에 되돌려 주게 되었어요. 그런 상황에서 프랑스는 왕 샤를 4세의 사망으로 왕위 계승 문제에 부딪히게 되었지요. 프랑스의 많은 땅을 빼앗긴 영국으로서는 프랑스 왕위 계승 문제에 관심을 갖게 되었고 에드워드 3세가 왕위 계승을 주장하였지요. 에드워드 3세가 시작한 이 싸움이 116년이나 지속된 백년 전쟁(1337~1453)이랍니다. 이때 등장한 사람이 프랑스의 잔다르크예요. 잔다르크의 등장으로 영국은 전쟁에서 크게 패하여 프랑스의 칼레를 제외하고 모두 잃게 되었어요.

에드워드 3세가 죽은 후 후손들은 서로 왕이 되겠다고 경쟁하였어요. 붉은 장미를 상징으로 하는 랭카스터 가와 흰 장미를 상징으로 하는 요크셔 가에 의한 왕권 다툼이 지속되었어요. 이를 장미 전쟁(1435~1485)이라고 해요. 랭카스터 가에 의한 왕위 계승, 요크셔 가에 의한 왕권 다툼이 연속해서 이루어지다가 랭카스터 가의 헨리 7세가 요크셔 가의 엘리자베스와 결혼하면서 두 가문은 통합되고 장미 전쟁이 끝나게 됩니다. 이렇게 해서 등장한 왕조가 튜더 왕조예요. 그래서 튜더 왕조의 상징이 된 장미도 흰색과 빨간색이 서로 합쳐져 있어요. 튜더 왕조의 등장과 함께 영국의 중세 봉건 시대는 막을 내리고 새롭게 왕의 권한이 더 강화된 절대 왕정 시대를 맞이하게 되었어요.

엘리자베스 여왕과 대영 제국

헨리 7세에 이어 왕위에 오른 사람은 그 아들 헨리 8세였어요. 헨리 8세는 6명의 부인과 결혼하여 첫 부인으로부터 메리 여왕, 둘째 부인으로부터 엘리자베스 여왕을, 셋째 부인으로부터 아들 에드워드 6세를 얻었어요. 에드워드

6세가 먼저 왕위에 오르고 이어서 메리 여왕, 그리고 튜더 왕조의 마지막 왕으로 엘리자베스 여왕이 왕위에 올랐어요. 여기서 잠깐 영국의 종교 이야기를 해 볼까요?

헨리 8세 때는 로마 교황청의 간섭을 받는 로마가톨릭이었어요. 그런데 헨리 8세는 첫 부인으로 형의 부인인 에스파냐 아라곤의 캐서린과 결혼하게 됩니다. 그러나 캐서린과의 사이에 메리 여

엘리자베스 여왕

왕을 낳은 후 이혼을 하게 됩니다. 로마가톨릭의 규범에서는 이혼을 허용하지 않기에 이 과정에서 헨리 8세는 캐서린과의 이혼을 위하여 로마가톨릭을 버리고 자신이 우두머리가 되는 '영국 국교회'를 만들어 냅니다. '성공회'라고 불리기도 하지요. 우리나라에도 성공회가 있어요. 이어서 등장한 에드워드 6세 때 그는 잉글랜드 최초로 '신교도'의 왕이 됩니다. 그래서 영국에는 영국 국교회도 존재하지만 청교도를 중심으로 하는 신교도 발달하게 되었어요. 그러나 메리 여왕이 등장하면서 다시 로마가톨릭으로 바뀌게 되었어요. 메리 여왕은 에스파냐의 펠리페 2세와 결혼을 하게 되어 로마가톨릭을 따르게 되었지요. 이때 영국에서 신교도에 대한 박해가 시작되었지만 엘리자베스 여왕이 등장하면서 신교도는 다시 인정을 받기 시작했어요.

엘리자베스 여왕이 왕위에 오르면서 영국은 '황금시대'를 맞이하게 되었어요. 이때 등장한 셰익스피어도 영국의 문화 발달에 지대한 영향을 주었어요. 엘리자베스 여왕 때는 이미 절대 왕정의 시대로 왕에게 절대적인 권력이 주어

졌어요. 총명했던 엘리자베스 여왕은 지구본을 자신의 손아귀에 넣고 싶다는 욕구를 가지고 눈을 국외로 돌리기 시작했어요. 이미 당시에는 지구가 둥글다는 지구 구형설이 마젤란에 의해 입증되어 있었고, 지중해 상인들에 의해 중국의 화약, 나침반, 인쇄술이 유럽으로 전래된 이후였어요. 이러한 과학적 혁명들을 이용하여 세계를 '식민지 개척'의 시대로 이끌어 갑니다. 여러분이 많이 보았을 『로빈후드의 모험』, 『로빈슨 크루소』, 『보물섬』 등의 책들이 이 시기를 시대적 배경으로 하고 있어요. 엘리자베스 여왕은 "나는 국가와 결혼하였다."라고 말했을 정도로 국가를 위해 열심히 했던 왕으로 칭송받고 있어요. 당시 신항로 개척에 앞장섰던 에스파냐의 무적함대를 쳐부수고 세계 해상권을 장악했던 사람입니다. 이때 영국은 앵글로 아메리카, 호주, 동남아시아, 남부 아시아, 아프리카에 이르는 거대한 식민지를 차지하게 되었어요. 이로써 영국은 '해가 지지 않는 나라'라는 자칭을 갖게 될 정도로 넓은 영토의 식민지를 거느린 대영 제국이 되었어요. 엘리자베스 여왕의 막대한 식민지 정책으로부터 경제적 이익을 얻었고, 무역을 통해서 경제를 발전시켜 부유한 영국을 만들었어요. 이렇게 영국의 입장에서 보면 영국의 영토를 엄청나게 확장시켜 놓았던 왕이지만 식민지가 된 나라의 입장에서 본다면 불행한 역사를 갖게 한 사람이기도 합니다.

부드러운 시민혁명과 민주화의 바람

17세기와 18세기는 영국 역시에서 큰 변화가 일어났던 시기입니다. 바로 시민 혁명 때문입니다. 그간 절대 왕정으로 인해 시민의 권리 향상을 염원하던 시민들에게 민주화의 바람이 불어오기 시작했어요. 앞에서 우리는 튜더 왕조까지 살펴보았는데 이 시민혁명은 스튜어트 왕조에서 발생했어요. 그러면 잠시 스튜어트 왕조에 대한 얘기를 해 볼까요?

스튜어트 왕조는 '스튜어트'라는 성을 가진 가문에서 왕이 배출되었다는 의미예요. 스튜어트 왕가는 이미 스코틀랜드에서 왕위를 차지하고 있었어요. 그런데 엘리자베스 여왕이 독신으로 후손이 없는 상태에서 죽자 조카뻘 되는 제임스 1세(당시 스코틀랜드의 왕)가 왕위를 계승하게 되었어요. 그리고 제임스 1세에 이어 아들 찰스 1세가 왕위를 계승했어요. 그런데 찰스 1세는 절대 왕정 시대의 '왕권 신수설'에 의거하여 막강한 권력을 누리면서 의회의 동의 없이 세금을 징수하고 갖은 전쟁으로 돈을 낭비하는 등 의회와의 갈등을 빚기 시작했어요. 특히 의회의 대부분을 차지하는 사람들이 청교도(신교도)임에도 불구하고 영국의 종교를 로마가톨릭으로 복귀하려는 의지를 보이자 의회와의 대립이 끝내 혁명으로 폭발하게 되었어요. 크롬웰을 중심으로 하는 의회파와 왕을 중심으로 하는 왕당파 간의 대립은 결국 의회파의 승리로 돌아가 찰스 1세는 처형당하고, 이후 왕이 없고 대표를 중심으로 하는 정치 형태인 공화정이 수립됩니다. 이를 청교도 혁명(1642)이라고 해요. 청교도 혁명은 왕을 처형하고 왕이 없는 영국을 만든 역사상 유례가 없었을 정도의 큰 혁명이었어요. 이를 계기로 모든 정치권자는 의회의 승인을 받아 정치하도록 하는 의회 중심의 정치 형태를 발달시켰어요.

그러나 왕이 없이 대표에 의한 공화정은 영국 시민들에게 안정적인 생활을 보장하지 못했어요. 크롬웰에 의한 독재 정치, 국민들의 마음을 하나로 묶어 줄 상징적인 존재로서 왕의 부재는 국민들에게 또 다른 정치를 원하게 했어요. 이에 영국은 왕정복고를 선택했어요. 그래서 찰스 2세가 왕위에 오르고, 그 뒤로는 동생 제임스 2세가 왕위에 올랐어요. 제임스 2세는 가톨릭교도로 신교도들에게는 두려움의 대상이었어요. 그런데 제임스 2세의 딸 메리가 신교도인 네덜란드 총독 가문의 윌리엄 공과 결혼하는 일이 발생하였어요. 의회가 메리와 사위를 왕으로 내세우고자 하는 움직임을 보이자 제임스 2세는 프랑스로 도망을 갔고, 이로 인해 피를 흘리지 않고 왕을 바꾸는 명예스러운 혁명(명예혁명, 1688)을 치르게 됩니다. 메리와 윌리엄 공은 의회가 제시한 권리장전이라는 법에 서명하고 영국은 권리장전에 의해 정치를 하는 입헌 군주제가 시작되었어요. 여기서 잠깐 권리장전의 내용을 살펴볼까요?

권리장전에는 "의회의 동의 없이 왕권에 의하여 법률을 제정하거나 그 집행, 그리고 세금 징수, 평화 시 상비군의 징집을 금지하며 국민의 자유로운 청원권 보장, 선거의 자유 보장, 지나친 형벌(刑罰)을 금지한다."는 내용 등이 기록되어 있어요.

이러한 권리장전은 영국 의회 정치 확립의 기초가 되었고, 의회 민주주의 발달의 기초가 되었어요. 이후 미국의 독립선언, 프랑스 인권 선언에도 영향을 끼쳤으며 오늘날 권리장전이라는 말은 일상생활 속에서도 인권을 보장하는 조항에 많이 활용되고 있어요.

입헌 군주제에서 현재까지

명예혁명으로 영국은 입헌 군주제가 되었어요. 입헌 군주제에서는 의회에 의해서 제정된 법에 의해 왕이 통치하는 정치 형태로 의회 중심주의 정치 형태로 볼 수 있어요. 의회가 정치의 중심이 된 만큼 국민의 권리와 자유 보장의 범위도 많이 확대되었어요. 영국의 국회 의사당이 세계적인 민주주의의 상징물이 된 이유를 여기서 찾을 수 있겠네요.

다음에서는 의회 민주주의를 이끌어 간 스튜어트 왕조에 이어 하노버 왕조와 윈저 왕조를 중심으로 영국의 역사를 살 펴보기로 해요.

빅토리아 여왕

메리와 윌리엄 공이 후손 없이 세상을 떠 나자 동생 앤이 왕위를 이었습니다. 그러나 앤 여왕 또한 후손 없이 세상을 떠나게 되 어 가장 가까운 후계자를 찾아간 것이 독일 하노버 가문으로 시집을 간 소피아의 아들 '조지'였어요. 그리하여 영국 역사에 하노 버 왕조가 등장하게 됩니다. 조지 1세는 영 국의 왕이 되기는 했지만 독일에서 태어났 고 자랐기에 영어를 잘하지 못했어요. 그래 서 독일어로 말하기도 했어요. 뿐만 아니라 단지 왕의 자리를 채우기 위해 데려온 왕이

었기에 왕의 권위도 그리 높지 못했어요. 오히려 영어를 알아듣지 못한 왕을 놀리는 일까지 있었다고 합니다. 그럼에도 불구하고 이 당시 영국에서는 많은 영토의 변화가 있었어요. 프랑스와의 7년 전쟁(1756~1763)에서 승리하여 인도 와 캐나다를 얻었고, 이로 인하여 세계에서 가장 많은 영토를 갖게 되었어요. 1801년에는 아일랜드를 합병하였고 1837년에는 빅토리아 여왕이 즉위하면서 영국의 전성기를 맞이했어요. 식민지 개척과 더불어 산업혁명을 통하여 경제 적인 부국으로 성장하게 되었어요. 중국까지 진출하여 홍콩을 식민지로 얻기 도 했어요.

1901년 하노버 왕가의 여왕 빅토리아가 죽자 작센코부르크고타 가문에서 왕위를 이었으며, 1917년에 윈저 왕가로 이름을 바꾸었어요. 작센코부르크고 타는 빅토리아의 남편 앨버트 공(1819~1861)의 성으로 에드워드 7세(재위 1901~

윈스턴 처칠

1910), 조지 5세(재위 1910~1936), 엘리자베스 2세(재위 1952~) 등이 배출되었어요. 조지 5세 때 제1차 세계대전(1914~1919)이 발생했어요. 이때 영국은 연합국으로 참전하여 프랑스, 러시아, 미국과 함께 전승하였어요. 그럼에도 불구하고 미국의 참전으로 국제적 지위는 상대적으로 하락하였고 많은 해외 식민지를 잃었어요. 1922년에는 남부 아일랜드가 자유 국가로 독립하여 북아일랜드만 영국의 영토로 남게 되었어요. 1939년에 발생했던 제2차 세계대전(1939~1945)에서는 여러분도 잘 알고 있는 윈스턴 처칠의 지휘를 통해 연합국의 승리를 이끌어 냈어요. 그리고 1952년 엘리자베스 2세가 왕위에 오르면서 1950~1960년대에는 경제적인 팽창과 번영을 누렸지만 그 이후 도시의 범죄, 이민과 인종 차별 등의 사회 문제로 잠시 침체기를 겪기도 하였어요. 1970년대 후반 영국 최초의 여성 총리 마거릿 대처는 경제, 교육, 의료 등의 분야에 대한 대 개혁을 추진하여 영국의 경제를 살려 냈어요.

3. 산업혁명으로 세계를 바꾼 영국

여러분은 멀리 여행을 갈 때 또는 인근 도시를 가고자 할 때 기차를 타고 가지 않나요? 요즘에는 유럽의 유로스타, 우리나라의 KTX와 같은 고속철도로도 잘 알려진 기차는 언제, 어디서 만들어진 것일까요? 기차의 발명과 함께 우리 사회에 엄청난 변화를 준 것은 바로 산업혁명입니다. 산업혁명은 산업(물건을 만드는 일)에 큰 변화(혁명)가 생겼다는 뜻입니다. 즉 이전에는 손으로 물건을 만들었는데 기계를 도입하여 대량 생산이 가능해지는 등의 변화가 바로 산업혁명입니다. 산업혁명이 이루어진 데는 기계의 사용이 많은 역할을 했어요. 대량 생산된 제품을 판매하고 원료를 공급하기 위해서는 교통이 발달해야 했고, 교통의 발달은 제품과 사람이 이동하기 쉽게 만들어 주면서 상업과 공업, 도시의 발달을 가져왔어요.

이러한 산업혁명은 왜 다른 나라가 아닌, 영국에서 먼저 일어났을까요?

영국은 일찍이 양 목축업의 발달로 양털을 이용한 모직 공업이 발달하였어요. 그리고 식민지를 상대로 한 자본의 축적, 풍부한 노동력, 명예혁명 이후 정치적 안정, 시민의 자유와 권리 보장에 의한 자유로운 경제 활동이 이루어

도버 터널을 통하여 영국, 프랑스, 벨기에를 연결하는 국제 특급 열차

지고 있었어요. 여기에다 동력 자원으로서 풍부한 석탄과 철광석은 공업이 발달할 수 있는 모든 조건을 갖추도록 해 주었어요. 또한 영국은 식민지로부터 많은 원료를 공급받았고 제품을 판매할 시장으로도 활용할 수 있었어요. 그리고 무엇보다도 당시 글래스고 대학교의 기계공이었던 와트는 증기 펌프를 수리해 달라는 대학의 의뢰를 받고 연구를 진행하여 1790년 증기 기관을 완성하게 되었습니다. 증기 기관은 방적기와 증기선, 증기 기관차에 적용되면서 기계와 교통의 발달에 절대적인 영향을 끼쳤습니다.

영국에서 시작된 산업혁명은 주변국에도 영향을 끼쳐 다른 나라들도 경쟁적으로 산업화에 박차를 가했어요. 19세기에는 유럽 대부분의 지역, 일본을 비롯한 일부 아시아 지역에 까지 영향을 주었습니다. 이러한 산업화의 물결은 우리 사회에 많은 변화를 주었지요. 여러분이 생각하기에 가장 큰 변화는 무엇인가요? 가장이라는 표현을 쓰기 어려울 정도로 산업혁명이 사회에 미친 영향은 모두 중요한 변화였어요. 우선 대량 생산으로 상업과 무역이 발달하였어요. 상업과 무역으로 막대한 경제적 이익을 얻은 공업 국가들과 상대적으로 수입에 의존하면서 원료를 값싸게 수출해야 하는 국가들 간에도 경제적 차이를 가져와 오늘날 선진국과 후진국이라는 경제적 격차를 유발했어요.

  상업과 무역의 발달은 교통 및 통신 수단의 발달을 가져왔어요. 오늘날 세계가 1일 생활권이 되게 할 정도의 빠른 교통 문화가 발달하였고 통신 분야 또한 대단한데 인터넷의 발달도 이러한 시대적 흐름에서 나타난 통신 수단이라고 볼 수 있어요. 그리하여 오늘날 여러분들이 여기저기에서 많이 듣게 되는 세계화 시대가 도래하였어요. 다국적 기업이 등장하여 전 세계에서 원료를 공급받고 전 세계의 노동력을 이용하여 전 세계에 제품을 판매하는 시대가 된 것입니다. 그러나 산업혁명이 앞에서 설명한 대로 좋은 영향만 끼친 것은 아니었어요. 빈부 간의 격차, 인구가 도시로 집중하여 새롭게 발생하는 도시 문제, 환경 문제 등 각종 문제를 유발하기도 했습니다. 그리고 영국은 산업혁명을 통하여 원료의 공급지이자 제품의 판매지로써 식민지 정책을 더 강화함에 따라 영국의 식민지였던 나라들은 독립적으로 발달할 수 있는 기회를 빼앗기게 되었어요. 산업혁명으로 인한 제국주의 국가들의 식민지 정책, 특히 노예 문제도 산업혁명의 결과물로 볼 수 있어요. 산업혁명으로 인해 많은 노동력이 필요한 국가들에서는 노동력을 수입했어요. 그래서 아프리카의 많은 사람들이 유럽, 아메리카로 팔려가기도 했지요. 이 일은 오늘날까지 이들이 고향 땅을 밟지 못하고 이국에서 인종 차별을 받으며 살아가고 있는 아쉬운 현실을 만들어 낸 하나의 원인이기도 합니다. 그러나 산업혁명은 인류에게 경제적 이익을 제공하여 높은 소득 수준을 유지하게 하였고 인종 차별 문제는 점차 줄어들었으며, 풍요로운 사회 시민으로서 살아갈 수 있는 계기가 되었어요.

4. 전통을 안은 채 새것을 만들어 가는 문화

세계인의 언어, 영어 이야기

우리가 학교에서 반드시 배우는 외국어는 영어이지요? 오늘날처럼 세계화 시대에 영어는 거의 필수 학습 언어예요. 왜냐하면 영어는 세계에서 가장 폭넓게 사용되는 언어이기 때문이에요. 학교에서 영어를 가르치는 나라가 약 100여 개국, 공식어로 사용하는 나라만도 70여 개국이나 되요. 이와 같은 세계적인 언어, 영어의 탄생 역사를 살펴볼까요?

영국에서는 처음 켈트족이 거주하면서 켈트어를 사용했어요. 이 언어는 오늘날 웨일스의 웨일스어, 스코틀랜드의 게일어, 아일랜드의 게일어 형태로 남아 있어요. 영어는 잉글랜드의 앵글로색슨족으로부터 발전된 언어로 앵글로색슨족이 중심이 되어 영국을 통합하면서 공식어로 사용되었어요. 또한 16세기 이후 영국의 해외 식민지 개척의 영향을 받은 미국, 싱가포르, 인도 등의

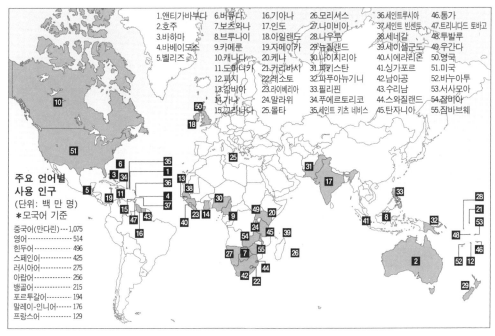

1.앤티가바부다	6.버뮤다	16.기아나	26.모리셔스	36.세인트루시아	46.통가
2.호주	7.보츠와나	17.인도	27.나미비아	37.세인트 빈센트	47.트리니다드 토바고
3.바하마	8.브루나이	18.아일랜드	28.나우루	38.세네갈	48.투발루
4.바베이도스	9.카메룬	19.자메이카	29.뉴질랜드	39.세이셸군도	49.우간다
5.벨리즈	10.캐나다	20.케냐	30.나이지리아	40.시에라리온	50.영국
	11.도미니카	21.키리바시	31.파키스탄	41.싱가포르	51.미국
	12.피지	22.레소토	32.파푸아뉴기니	42.남아공	52.바누아투
	13.감비아	23.라이베리아	33.필리핀	43.수리남	53.서사모아
	14.가나	24.말라위	34.푸에르토리코	44.스와질랜드	54.잠비아
	15.그레나다	25.몰타	35.세인트 키츠 네비스	45.탄자니아	55.짐바브웨

주요 언어별 사용 인구

(단위: 백 만 명)

＊모국어 기준

중국어(만다린)	1,075
영어	514
힌두어	496
스페인어	425
러시아어	275
아랍어	256
뱅골어	215
포르투갈어	194
말레이-인니어	176
프랑스어	129

공용어로서 영어 사용 국가

나라들, 그리고 오늘날까지 영국 연방 국가로 남아 있는 호주, 뉴질랜드, 케냐 등의 53개국도 대부분 영어를 공용어로 사용하고 있어요.

해외 식민지 개척, 국제적인 교류의 증가 등으로 영어는 각국으로 전파되면서도 매우 강한 토착 지역의 언어에서 많은 영향을 받았습니다. 이러한 과정에서 무수히 많은 낱말과 어구가 영어 속에 유입되어 결과적으로 가장 풍부한 어휘를 갖게 되었고 더불어 다양한 표현력을 구비한 언어로 자리 잡게 되었어요. 특히 오늘날과 같은 세계화 시대에서 세계인들이 공통으로 사용하는 의사소통의 도구로서, 세계인들과 함께 호흡하기 위한 문자로서 영어의 역할은 무궁무진하다고 봅니다.

잉글리시머핀과 홍차 이야기

아삼, 다즐링, 얼그레이의 공통점으로 떠오르는 것은 무엇일까요? 아삼은 세계적인 차 생산지예요. 다르질링과 얼그레이는 영국 홍차의 상표명입니다. 인도 아삼 지방에서 생산된 차를 수입하여 만든 홍차입니다.

"보름달이 뜬 아름다운 밤! 순수한 차에 달이 비치고 스푼으로 천천히 저어 마시면 홍차의 요정이 소원을 이루어 준다."

야마다 난페이의 만화 『홍차왕자』에 나오는 대사입니다. 영국은 세계적인 홍차 생산국이자 세계에서 가장 홍차를 즐기는 사람들이 살고 있는 곳으로 알려져 있어요. 매일 홍차 5~6잔 정도를 마신다고 해요. 머핀과 함께 아침 식사로 영국 대부분의 가정에서 즐겨 마시고 있어요. 홍차를 마시기 위해 영국의 유명한 도자기 '본차이나'가 발달했다는 말이 있을 정도예요. 뜨거운 홍차를 마시기 위해서는 당시의 손잡이가 없었던 중국 찻잔에 손잡이가 달린 찻잔이 필요했어요. 그래서 생겨난 것이 바로 본차이나예요.

그렇다면 홍차가 발달하게 된 배경을 찾아 올라가 볼까요?

17세기 네덜란드 상인들의 무역을 통하여 중국에서 영국으로 차가 대량 수입되었어요. 중국에서 영국까지 녹차를 배에 싣고 가는데 유럽에 도착하여 상자를 열어보면 뜨거운 태양열을 받아 찻잎이 발효하여 색깔이 까맣게 변해 있었어요. 버리기 아까워 끓여 보니 맛이 훨씬 좋아 그 후로 계속해서 마시게 된 것이 바로 홍차의 유래가 되었다고 하네요. 이렇게 홍차의 역사는 영국이 인도, 스리랑카를 식민지로 지배하면서 원산지에서 원료를 싼값으로 들여올 수 있게 되면서부터라고도 할 수 있어요.

한편 영국은 중국에서 수입한 차의 대금을 아편으로 지불하려고 했어요. 이 때문에 중국과 영국 간에 아편 전쟁(1840~1842)이 발생하기도 했어요. 아편 전쟁에서 진 중국은 100여 년간 홍콩을 영국에 넘겨주게 되는 사건이 발생하기도 했지요. 차를 수입한 영국은 홍차를 중심으로 자신들만의 독특한 차 문화를 형성시켜 왔습니다. 당시 영국인들의 입맛을 사로잡았던 음료가 없었던 때라 독특한 홍차의 등장은 영국인들에게 더 많은 호응을 얻었지요. 홍차 문화는 유럽뿐 아니라 미국으로까지 전파되었어요. 미국으로 건너가는 과정에서 홍차에 세금을 과다하게 부과하자 미국인들의 원성을 샀고, 결국에는 비싼 홍차로 말미암아 독립 전쟁까지 발생했었던 거예요. 이후 미국은 더운 날 홍차를 식혀 마신다는 '아이스 티'와 찻잎의 처리를 쉽게 한 '티백'의 홍차 문화를 만들어 내기도 했어요.

그러나 진정한 차를 즐기려면 간편한 머그잔, 찻주전자와 함께 맛있는 머핀이 필요합니다. 머핀 외에 케이크, 스콘 등을 먹기도 하지만 머핀은 홍차의 맛과 분위기를 더 일품으로 만들어요. 쌉싸래한 홍차 향을 머핀의 달콤함으로 마무리하면 홍차의 향과 맛이 배가 되게 해 줄 뿐 아니라 티타임의 분위기를 한껏 북돋워 줍니다.

머핀은 영국의 대표적인 빵으로, 원래 중국의 호떡이 실크로드를 통하여 유럽으로 전해져서 먹게 된 빵이라는 유래가 있습니다. 잉글리시머핀은 이스트로 발효시킨 부드러운 반죽에 우유와 버터를 혼합하여 만든 둥글고 편평한 빵으로 얇은 철판에서 구워낸 것입니다. 직경이 대략 7~8cm이고 높이가 2.5cm 정도 되며 구웠을 때 윗면과 아랫면은 황금 갈색, 테두리 부분은 밝은색이 나는 것이 특징입니다. 이와 같은 특징을 살려 만드는 방법은 영국의 고대 웨일스 지방에서 전통적으로 요리해 왔던 효모로 발효시킨 반죽을 돌 위에 놓고 구운 작고 둥근 모양의 '바라 마엔(Bara=Bread, maen=stone)'과 밀접한 관련을 가지고 있습니다. 머핀은 미국과 주변 유럽으로 전파되었고, 이후 처음 만들어졌던 머핀과는 달리 컵 모양의 머핀으로 알려지게 되었어요. 그래서 영국에서

잉글리시머핀과 홍차

만들어진 머핀을 특별히 '잉글리시머핀'이라고 부르기도 합니다.

　머핀은 영국 사람들에게는 주식과 같은 존재예요. 가정 중심의 식사 문화가 자리 잡은 영국에서는 아침에 일어나면 하얗게 구워 뜨거울 때 반으로 갈라 잼이나 버터를 발라 먹는 잉글리시머핀에 홍차를 곁들이는 식사 문화가 생겨나게 되었습니다.

세계인의 마음 속에 살아 숨 쉬는 문학의 향기

　여러분이 지금까지 읽은 동화책, 명작 도서들로는 무엇이 있나요? 여러분의 마음을 감동의 향기로 가득 채워 준 책으로는 무엇이 있을까요? 그리고 그 책을 썼던 저자는 누구인가요? 세익스피어? 코난 도일? 애거사 크리스티? 조앤 롤링?

　『로미오와 줄리엣』, 『햄릿』, 『맥베드』, 『한여름밤의 꿈』 등 다수의 희곡을 남겼던 셰익스피어는 뛰어난 상상력과 풍요로운 언어 표현력, 다양한 이미지화 등으로 세계 고전 문학을 빛낸 인물로 높이 평가받고 있습니다. 『올리버 트위스트』, 『크리스마스 캐롤』 등의 작품으로 세계인의 사랑을 받는 찰스 디킨스와 명탐정의 대명사인 『셜록 홈즈』 시리즈를 펴낸 코난 도일도 영국을 대표하는 작가입니다. 그리고 무엇보다 얼마 전까지도 전 세계 서점가에서 베스트 셀러로 인기를 누린 책 중의 하나가 『해리포터』 시리즈이지요? 『해리포터』의 작가 조앤 롤링도 영국의 문학을 빛내고 있어요. 또한 『해리포터』 시리즈가 청소년을 대상으로 한 작품이라면 존 로널드 로엘 톨킨이 만든 『반지의 제왕』은 어른들을 대상으로 한 판타지 소설입니다. 이러한 작품들을 읽으면서 전 세계인들은 다양한 체험을 하는 동시에 문학의 감동에 흠뻑 젖는 황홀함을 느끼기도 하지요. 또한 문학 작품을 통해 영국인들의 삶을 들여다볼 수도 있어요. 영국 사람들의 인상, 그들만이 지닌 속성, 영국 사람들의 생활 방식 등을 체험하면서 영국을 알아가게 하기도 해요. 이러한 훌륭한 문학 작품이 영국에서 쏟아져 나오게 된 배경은 무엇일까요? 뛰어난 상상력과 다양한 배경의 형상화 등을 가능하게 했던 것은 아마도 하루에도 사계절을 경험할 정도의 변화 무쌍한 날씨, 섬나라로서 갖는 아름답고 다양한 풍경들이 뒷받침해 준 것은 아닐까 해요. 무엇보다도 셰익스피어의 희곡 작품들, 코난 도일의 탐정 소설 시리즈, 장대한 스케일의 판타지 소설 등은 긴 역사적 전통과 풍요로운 문화 속에서 나올 수 있는 작품들이었을 것입니다. 그래서 영국인들은 스스로 '영국은 해가 지지 않을 나라'라고 하는가 봅니다.

옛것을 살려 가는 사람들

'영국인들은 옛것을 좋아하는 사람들'이라는 말이 있습니다. 이 말은 새로운 문화도 좋지만 전통문화를 아끼고 보존하고 싶어하는 사람들이라는 뜻이에요. 세계적인 박물관으로 대영 박물관은 옛것을 좋아하고, 보존하고 싶어하는 영국 사람들의 특성이 그대로 드러난 생활 공간이에요. 이 박물관은 고고학 및 민속학의 수집품들, 그리고 고대 및 중세의 공예품과 예술품들을 간직하고 있습니다. 또한 학문의 영역을 들여다보더라도 전통이 빛나고 있습니다. 세계 유수의 대학들 중에서 옥스퍼드, 케임브리지 대학교는 세계 최고의 역사와 전통, 그리고 학문의 위상을 자랑하는 대학교예요. 전통이 깊고 유명한 대학교인 만큼 지금까지 최고의 지성인을 육성해 내는 대학으로 알려져 있습니다. 중세 시대 처음 대학의 문을 열 당시만 해도 수도사들이 학생의 대부분을

대영 박물관

옥스퍼드 대학교   케임브리지 대학교

차지했으나 오늘날 학문의 영역과 학생들의 범위를 확장하면서 세계 유수의 대학으로 성장하였습니다. 그래서 누구나 한 번쯤 공부해 보고 싶다는 욕구를 갖게 하는 곳이에요.

그리고 영국풍 의상에서도 과거의 전통을 볼 수 있습니다. 버버리, 닥스 등의 의류 브랜드는 오랜 전통을 지닌 의류 브랜드이면서 유행에 민감하지 않고 한결같은 패션을 선보이고 있습니다. 이와 같은 멋을 사랑하는 패션에 대해 세계적인 매니아들이 꾸준히 증가하고 있어요. 전통을 사랑하고 즐기는 사람들이기에 그들의 마음속에도 옛것을 소중히 하는 마음이 있습니다. 온고이지신(溫故而知新)이라는 말을 잘 실천하고 있는 사람들이라고 볼 수 있어요. 그렇기에 지금도 유럽 여행에서 옛것을 잘 보존하고 있는 영국은 빠지지 않는 핵심 여행 코스가 되고 있습니다.

5. 영국의 주요 지역 탐색

잉글랜드 지방을 찾아서

잉글랜드는 스코틀랜드, 웨일스와 함께 그레이트브리튼 섬을 이루는 지방이에요. 그레이트브리튼 섬의 반 이상을 차지하고 있으며 오늘날 영국의 정치, 경제 부분에서 중심적인 위치를 차지하고 있어요. 영국의 수도인 런던도 잉글랜드에 있어요. 스코틀랜드, 웨일스에 비해서 산이 적고 평지와 구릉지가 많아요. 우리나라보다 위도는 높지만 편서풍과 난류의 영향으로 서울보다 더 따뜻해요. 그러나 바다의 영향으로 연중 온난다습한 기후가 나타나요. 그래서 영국 사람들은 항상 우산을 챙겨야 해요.

여러분은 잉글랜드 지방에서 무엇을 가장 보고 싶나요? 잉글랜드에는 영국을 상징하는 템스 강, 경선의 중심선인 본초자오선이 통과하는 그리니치 천문대, 그리고 대영 박물관, 런던 교향악단, 수시로 연극을 상연하는 세계적인 극장 등 볼거리가 아주 많아요. 그리고 잉글랜드는 크리켓, 축구, 럭비의 발상지로서 세계의 스포츠 발전에 크게 기여하고 있어요. 여러분이 잘 아는 잉글랜

리즈UTD 브래드포드 뉴캐슬UTD 선더랜드

맨체스터시티 뉴캐슬

맨체스터UTD 선더랜드 미들스브로

에버튼 마들스브로

리버풀 브래드포드 더비카운티 레스터시티

리버풀 맨체스터 리즈

아스톤빌라 리버풀 더비

레스터

버밍햄 입스위치

코벤트리 입스위치 타운

런던

사우스햄튼 웨스트햄

코벤트리시티 사우스햄튼 첼시 찰튼애슬레틱 토튼햄 아스날

잉글랜드 프리미어리그 축구(2000~2001)

드 프리미어리그 축구도 큰 인기를 누리고 있어요.

자, 이제 잉글랜드를 구석구석 살펴볼까요? 런던, 잉글랜드 남동부, 잉글랜드 남서부, 잉글랜드 북동부를 차례대로 찾아가 봅시다.

런던

런던은 유럽에서 가장 볼거리가 많은 도시 가운데 하나로 손꼽히고 있어요. 영국의 수도이자 중심 도시로서 영국의 과거 역사를 간직한 정치, 경제, 사회, 문화, 역사의 중심지예요. 그래서 런던에는 영국의 문화와 풍습, 유물들이 산재해 있어서 흥미로운 볼거리, 즐길거리, 먹을거리들이 다양하게 있어요.

영국에서 가장 큰 강으로 템스 강을 알고 있지요? 템스 강은 영국 서부 웨일스의 고지대에서 발원하여 동으로 런던을 가로질러 흘러요. 런던에서도 우리나라 서울을 가로지르는 한강처럼 템스 강이 흘러 수도로 발달했어요. 그리고 우리나라의 한강 주변처럼 런던에서도 템스 강 주변을 중심으로 사람들의 생활 문화가 발달했어요. 영국의 자랑인 정원과 수많은 공원, 국회 의사당, 웨스트민스터 사원, 빅벤, 버킹엄 궁전, 각종 미술관과 극장 등이 템스 강을 중심으로 주변에 발달해 있어요. 그럼 런던의 도시 이미지를 형성하는 대상들을 만나볼까요?

① 정원과 공원

로마 거리에서는 크고 작은 분수들을 많이 만나게 되지요. 분수만큼 런던 거리에서 많이 만나게 되는 인상적인 것으로는 무엇이 있을까요?

영국은 최초로 도심 속에 거대한 공원을 만든 국가인데요. 영국 사람들, 특히 런던 사람들은 꽃과 나무를 가꾸는 데 광적으로 몰두해요. 그래서 도시 곳곳에서 공원을 만나게 됩니다. 그리고 집집마다 건물 한 켠에서 정원을 마주하게 됩니다. 숲의 도시인 런던 시내 중심가는 물론이고 근교의 조그만 마을에도 어김없이 마을 단위의 크고 작은 공원들이 만들어져 있어요.

런던은 세계 도시 중 많은 녹지 공간을 지닌 곳으로 손꼽히는 전원도시예요. 그 수만 해도 80여 곳이 넘는다고 해요. 뿐만 아니라 공원마다 오랜 역사와 특징을 지니고 있어서 유적지로서의 의미를 가지고 있기도 해요. 꽃과 나무를 좋아하는 런던 사람들은 손바닥만한 정원이라도 가꾸면서 살아요. 런던에서 가장 가난한 사람은 가꿀 정원 하나 없는 사람들이라고 합니다. 그 정도로 꽃과 나무를 심고 잔디를 가꿀 정원이 없다는 것은 참을 수 없는 괴로움이라고 해요. 런던 사람들은 어디를 가든지 맑은 공기와 쉼터를 제공해 주는 오아시스와 같은 공원을 거리 곳곳에 만들어 내고 있어요. 그래서 런던 여행에

하이드 공원

서 꼭 해야 할 것으로 '공원 산책'이 있습니다. 그러면 우리도 공원 산책을 시
작해 볼까요?

영국의 3대 공원이 모두 런던에 있어요. 3대 정원으로도 꼽히는 곳인 런던
서부의 하이드 공원, 런던 동부의 세인트제임스 공원, 런던 중심부의 그린 공
원과 영국왕립식물원 '큐가든'으로 가 봅시다.

먼저 하이드 공원으로 갈까요?

하이드 공원은 영국에서 가장 크고 유명한 도심 공원이에요. 도심 한가운데
있는 공원이라고는 믿어지지 않을 정도로 울창한 숲과 넓은 잔디밭을 자랑하
고 있어요. 무려 160만 m²에 이르는 넓은 공원이 110만 m²의 켄싱턴 정원과
접해 있어 숲의 도시로서 런던의 자부심을 한껏 드높이고 있어요. 원래 웨스
트민스터 대성당의 소유로 왕실 사냥터였으나 17세기 말에 시민들의 휴식 공

세인트제임스 공원

간으로서 공원이 되었어요. 현재 약 400여 년의 역사를 런던과 함께하면서 런던 시민들에게 마음의 안식처이자 역사를 간직한 보물창고 같은 곳이 되었어요. 공원의 동쪽은 버킹엄 궁전으로 연결되어 있어요. 빅토리아 여왕을 위해 버킹엄 궁전으로 가는 정문으로 만들어 놓은 마블아치가 있어요. 이 근처에는 스피커즈라고 불리는 곳이 있는데 사상과 인종을 초월하여 자유로운 연설을 할 수 있는 곳이에요. 일찍이 민주주의의 기둥 역할을 해 왔던 의회를 가장 먼저 발달시킨 나라의 역사를 간직한 곳이에요.

이제 세인트제임스 공원으로 가 볼까요?

세인트제임스 공원은 런던에서 가장 오래된 공원이에요. 원래는 습지였지만 장미 전쟁을 마무리하면서 왕위에 올랐던 스튜어트 왕가의 헨리 8세가 습지의 물을 빼내고 자신의 사냥터로 만들었던 곳이에요. 호수와 오랜 역사를 안고 있는 거목들이 어우러져 아름다운 휴식처를 만들어 내고 있어요.

그린 공원

그린 공원은 어떤 곳일까요?

런던 중심부 버킹엄 궁전 뒤편에 있으며 세인트제임스 공원과 마찬가지로 일찍이 사냥터로 사용되었던 곳이에요. 푸르디 푸른 잔디와 나무로 이루어져 있어서 말 그대로 그린 공원으로 불리게 되었어요.

마지막으로, 자연과 환경에 대한 관심이 높아지면서 큐가든 역시 런던의 특별한 녹지공간으로 사랑을 받고 있어요. 세계적으로도 널리 알려진 식물원인 큐가든은 런던 시내 중심가에서 조금 벗어난 템스 강 변에 자리 잡고 있어요. 큐가든은 250여 년의 역사를 지닌 식물원으로 긴 역사 못지않게 보유하고 있는 식물 종이나 규모, 식물의 수집과 보존 관리에 대한 열정 또한 세계 최고 수준을 자랑하고 있어요. 1.2km²의 실내·외 왕립식물원으로 세계에서 가장 큰 난초 컬렉션을 포함해 5만여 종의 식물이 있어요. 큐가든의 시초는 1759년 으로 거슬러 올라가 당시 국왕인 조지 3세의 어머니 프린세스 오거스타가 정

큐가든

원사인 아이튼에게 명하여 정원을 조성한 것이라고 해요. 이후 모험가 제임스 쿡이 세계 각지를 여행하면서 수집한 여러 종류의 식물들이 합쳐지면서 그 규모가 확장되었어요. 그리고 1841년 왕립식물원이 국가에 헌납되면서 국민의 식물원으로 거듭나게 되었어요. 2003년 7월 3일 유네스코는 큐가든을 세계문화유산으로 지정하였어요.

무엇보다 아름답게 그리고 쾌적하게 만들어진 공원이 '영국식 공원'답게 런던의 아름답고 쾌적한 전원도시로서의 이미지를 만들어 내고 있어요.

② 템스 강

템스 강은 서부 웨일스에서 발원하여 동으로 흘러 런던을 지나 북해로 들어가는 강입니다. 총 길이는 약 336km로 서울에서 광주광역시까지의 거리와 비슷할 정도로 긴 강입니다. 템스 강은 런던의 다양한 역사, 문화를 고이 간직한 곳으로 런던의 발전에 많은 영향을 주었어요. 초기에는 풍부한 어족의 서

템스 강

템스 강 타워 브릿지

식지로 어업 발달에, 산업혁명 이후에는 중요한 용수 공급지이자 수운 교통의 요지로, 오늘날에는 시민들의 편안한 휴식처이자 레크리에이션의 제공지로서 큰 역할을 하고 있어요. 무엇보다도 템스 강은 풍부한 용수와 주변의 넓은 평원으로 사람들에게 편의성을 제공하여 도시가 발달할 수 있게 하였고, 수도 런던을 만들어 주었어요. 오늘날에는 런던 시내와 주변의 공원이 어우러져 아름다운 런던 풍경을 만들어 내고 있어요.

③ 버킹엄 궁전

버킹엄 궁전은 영국 왕의 공식적인 사무실 및 주거지로 쓰이고 있기 때문에 현재 영국 정치체제에서 입헌 군주제의 상징물이기도 해요. 왕이 존재하기 때문에 궁전이 있으니까요. 우리나라에서 조선 시대 왕이 거주했던 경복궁, 창경궁, 창덕궁, 덕수궁 등이 과거의 정치체제를 나타내는 것과 비슷합니다. 영국은 입헌 군주제의 정치체제를 가지고 있어요. 즉 군주(왕)와 법이 존재하는 정치체제예요. 과거 왕들은 절대 권력을 가지고 나라를 다스렸어요. 왕의 명령이 바로 법의 역할을 한 셈이죠. 그런데 현재 영국의 왕은 국가의 상징적인 존재이며 실제 정치권력은 법에 의해 행사됩니다. 그래서 영국에서는 수상이 최고 통치권자로서 의회에서 제정한 법에 의해 국가를 통치합니다. 왕은 국가의 상징적인 존재로 국민들에게 정신적 지주 역할을 합니다. 과거 영국의 식민지였던 나라의 국민들도 영국의 왕을 국가의 왕으로 여기고 있어요. 예를 들면 호주나 뉴질랜드 등 15개국이 현재 영국 왕을 국가원수로 삼고 있어요.

버킹엄 궁전은 1703년 버킹엄 공작 존 셰필드가 자신의 저택으로 만들었던 것을 1761년인 조지 3세 때부터 왕궁으로 이용하기 시작했어요. 이후 지속적인 증개축 과정을 통해 오늘날의 모습이 되었어요. 우리나라 조선 시대의 수문장처럼 버킹엄 궁전에는 사시사철 왕을 보호하고 지키는 근위병이 있어요.

버킹엄 궁전은 영국의 수도 런던 중심부에 위치한 건물이면서 영국 국민들

에게 안정감을 주며 사랑과 존경을 받는 왕과 왕족이 거주하는 곳으로 영국과 영연방국가에게 상징적인 의미가 있는 곳이랍니다. 현재 영국의 정치, 문화를 표현해 주는 역할도 해요.

④ 웨스트민스터 사원

런던 웨스트민스터에 있는 고딕 양식의 거대한 성공회 성당이에요. 서쪽으로는 웨스트민스터 궁전과 인접해 있는데 전통적으로 영국 역대 왕들의 대관식 등 왕실 행사를 거행하는 곳이자, 묘지가 있는 곳이랍니다. 1066년에 윌리엄 1세가 처음 대관식을 올린 이후로 대부분 이 사원에서 대관식을 올렸어요. 웨스트민스터 사원 내부의 벽과 바닥에는 윈스턴 처칠의 기념석판, 뉴턴의 묘, 리빙스턴의 묘 등을 비롯해 영국을 대표하는 많은 작가들의 묘와 기념비 등을 쉽게 찾아볼 수 있어요.

⑤ 국회의사당

웨스트민스터 사원

영국은 의회주의가 시작된 나라로 그 기원을 찾아 올라가 보면, 1215년 존 왕 때 제정된 대헌장 마그나카르타에서 찾아볼 수 있었습니다. 의회정치는 국민의 대표인 의원들이 모여 국민들에게 적용할 법률을 제정하거나 중요한 국가 정책 결정에 참여하는 정치를 말해요. 1215년 이전에는 법률보다는 왕의 명령에 의해 통치되었어요. 그런데 대헌장이라는 법률이 제정되면서 국민들은 법에 의해 통치되었던 거예요. 그래서 왕의 권한은 최소한으로 축소되고 국민의 대표 기관인 의회의 역할이 커져 국민의 자유와 권리가 법에 의해 보호를 받게 되었어요. 이렇게 민주주의의 실행의 산실 역할을 하는 곳이 국회의사당이에요. 세계에서 가장 먼저 국회의사당이 만들어졌고 가장 먼저 법에 의한 통치가 이루어진 세계적인 민주주의 상징물인 셈이죠. 오늘날에도 영국의 상원과 하원이 열리는 민주주의를 키워 가는 심장부예요.

국회의사당은 원래 웨스트민스터 궁전이었어요. 헨리 8세 때까지 궁으로 사용되었고 16세기 이후 의회 건물로 사용되었어요. 바로 옆에 있는 빅벤은

건축 담당책임자였던 벤자민 홀(Benjamin Hall)에서 나온 명칭으로 1859년 이래 전국 및 전 세계에 시보를 알려주고 있어요.

⑥ 대영 박물관

런던 여행에서 빼놓을 수 없는 역사적 장소로 1759년에 개관한 대영 박물관이 있어요. 영국의 유물과 함께 고대 이집트, 그리스, 로마의 유물들을 소장하고 있어서 이른바 '인류의 보물창고'라고 불리고 있어요.

주로 영국 및 세계 여러 나라의 역사적 유물, 공예품, 예술품, 중요한 사료 등이 소장되어 있는데 과거 영국의 제국주의적 흔적을 더듬어 볼 수도 있는 곳이에요. 이 박물관은 1753년 한스 슬론 경이 소장하고 있던 예술품과 문헌을 영국 정부가 사들이면서 만들어졌어요. 1759년 일반인에게 공개되었으며 역사적 가치가 큰 유물들이 보관되어 있고 규모 면에서도 거대하여 세계적인 박물관으로 알려져 있어요. 2000년에는 2층에 한국관이 신설되어 우리 문화도 대영 박물관의 한 부분을 차지하고 있어요.

잉글랜드 남동부

런던을 중심으로 보면 잉글랜드의 남동부는 템스 강의 하류 지역으로 영국에서도 곡창지대에 해당됩니다. 토양이 기름지고 넓은 평원은 농경지로 최적지였어요. 그래서 일찍이 사람들이 많이 모여 살게 되었고 오늘날에도 가장 많은 사람들이 살고 있어요. 도버 해협을 사이에 두고 프랑스와 마주보고 있는 곳으로 유럽 대륙과 섬나라 영국을 연결하는 지역이기에 예부터 대륙의 침략과 전쟁으로 많은 시련을 겪어 왔고, 그에 따른 역사적 유물들도 많이 간직하고 있는 곳이에요. 그리고 이 지역은 영국에서 가장 먼저 발달한 대학교인 옥스퍼드와 케임브리지 대학교, 캔터베리 등이 유명한 도시예요.

① 옥스퍼드 대학교

옥스퍼드 대학교는 중세 시대에 만들어진 영국에서 가장 오래된 대학교예요. 당시 프랑스에는 파리 대학교가 있었고, 신 중심의 국가였던 이탈리아에는 볼로냐 대학교가 있었지요. 옥스퍼드 대학교는 이런 대학들과 마찬가지로 설립 당시 신 중심의 중세 사회였기에 신학 연구의 필요성에서 만들어졌어요. 교회의 학문 연구 기관이 대학이었던 시기에 생겨났기 때문입니다. 그러나 르네상스 이후 신 중심의 사회에서 인간 중심의 사회로 변화되면서 그리스 철학을 기본으로 자연, 도덕, 형이상학 등의 학문이 발달하였고 이제는 교회의 잘못을 비판하는 중심 장소가 되었어요. 18세기 산업혁명 이후 근대 사회로의 변화에 발맞추어 사회 변화에 필요한 신지식을 가르치기 위해서 새로운 과목들이 추가되었고, 사회 변화를 이끌어가는 리더들을 배출해 내는 학문의 전당으로 자리 잡게 되었어요. 지금도 오랜 역사, 최고의 지성을 자랑하며 자부심을 지켜 가고 있어요. 역대 영국 수상 26명, 영국 국왕 2명, 19개국의 국가원수(영국 제외) 35명, 9개국의 국왕(영국 제외) 12명, 노벨상 수상자 47명, 빌 클린턴(제42대 미국 대통령), 수많은 작가(『이상한 나라의 앨리스』의 루이스 캐럴, 『반지의 제왕』의 존 로널드 루엘 톨킨, 시인 엘리엇)와 애덤 스미스, 존 로크, 제러미 벤담, 로버트 보일, 스티븐 호킹, 앤드류 로이드 웨버 등 영국 내에서뿐 아니라 세계적인 저명 인사들을 배출한 학문의 전당입니다.

② 케임브리지 대학교

케임브리지 대학교는 옥스퍼드 대학교에 이어 중세 암흑기에 만들어진 유서 깊은 대학이에요. 1209년 13세기 초에 문을 열어 학자들의 사상을 가르쳐 시민들에게 전파하는 요람의 역할을 했어요. 처음 케임브리지 대학교는 신학을 중심으로 중세 유럽을 지탱하기 위해 필요한 학문 연구 중심이었으나 후에 르네상스 시대에는 종교개혁 운동이 전개된 곳입니다.

케임브리지 대학은 수학과 자연과학 연구에서 큰 업적을 남기고 있어요. 그런데 학교 제도는 독특한 부분이 있어요. 19세기 전까지만 해도 교사와 학생이 침식을 같이하며 같은 건물에서 생활하고 같이 공부하는 수도원 방식의 공부 방법이었어요. 영국의 국교인 영국 성공회 신자만이 교직원이 될 수 있었고 평생 결혼이 허락되지 않았어요. 하지만 19세기 이후 대학 개혁에 따라 이러한 의무는 완화되어 현재는 학교 내에 거주하지 않아도 되고 결혼도 가능하게 되었습니다. 중세 신 중심의 사회에서 발달한 대학으로 현재에도 영국의 국교인 성공회의 영향이 크게 작용하고 있어요. 케임브리지 대학에서 공부했던 유명한 졸업생들로는 올리버 크롬웰, 찰스 다윈, 아이작 뉴턴, 에드워드 7세, 조지 6세, 시인 조지 고든 바이런과 윌리엄 워즈워스, 로잘린드 프랭클린, 프랜시스 베이컨 등이 있어요.

③ 캔터베리

중세 영국 문학의 최대 성과물로 알려진『캔터베리 이야기』를 아세요? 캔터베리는 이 이야기의 배경이 되는 곳이에요.『캔터베리 이야기』는 1300년대 중세 유럽에서 캔터베리로 성지 순례를 떠나는 사람들이 모여 주고 받은 이야기를 옮겨 놓은 영국 중세 설화 문학의 대표작이에요. 캔터베리는 로마인이 침입하기 전부터 켈트족이 정착해 집단을 이루고 있었는데 로마인의 정복으로 오늘날과 같은 도시 구조가 만들어졌어요. 뿐만 아니라 중세에는 로마가톨릭의 핵심 전파지로서 가톨릭의 중심지였어요. 597년 로마교황청으로부터 로마가톨릭이 전파되면서 종교 중심의 도시가 되었어요. 그리하여 성당과 수도원들이 들어서면서 종교도시로서의 모습은 더 강해졌어요. 그러나 헨리 8세 때 영국에 국교회가 들어서면서 로마가톨릭은 탄압의 대상이 되었고 성직자들은 추방당하고 종교도시로서의 모습도 변화를 겪게 되었어요. 이후 청교도들인 신교도들도 이주하고 캔터베리는 가톨릭 종교도시로서의 모습에서 경제적 산

캔터베리 이야기(The Canterbury Tales)

영국의 설화 문학으로, 제프리 초서의 걸작이다. 13세기 말 런던의 서더크에 위치한 한 여관에 29명의 순례객이 모여들었다. 그 여관은 캔터베리 대성당으로 향하는 길목에 자리해 늘 순례객들로 붐비는 곳이었다. 서더크 여관에 모인 사람들은 최상류 계급인 기사, 수녀원장, 신부에서 수도사, 탁발승, 상인, 요리사, 대학생, 변호사, 소지주, 선장, 의사, 바스 출신의 여인, 방앗간 주인까지 당시 사회 각계각층을 망라하고 있다. 이들이 런던의 어느 여관에 모여, 순교자 토머스 베켓을 모시는 캔터베리의 유명한 사원으로 순례를 떠나게 된다. 이때 여관집 주인이 자진하여 재미있는 순례길이 되기 위해 가이드로 나서서 한 사람이 두 가지씩 이야기를 들려줄 것을 제안한다. 이리하여 순례자들은 각자 자기 나름대로의 재미있는 이야기를 하고, 이 이야기들을 모아 이야기집이 되었다. 이 이야기들을 통해 13~14세기 중세 말 유럽 사회의 모습을 짐작해 볼 수 있다.

업도시의 모습으로 변모하기 시작했어요. 그리하여 오늘날에는 과거 로마 정복 이후 역사적인 유적지임과 동시에 대륙으로 통하는 관문으로서의 경제적 산업도시의 면모를 함께 갖춘 활기차고 정겨운 도시의 모습을 보여 주게 되었습니다.

잉글랜드 남서부

잉글랜드 남서부는 평원, 협곡, 고원 등 다양한 지형을 보이는 곳으로 흔히 영국을 축소해 놓은 작은 영국의 모습을 보여 주는 곳입니다. 선사 시대 거석 문화의 유적지로 유명한 스톤헨지와 로마 제국 당시의 목욕 문화를 간직한 바스 시가 있는 곳이에요. 또한 익스무어 국립공원 등이 있어서 역사와 자연의 소중한 가치를 간직한 곳으로도 알려져 있어요. 바스, 솔즈베리, 플리머스 등의 주요 도시들을 중심으로 살펴봅시다.

① 바스

BC 55년 로마의 율리우스 카이사르는 잉글랜드 지방을 점령한 후 약 100년이 지난 서기 43년에 런던에서 서쪽으로 173km 떨어진 유황 온천지에 커다란 목욕탕을 건설했고, 그로 인해 도시 이름도 목욕탕이라는 뜻의 '바스(Bath)'가 되었어요. 에이번 강 주변을 중심으로 만들어진 로마 욕장은 그 당시 목욕하던 사람들의 모습을 재현한 밀랍 인형들과 함께 로마 시절의 기둥과 조각들이 그대로 남아 당시의 모습을 자연스럽게 연상시켜 주어 과거의 한 모습을 들여다 보는 듯 하게 합니다.

그러나 이곳은 로마인들이 들어오기 전부터 그 지역에 살고 있던 켈트족에게 잘 알려진 온천지였어요. 켈트족의 하나인 바스 지방의 도부니(Dobunni)족은 이 온천을 지하에서 강과 온천을 지배하는 치료의 여신인 술리스와 소통할 수 있는 장소라고 믿었어요. 셰익스피어의 희곡『리어 왕』에 나오는 리어 왕의

로마 목욕탕

아버지 블래더드는 왕자 시절 한센병을 앓다가 BC 863년에 이 온천의 물로 병을 고쳤다고 합니다. 뿐만 아니라 피부병을 가지고 있던 돼지들도 이 온천수 진흙탕에서 뒹굴고 난 후 피부병이 말끔히 나았다는 이야기가 퍼지면서 이 지역의 온천수는 신비한 치료 효과를 가지고 있는 것으로 알려졌습니다. 이같이 성스러운 온천을 대중 목욕탕으로 바꾼 것은 로마인이었어요. 로마인들이 만들어 놓은 목욕 문화를 체험해 볼 수 있는 역사적인 장소로서의 가치가 빛나는 곳입니다. 그리하여 로마 시대의 목욕 문화를 세계문화유산으로 지정하여 보존하고 있는 유서 깊은 곳이에요.

② 솔즈베리

잉글랜드 남서부 내륙에 위치하고 있는 솔즈베리는 넓은 평원을 중심으로 자연의 아름다움과 고대 역사적 사실들을 간직한 역사 도시입니다. 천여 년의

솔즈베리 대성당

역사를 간직한 도시답게 역사와 관련된 다양한 유물들이 산재해 있어요. 솔즈베리 대성당, 스타우어헤드 정원 등 아름다운 정원과 농장 등이 많이 있어요. 그중 가장 대표적인 것이 BC 2800년경에 제작된 것으로 추정되는 스톤헨지입니다.

스타우어헤드 정원은 18세기 섬세하고 우아한 로코코풍의 미술 양식이 발달하던 당시의 영향으로 구석구석 숲, 오솔길, 호수, 주변의 건물들이 서로 조화를 이루도록 꾸며놓은 예술작품입니다. 오늘날까지 자연과의 조화, 오랜 역사를 자랑하는 솔즈베리의 이미지를 대표하는 곳이에요.

스톤헨지는 솔즈베리 평원(Salisbury Plain)에 있는 선사 시대 유적이에요. 남태평양 이스터 섬의 모아이 석상과 함께 고대 거석문화를 대표하는 곳이에요. 1986년 에이브버리 스톤 서클 유적과 묶여 유네스코 세계문화유산으로 등재

되어 보존되고 있습니다. 어디에서 가져왔는지 알 수 없을 정도로 구하기 힘든 돌로 만들어져 신비감을 더해 주고 있어요. 신비로운 돌로 완성된 작품들은 예술성과 상상력을 불러일으키고 있습니다. 벨기에의 초현실주의 화가 르네 마그리트는 스톤헨지에서 영감을 얻어 '소통의 기술'이라는 작품을 남기기도 했어요.

이 거석 유적의 용도는 과거 태양신 숭배와 관련이 있을 것이라는 추측과 천체 관측용이었을 것이라는 추측 등이 있지만 누가, 언제, 왜 건설했는지에 대해서는 오늘날까지도 미스터리로 남아 있습니다. 하나의 무게가 거의 4톤에 달하는 무거운 돌을 이용하여 스톤헨지를 왜 만들었을까 하는 의문이 남지만 과거 이 지역의 역사성을 드러내는 중요한 유물이에요.

스톤헨지는 '공중에 걸쳐 있는 돌'이라는 뜻이에요. 납작하고 평평한 직사각형 모양의 거석을 나란히 세우고 그 위에 또 그만한 크기의 돌을 가로로 걸쳐 놓았습니다. 바깥쪽부터 안쪽으로 도랑과 둑의 모양, 그리고 여러 개의 동심원 모양으로 돌을 열거하여 놓은 형태입니다. 그리고 중앙부에는 높이 7m,

스톤헨지

플리머스 항구. 종교의 자유를 찾아 미국으로 떠났던 청교도의 출발 선착장

무게 45t에 달하는 거석들로 이루어진 삼석탑(三石塔, Trilithon) 5쌍이 말발굽 모양으로 자리해 있습니다. 동심원 가장 안쪽에는 제단처럼 보이는 돌이 있고, 동심원 밖에는 북동쪽으로 힐스톤이 홀로 떨어져서 위치해 있어요. 하지 때만 되면 힐스톤 위로 해가 뜨는 광경을 볼 수 있다는 점에서 일부 사람들은 이 유물이 태양신 숭배와 관련이 있을 것이라고 추정하기도 해요. 스톤헨지의 조성 시기는 BC 3000년부터 BC 1600년 사이로 보고 있습니다. 수백 년의 시차를 두고 바깥에서 안으로 좁혀오면서 돌을 세우고 재배치해 지금과 같은 형태가 되었던 것으로 추정하고 있습니다.

　스톤헨지는 고대 4대 문명의 발달 시기와 대체로 일치할 정도로 초기 유물로 알려지고 있어요. 이러한 사실로 볼 때 스톤헨지는 주변의 솔즈베리 대성당, 스타우어헤드 정원 등과 더불어 영국의 역사성을 간직한 유적지로서의 가치를 가득 안고 있는 곳입니다.

③ 플리머스

잉글랜드 남서부 항구도시로 인구 약 30만 명 정도의 전원적인 소도시예요. 역사와 아름다운 풍경이 어우러진 곳이자, 옛것과 새것이 어우러진 곳입니다. 1620년 영국의 청교도인들이 이곳 플리머스에서 메이플라워호(Mayflower ship)를 타고 미국의 신개척지로 떠났던 역사적인 장소입니다. 청교도인들은 미국의 신개척지에 도착하여 그곳의 이름도 '플리머스'로 명명하였습니다. 그리하여 청교도들이 메이플라워호를 타고 와서 도착한 도시가 오늘날의 보스턴 베이에 위치한 플리머스입니다. 또한 1840년 플리머스 토지회사가 영국의 플리머스에서 주민들을 데려와 정착시킨 곳이 오늘날 뉴질랜드의 뉴플리머스 도시입니다.

플리머스 시 주변의 다트무어와 콘월은 영국에서도 아름다운 자연 경관으로 알려진 곳으로서 플리머스는 영국의 역사와 아름답고 쾌적한 자연 환경을 간직한 곳이예요. 그리하여 오늘날 영국에서 '가장 이상적인 도시'로 선정되기도 하였습니다.

잉글랜드 북동부

잉글랜드 북동부 지역은 과거 지구촌 빙기 때 빙하의 영향으로 깊은 계곡, 폭포, 호수, 산악 등이 형성되어 아름다운 자연 환경을 보여 주고 있습니다. 또한 고기 산지 지역으로 지각은 지극히 안정적이며 오랜 시간에 걸친 생물의 탄화로 석탄, 철광석 등 에너지 자원과 지하자원이 풍부한 곳이었어요. 그리하여 일찍이 영국 산업혁명의 계기를 마련해 준 곳이었습니다. 빙하의 영향으로 황무지와 산악 지역의 모습을 보여 주면서도 산업도시이며, 작은 전원 마을들이 조화롭게 어울려 잉글랜드의 알프스라 불리는 곳이에요. 랭카셔 지역, 요크셔 지역, 노섬브리아 지역을 중심으로 살펴봅시다.

① 랭카셔 지역

랭카셔 지역은 비틀즈의 고향인 리버풀, 산업혁명 이래 주요 공업 지역인 맨체스터가 대표적인 도시예요. 이 지역은 석탄과 철광석 등의 자원을 바탕으로 면직 공업, 조선 공업 등을 통해 영국 산업혁명의 중심지가 된 곳입니다. 특히 중세 시대에 수도원이 많이 건립되었던 곳으로 당시의 유물들을 지금도 볼 수 있는 역사적인 곳입니다.

비틀즈 스토리

비틀즈는 존 레논, 폴 메카트니, 조지 해리슨, 링고 스타 등 4명의 가수로 구성된 그룹이다. 리버풀의 가난한 노동자 후세들이지만 1960년대 전 세계인의 가슴을 설레임과 감동으로 적셔 주었다. 발라드풍의 'Yesterday', 동요적 분위기의 'Yellow submarine', 세계적인 히트곡 'Let it be' 등은 세계적인 명곡으로 인정받고 있다. 엘리자베스 2세 여왕으로부터 대영 제국 훈장을 수상하기도 하였다.

비틀즈

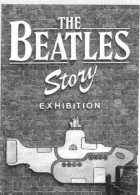

리버풀에 있는 비틀즈 전시관

리버풀은 세계적으로 사랑받은 그룹 비틀즈의 고향으로서도 유명하지만 역사적으로 맨체스터, 버밍엄 등과 더불어 산업혁명의 중심지였던 항구도시예요. 역사적으로 거슬러 올라가면, 1207년 존 왕이 현재의 리버풀 중심 지구에 도시를 건설하고, 자치를 허용한 것으로부터 시작되었어요. 주로 아일랜드와의 연계 항구로서의 역할을 하였습니다. 제2차 세계대전 당시 도시의 많은 부분이 파괴되었지만 오늘날 비틀즈 이미지와 더불어 문화 도시로 거듭나고 있어요. 특히 잉글랜드 프리미어리그 프로축구팀 리버풀FC는 세계적인 축구 구단으로 이름을 날리고 있습니다.

맨체스터 역시 축구팀 맨체스터 유나이티드로 유명한 도시예요. 맨체스터는 영국 산업혁명의 중심 도시로서 면직물 공업이 발달했어요. 당시 자유 무역을 위해 도시 중심부에 자유 무역 센터를 세우고 활발한 대외 무역을 통해 부를 축적해 왔어요. 부유해진 상공업 지식인 층을 중심으로 정치 참여가 늘어나면서 이 지역의 많은 상인들이 의회에 진출하였고 민주주의 법안 마련에 앞장서기도 했어요. 오늘날에는 면직물 공업 보다는 금융업의 중심지로 발달한 랭카셔 지역의 중심 도시입니다.

빅토리아 시대에 처음 세워져 신고딕 양식을 보여 주는 맨체스터 시청, 라파엘로와 터너, 컨스터블 등 화가들의 작품 세계를 만끽할 수 있는 맨체스터 미술관, 과거 로마 제국 점령하에서 요새지로서 성곽을 따라 만든 캐슬필드 공원, 과거 산업혁명기 맨체스터의 역할을 보여 주는 과학과 산업 분야의 시설들, 흥미진진한 유물들이 전시된 과학산업 박물관 등이 있어서 영국의 오랜 역사를 그대로 재현해 주는 듯한 도시예요.

② 요크셔 지역

『드라큘라』 아시지요? 1897년 브램 스토커가 쓴 소설이지요. 루마니아의 트란실바니아에서 온 흡혈귀 드라큘라가 요크셔의 한 지역인 휫비라는 곳에 상륙하자 그 지역은 바로 공포의 장소로 변하고 맙니다. 요크셔 해안의 휫비는 항구도시로 브램 스토커가 살았던 곳입니다.

일찍이 양모 산업이 발달하였고 석탄, 철광석 등의 지하자원이 풍부하여 18세기 영국 산업혁명을 이끌었던 곳이기도 합니다. 19세기에는 요크셔 철도가 건설되어 전국 철도망과 연결되었고 이와 같은 교통의 발달은 지역 발전에도 크게 기여하였습니다. 그러나 오늘날 지하자원의 매장량 감소 및 공업 지역의 이동 등으로 인해 공업 도시의 이미지에서 벗어나 역사와 문화를 간직한 유적지로서의 이미지를 더 많이 가지고 있어요. 또한 요크셔에는 디스트릭트 산, 북요크 초지, 요크셔 데일즈 등 세 곳의 국립공원이 있습니다. 이렇게 영국에서 가장 많은 자연 녹지를 보유하고 있어서 '신이 내린 땅', '영국의 정원'이라는 찬사를 받고 있어요.

③ 노섬브리아 지역

잉글랜드 북동쪽 끝에 위치하여 웅장한 자연미와 중세의 역사를 간직한 지역이에요. 로마 황제 하드리아누스가 쌓은 것으로 알려진 하드리아누스 성벽은 유네스코가 세계문화유산으로 지정하여 많은 사람들에게 알려진 곳이기도 합니다. 노섬벌랜드 국립공원 주변으로 이어지는 넓은 황야, 북해에 접해 있는 아름다운 해안가, 중세 성당 등 과거 찬란했던 역사를 보여 주는 더럼 지역은 이 지역을 대표하는 모습들이에요. 또한 해안가에 위치하여 북해를 중심으로 어업이 발달했던 곳이기도 합니다. 그리하여 일찍이 목조 어선을 시작으로 대형 선박에 이르기까지 조선 공업이 발달했어요. 특히 랭카셔 면직 공업, 요크셔 제철 공업 등과 함께 18세기 영국 산업혁명을 이끌어 갔던 곳이기도 합니다. 그러나 오늘날에는 새로운 기술 산업을 발달시키기 위해 컴퓨터 및 북해 유전과 연계한 정유 산업 등으로 산업의 전환이 이루어지고 있어요.

웨일스 지방을 찾아서

웨일스는 그레이트브리튼 섬의 남서부에 위치해 있으며 약 2만 800km²로 강원도 크기 정도의 지역입니다. 1536년 헨리 8세 때 의회를 통하여 특별법으로 웨일스를 잉글랜드에 편입시키기 전까지 켈트족이 웨일스 왕국을 형성하여 웨일스어를 사용하는 웨일스만의 세계를 형성하고 있었어요. 그리하여 오늘날에도 웨일스는 대영 제국의 한 지역이기는 하지만 독자적인 문화를 유지해 오고 있으며 많은 사람들이 아직도 웨일스어를 사용하고 있습니다. 종교에 있어서도 영국의 국교회가 아닌 감리회 소속으로 남아 있어요. 그래서 오늘날에도 영국을 방문하는 많은 사람들에게 웨일스는 나름대로의 독특한 지형과 문화와 전통, 언어가 있는 지역으로 인식되고 있습니다.

웨일스는 BC 6~7세기경 켈트족이 들어와 살기 시작하면서 형성되었어요. 이후 43년 로마의 침입으로 로마의 지배를 받았고 이어서 13세기 초에는 잉글랜드의 에드워드 1세에게 지배를 받았어요. 이러한 역사적인 변천 과정을 겪으면서 웨일스 문화, 로마 문화, 잉글랜드 문화, 오늘날의 현대 문화까지 다양한 문화가 복합적으로 어우러진 지역이 되었어요. 웨일스의 자연 환경은 서부의 일부 해안 지역을 제외하면 많은 부분이 산지로 되어 있습니다. 남북으로 뻗어 있는 캄브리아 산맥을 중심으로 해발고도 200m 이상의 고지대, 계곡 등이 웨일스의 자연 환경을 형성하고 있어요. 이러한 산악 지역을 이용하여 웨

럭비(Rugby Union)

달걀 모양의 공을 이용하여 상대방 수비라인을 넘어 상대 진영을 압박하여 그곳에서 득점하는 것으로 15명이 한팀이다. 8명은 스리쿼터라고 부르는 선수들로 공격수이며 상대팀으로부터 공을 빼앗는 일을 주로 한다. 공격수들은 공을 전방으로 던질 수는 없다.

일스인들이 즐기면서 발달시킨 경기가 럭비입니다. 웨일스의 국기(國技)라고도 하는 럭비 유니온은 웨일스를 대표하는 럭비경기대회입니다.

또한 웨일스는 형성 시기가 오래된 고기 산지 지역이라서 풍부한 지하자원을 보유하고 있어요. 특히 고기 산지에 많이 매장되어 있는 철광석과 석탄 자원은 19~20세기 영국 산업혁명과 함께 세계적인 제철 공업 지역으로서의 역사와 문화를 가지고 있습니다. 오늘날에는 아름다운 해안 지역과 멋진 산지를 이용한 국립공원 등을 조성하여 관광 산업이 발달하고 있습니다.

그러면 웨일스의 대표 도시인 카디프, 스완지, 콘위를 탐색해 보도록 해요.

카디프

카디프는 웨일스 가장 남쪽에 자리 잡은 웨일스의 수도입니다. 웨일스 남부 지역은 석탄과 철광석이 풍부하게 매장되어 있어 산업혁명기 제철 공업으로 번성을 누리기도 하였으며 석탄 수출항으로서의 역할도 하였어요. 영국에서 산업화가 쇠퇴하면서 카디프는 과거 산업혁명의 중심지 모습을 간직한 채 이제는 문화·관광·산업도시로 발돋움하고 있어요. 그리하여 오늘날 이 도시를 들르게 되면 란다프 성당, 웨일스 국립 박물관, 웨일스 국립 오페라단의 근거지인 뉴씨어터 극장 등을 통해 과거 로마 제국 시대 이후 웨일스의 모습과 카디프의 모습을 함께 들여다볼 수 있습니다.

스완지

웨일스에서 카디프에 이어 두 번째로 큰 도시입니다. 웨일스 남서부 가우어 반도의 끝에 자리 잡은 도시로 과거 산업혁명기에는 카디프와 함께 석탄 수출항 역할을 하였지만 오늘날에는 아름다운 해양 경관을 자랑하며 관광·휴양지를 선보이고 있습니다.

콘위

콘위는 웨일스 북부에 위치한 항구도시입니다. 웅장하게 장군처럼 서 있는 중세의 돌들, 해안을 따라 파노라마처럼 펼쳐지는 장관이 어우러진 웨일스 북부의 대표적인 도시입니다. 웨일스 북부는 과거 외적이 자주 침입한 지역으로 험난했던 역사를 보여 주고 있어요. 그러나 오늘날에는 관광 산업 중심도시로 목축업 등 농업 지역의 특성을 살려 관광 산업에 활용하기도 합니다. 콘위는 리웰린 왕가가 세운 마을로 1.3km에 이르는 기다란 성벽이 해안의 풍광과 어우러져 많은 화가들까지도 유혹했던 아름다운 도시예요.

스코틀랜드 지방을 찾아서

스코틀랜드는 북위 55~60° 사이에 위치하며 영국의 가장 북쪽에 있어요. "비가 온다고 실망하지 마라. 곧 그칠 테니까. 날씨가 맑아도 좋아하지 마라. 언제 비가 올지 모르니까." 라는 속담이 전해 내려올 정도로 날씨의 변동이 심한 곳이에요. 생명력이 유난히 강한 엉겅퀴를 국화로 삼는 것에서 짐작할 수 있듯이 스코틀랜드 사람들은 아주 강인한 성격에 고집도 세다고 해요. 그래도 문화와 예술에 대한 감각은 아주 탁월하다고 합니다. 그래서 8월이면 세계 각국의 예술가들을 불러 모아 그들만의 축제를 벌이는 에든버러국제페스티벌을 개최하기도 해요. 국제적인 축제이니만큼 볼거리가 많이 있어요.

스코틀랜드는 스칸디나비아 반도의 켈트족이 건너와 개척한 지역으로 오랜 기간 앵글로색슨족의 독립전쟁을 통하여 오늘날의 독특한 스코틀랜드 문화를 만들었어요. 스코틀랜드는 크게 북부 고지대와, 남부 고지대로 나뉘어져 있어요. 사람들은 주로 남동부 해안의 평야 지역을 선호하여 에든버러가 스코틀랜드의 최대 도시가 되었어요. 반면 글래스고에는 탄전 지대가 많아서 영국의 대표적인 공업 도시가 될 수 있었어요. 제철과 조선 공업이 발달하여 경제의 중심지이기도 하였어요. 그러나 오늘날은 석탄 매장량이 감소하고, 노동비가 오르는 등의 어려움으로 공업 기능이 쇠퇴하여 옛날 공업 도시로서의 이름만 남기고 있어요.

그렇다면 오늘날 스코틀랜드는 스코틀랜드를 찾는 사람들에게 어떤 모습을 보여 주고 있을까요?

"양이 인간을 잡아 먹는다."라고 『유토피아』에 나와 있듯이 스코틀랜드에서는 일찍이 양을 주로 키우는 목축업이 발달하였어요. 초기에는 양모를 그대로 수출했으나 14세기 중엽부터는 양모를 가공하여 모직물을 짜서 유럽 각지에 수출하였고, 모직물에 대한 수요가 많아지자 모직물 공업은 크게 발달하였어요. 모직물 공업이 특히 발달하기 시작한 것은 16세기 튜더 왕조부터였어요. 왕은 모직물 공업을 '가장 중요한 국가적 산업', '세계에서 가장 부유하고 가치 있는 제조업'으로 보고 각별히 보호하는 정책을 썼다고 해요. 모직물 공업으로 벌어들인 자본과 기술은 나중에 18세기 산업혁명의 배경이 되기도 했어요. 오늘날도 스코틀랜드 산업에서 대표성을 가지고 있어요.

그 외 스코틀랜드를 찾는 사람들은 스코틀랜드의 쾌적한 자연 환경을 높이 평가하고 있어요. 북대서양 난류의 영향으로 높은 위도에도 불구하고 겨울철에도 따뜻하며 전체적으로 산지와 들판이 넓게 펼쳐져 있을 뿐 아니라 아름다운 해변과 셰틀랜드 섬은 인상적이기까지 합니다.

그럼, 구체적으로 더 구석구석 찾아가 볼까요?

로우랜드

이 지역은 잉글랜드와 경계를 이루는 스코틀랜드 남부 지역이에요. 말 그대로 '낮은 평원'이라는 의미를 가지고 있어요. 낮은 평원의 비옥한 땅을 중심으로 농업이 발달하였어요. 그리고 풍부한 탄전과 철광석을 바탕으로 일찍이 공업이 발달하여 스코틀랜드에서 인구밀도가 가장 높아요. 수도인 에든버러와 공업 도시인 글래스고가 대표적인 도시예요. 에든버러는 아름다운 경관으로 많은 사람들로부터 매혹적인 도시라는 이미지를 주고 있으며 글래스고는 영국의 대표적인 상공업 도시로 영국 산업혁명의 발상지이기도 해요. 양모를 중심으로 하는 모직물 공업, 조선 산업, 전통문화를 중심으로 하는 관광 산업이 이 지역의 대표적인 산업이지요.

① 에든버러

여러분, 두 얼굴을 가진 『지킬박사와 하이드』를 아시나요? 로버트 루이스 스티븐슨이 스코틀랜드와 스코틀랜드 사람을 배경으로 쓴 소설로 스코틀랜드의 실제 모습을 잘 보여 주면서 사람은 흔히 두 얼굴을 가지고 있다는 내용을 담은 소설이지요. 실제 소설의 배경이 되었던 '브로디스클로스' 거리는 아직도 대낮에 걸어도 으스스함이 느껴진다고 하네요.

킬트 치마를 입고 백파이프를 부는 거리의 악사

그런데 에든버러는 약 50만의 인구가 스코틀랜드의 다양한 전통문화들을 간직하고 있는 아름답고 역사적인 도시예요. 이곳에서 놓칠 수 없는 볼거리로는 거리의 악사, 에든버러국제페스티벌, 에든버러 성, 스코틀랜드 국회의사당이에요.

거리의 악사가 부는 백파이프는 소, 양 등 가축의 가죽이나 내장을 이용하여 만든 악기라고 해요. 백파이프의 소리는 스코틀

에든버러 성

랜드의 날씨와 분위기처럼 잔잔하면서도 조금은 서글픈 느낌이 들어요. 아마 스코틀랜드가 가진 투쟁의 역사 때문인 듯해요. 투쟁의 역사는 멜 깁슨 주연의 영화 '브레이브 하트' 에서 민족의 영웅 윌리엄 월리스가 스코틀랜드의 독립을 위해 투쟁하는 모습을 통해 볼 수 있어요.

에든버러국제페스티벌은 스코틀랜드를 대표하는 도시인 에든버러에서 여름마다 열리는 세계적인 예술 축제예요. 1947년에 시작된 에든버러국제페스티벌은 유럽에서도 손꼽히는 공연 예술 축제로 우리나라에서도 이 페스티벌에 경쟁력 있는 예술 단체와 개인 예술가들을 보내기 위해 정부 차원에서 예산을 지원하고 있다고 해요. 스코틀랜드가 가지고 있는 아름다운 자연과 유서 깊은 문화 예술을 드러내고 알리는 의미 있는 축제예요.

에든버러 성은 에든버러의 상징이자 스코틀랜드의 역사를 간직한 곳이에요. 1292년 영국 에드워드 1세의 침공 이후 스코틀랜드 독립을 위한 전쟁과

스코틀랜드 국회의사당

평화의 역사를 간직한 곳이기에 성 안에는 과거의 역사적 흔적들을 보여 주는 전쟁기념관, 당시 사용했던 대포, 군인 감옥, 예배당, 궁 등이 있어요.

　3억 5000만 년 전 고생대 때 일어났던 화산 활동으로 만들어진 암석 지대 위에 세워진 에든버러 성도 요새지 역할을 했어요. 에든버러 성 밑의 암석은 우리나라의 제주도처럼 화산 활동 때 분출된 현무암으로 이루어져 있어요. 해발고도는 약 120m로 주변보다 높은 곳에 있어요. 성은 외적으로부터의 방어를 목적으로 만들기 때문에 대체로 높은 곳에 만들지요. 여러분이 너무나도 잘 알고 있는 만리장성은 해발 고도가 1000m가 넘는다고 하네요. 에든버러 성의 남, 서, 북쪽은 경사진 절벽으로 형성되어 있고 동쪽은 평지로 접근할 수 있게 연결되어 있어요. 그래서 방어를 위한 요새지로는 아주 좋은 곳이에요.

　또한 에든버러 성은 스코틀랜드의 메리 여왕이 아들 제임스 6세를 낳은 곳이기도 해요. 제임스 6세는 후에 잉글랜드의 제임스 1세가 되어 잉글랜드와 스코틀랜드가 합병하게 됩니다.

스코틀랜드 국회의사당은 독일 국회의사당과 더불어서 21세기 세계인의 관심을 가장 많이 받은 건물이에요. 스코틀랜드는 독자적인 전통과 제도를 가진 나라이지만 1999년까지 약 300여 년 동안 독립 의회를 갖지 못한 채 영국 의회에 편입되어 있었어요. 1999년 스코틀랜드의 독립 의회 구성 법안이 통과됨에 따라 홀리루드 궁 옆에 새로운 국회의사당이 만들어졌어요. 이 독립 의회는 영국의 연합왕국에서 지방 분권제로 옮겨온 스코틀랜드의 독립적 상징을 가지고 있으며 치안, 교육, 세금의 권한까지 일부 가지고 있어요. 과도한 장식과 디테일로 인해 많은 비용을 사용하여 비난의 대상이 되기도 했지만 스코틀랜드인들의 높은 자존심과 독립의 역사를 담은 갈망의 표현이라는 평가를 받기도 해요.

② 글래스고

스코틀랜드의 최대 무역항이자 상공업 중심지, '스코틀랜드의 예술 중심지'라는 평가에 걸맞게 글래스고에는 과거 공업의 역사와 오늘날 유럽 최고 수준의 박물관과 미술관을 안고 문화의 르네상스를 맞고 있는 도시예요. 대표적인 곳으로는 켈빙그로브 박물관과 미술관, 버렐 컬렉션, 피플스 컬렉션, 세계적인 경제학자인 애덤 스미스가 공부했던 글래스고 대학교 등이 있답니다.

하일랜드

스코틀랜드의 북부 지방으로 북위 60도 주변의 고위도 지역에 위치한 하일랜드 지역은 높은 산지, 해안, 섬 등의 자연 환경으로 표현되지요. 높은 산지, 고위도 지역으로 인해 농사에는 부적합한 환경이기에 주로 목축업과 어업이 발달하였어요. 그러나 1960년대 이후 북해 유전의 발

타탄 체크

견으로 경제적 혜택을 많이 받았어요. 오늘날에는 과거 스코틀랜드의 역사와 문화를 바탕으로 문화와 관광 산업이 발달하여 세계인들에게 스코틀랜드의 전통문화와 풍습을 알리기에 바쁘지요.

여러분들은 스코틀랜드에서 가장 떠오르는 것은 무엇인가요? 많은 사람들은 '킬트'라고 말합니다. 하일랜드는 킬트 문화가 발달하게 된 배경이 되는 곳이기도 해요. 하일랜드를 대표하는 문화로서 킬트, 글램즈 성에 대해 알아볼게요.

① 킬트

킬트는 스코틀랜드인의 민속 의상으로 타탄체크를 이용한 주름이 많은 치마예요. 타탄체크는 하일랜드의 씨족들이 제각기 다른 독특한 문장(紋章: 국가, 단체, 집안 등을 나타내기 위하여 사용하는 상징적인 표지)과 장식으로 사용했던 천을 말해요.

② 글램즈 성

인구 1000여 명의 작은 도시 글램즈는 전형적인 스코틀랜드 양식의 글램즈성이 있는 곳으로 유명해요. 셰익스피어의 4대 비극을 읽어 보았나요? 『맥베스』에 등장하는 성이 바로 이 성입니다. 1540년 글램즈 성 성주의 아내인 자넷이 마녀로 몰려 스코틀랜드의 제임스 5세 왕에 의해 화형을 당했던 비극적인 성이기도 합니다. 그러나 오늘날 영국 여왕인 엘리자베스 2세의 모후가 어린 시절을 보낸 곳이기도 합니다.

헤브리디스 제도는 스코틀랜드 서부에 있

스코틀

헤브리디스 제도

는 약 500여 개의 섬들을 통칭하는 지역입니다. 많은 섬들이 만들어 내는 풍광은 천연 자연 지역으로서의 가치를 충분히 발휘하고 있어요. 그래서 유네스코에서는 세인트 킬다 지역의 독특한 절벽과 퇴적 지형으로 만들어진 특출난 자연미와 중요한 생물 서식지의 역할을 인정하여 1986년 세계문화유산으로 지정하였으며, 오늘날에는 문화적 가치까지 더해져그 중요성을 더 많이 인정받고 있어요. 북서유럽에서 가장 중요한 바닷새가 서식지를 형성하며 살아가는 것을 보고 이곳에 살던 주민들이 특별한 이야기를 만들어 냄으로써 문화적 경관까지 더해진 것이지요. 지금은 많은 사진작가, 관광객들이 찾는 명소예요.

핑갈의 동굴

한편 1829년 4월, 멘델스존은 영국으로 여행을 떠났다가 스코틀랜드에 들려 헤브리디스 제도를 여행하며 음악적 영감을 얻었다고 해요. 넘실대는 파도 저편으로 헤브리디스의 군도들이 시야에 들어왔고, 마침내 들어선 핑갈의 동

자이언츠코스웨이

굴은 멘델스존을 압도하여 "바다가 끊임없이 그곳에서 부서지고 있다. … 장엄함과 웅대함, 그리고 광활함 … 그것은 가장 훌륭한 대성당을 능가한다." 라고 했을 만큼 강한 인상을 남겨 '핑갈의 동굴' 서곡을 완성할 수 있게 했어요. 이렇게 아름다운 자연 경관과 그곳에 살아가는 사람들이 만들어 내는 경관은 지금도 스코틀랜드에서만 느낄 수 있는 모습이에요.

북아일랜드 지방을 찾아서

북아일랜드는 영국 서부 아일랜드 섬의 북부에 있어요. 영토는 6개의 주로 구성되어 있고 중심 주는 벨파스트예요. 북대서양 난류와 편서풍의 영향으로 연중 따스해서 겨울에도 온화한 날씨예요. 여름에도 20℃ 이하의 서늘한 날씨로 그다지 덥지 않아요. 북아일랜드의 산업으로는 주변의 바다를 중심으로 어업도 발달했지만 감자를 대표로 하는 농업도 발달했어요. 그리고 조선업, 자동차 공업 등 제조업의 성장도 눈여겨볼 만해요.

아름다운 경관으로 관광 산업도 발달했는데, 특히 세계 8대 불가사의의 코스로 알려진 자이언츠코스웨이를 살펴보기로 해요.

자이언츠코스웨이는 약 4000여 개의 육각형 모양의 돌기둥들이 장관을 이루고 있어요. 여러분들이 제주도 해안가에서 보았던 '주상절리'들이에요. 주상절리 기둥은 화산활동으로 생긴 용암이 해안에서 굳으면서 생긴 결정체이지요. 사진에서 보는 것처럼 아주 규칙적인 배열과 조화가 아름답습니다.

북아일랜드라는 이름에서 짐작할 수 있듯이 이곳은 아일랜드와의 오랜 역사를 간직하고 있는 곳이에요. 종교의 차이로 인한 갈등이 지금도 완전히 해결되지 않은 분쟁 지역이에요. 우선 아일랜드는 카톨릭이지만 북아일랜드는 개신교가 65%정도예요. 개신교 계통의 영국군이 아일랜드를 점령하자 북아일랜드 지역의 주민들은 영국에 통합되기를 바랐고 가톨릭교도가 대부분인 아일랜드에서는 통합에 반대했어요. 그리하여 종교 갈등이 일어나게 되었고 양측 간의 싸움은 날로 확대되어 갔어요. 특히 1845년부터 1849년까지 있었던 대기근은 아일랜드 국민에게 많은 감정의 변화를 주었어요. 대부분의 아일랜드 사람들은 농업에 의존하였는데 이때 발생한 감자 기근은 끔찍한 기아 재앙을 가져왔어요. 이로 인해 수백만 명이 죽고, 수백만 명이 미국으로 이주했어요. 그런데 이와 같이 어려울 때 영국은 재해를 입은 아일랜드 사람들을 충분히 도와주지 못했어요. 이 때문에 아일랜드인들은 영국으로부터 독립하여 자치하기를 원하게 되었어요. 그러나 북아일랜드는 영국의 한 지역으로 남아 있기를 바랐어요. 길고 긴 투쟁 끝에 아일랜드 남부 사람들은 1921년에 자유독립국가가 되었어요.

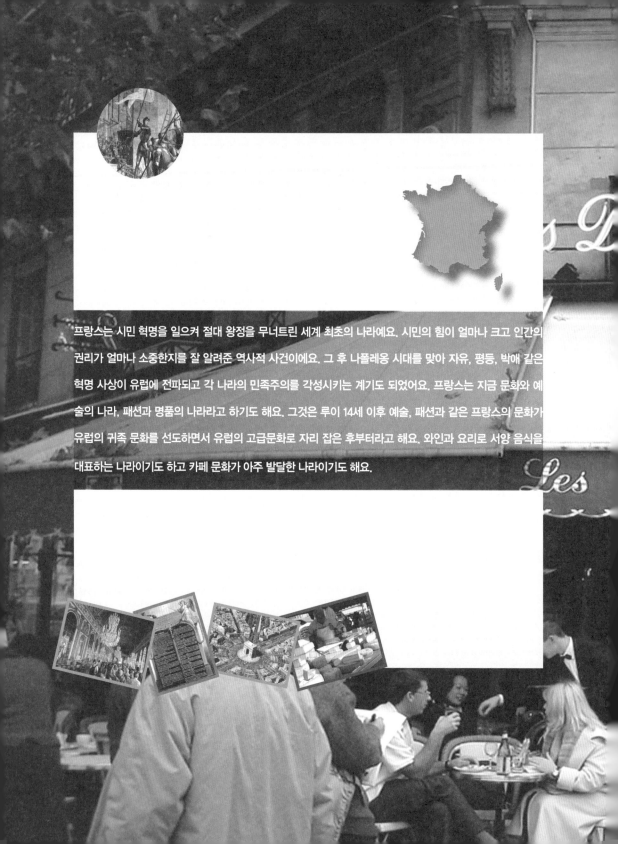

프랑스는 시민 혁명을 일으켜 절대 왕정을 무너트린 세계 최초의 나라예요. 시민의 힘이 얼마나 크고 인간의 권리가 얼마나 소중한지를 잘 알려준 역사적 사건이에요. 그 후 나폴레옹 시대를 맞아 자유, 평등, 박애 같은 혁명 사상이 유럽에 전파되고 각 나라의 민족주의를 각성시키는 계기도 되었어요. 프랑스는 지금 문화와 예술의 나라, 패션과 명품의 나라라고 하기도 해요. 그것은 루이 14세 이후 예술, 패션과 같은 프랑스의 문화가 유럽의 귀족 문화를 선도하면서 유럽의 고급문화로 자리 잡은 후부터라고 해요. 와인과 요리로 서양 음식을 대표하는 나라이기도 하고 카페 문화가 아주 발달한 나라이기도 해요.

시민혁명의 나라

프랑스

1. 프랑스의 자연 환경과 사람들

　세계지도에서 프랑스를 찾아본 적이 있나요? 어떤 모양인가요? 맞습니다. 프랑스는 육각형 모양입니다. 세 면은 바다와 접해 있고, 나머지 세 면은 육지와 접해 있습니다. 북쪽으로는 벨기에와 룩셈부르크, 동쪽으로는 독일, 스위스, 이탈리아, 남서쪽으로는 에스파냐와 국경을 접하고 있어요. 바다 쪽은 영불해협, 대서양, 지중해와 접하고 있습니다.

　흔히 프랑스는 서유럽의 노른자위 땅이라고 말합니다. 쾌적한 기후에 비옥한 땅을 가지고 있어서 그렇게 말하는 것이지요. 프랑스는 22개 레지옹(가장 큰 행정 구역 단위로 '주, 지방'에 해당함)과 96개의 데파르트망('도'에 해당함), 해외에 4개의 도가 있습니다. 각 레지옹에는 수도가 있고, 각 도에는 도청소재지가 있습니다.

　면적은 55만 1602km²입니다. 남한 면적의 약 5.5배가 되니까 남한과 북한을 합친 한반도 면적보다 2배 반이나 크다고 보면 됩니다. 주요한 산악지대로는 남서쪽의 피레네 산맥, 중앙 지역의 중앙 산악지대, 동쪽의 쥐라 산맥, 북동쪽의 보주 산맥 등이 있어요.

기후는 어떨까요? 프랑스는 해양성 기후, 지중해성 기후, 대륙성 기후가 나타납니다. 남쪽 지방은 해양성 기후와 비슷한 지중해성 기후의 영향으로 겨울이 짧고 온화하며 여름은 길고 고온 건조해요. 여름이라도 습기가 덜해서 우리나라의 여름과 같은 푹푹 찌는 무더위는 없지요. 동쪽 지방은 대륙성 기후의 영향을 받지만 북쪽과 서쪽이 낮고 동쪽과 남쪽이 높은 지형이어서 대륙성 기후보다는 해양성 기후의 영향을 더 많이 받는다고 할 수 있어요. 1월 평균 기온이 6~13℃ 정도이니까 크게 춥지 않아요. 여름은 건조한 편이어서 무더위도 심하지 않습니다. 따라서 프랑스에서는 여름에도 에어컨을 켜는 경우가 거의 없습니다. 이렇듯 사람이 살기 좋은 기후를 갖춘 프랑스는 유럽에서 러시아, 우크라이나 다음으로 큰 나라입니다. 인구는 2008년을 기준으로 6400만 명 정도이니 남한과 북한 인구를 합친 것보다 적습니다.

프랑스인을 상징하는 수탉의 볏 장식

　　흔히 우리가 프랑스인들에게 느끼는 편견이 있습니다. 예를 들어 프랑스인
들은 변덕스럽다거나 논쟁을 좋아한다거나 하는 것입니다. 프랑스인들이 오
래전부터 자신들의 상징으로 여기는 수탉을 떠올려 보세요. 큰소리로 울어 대
거나 남과는 다르다는 척 뽐내며 마당 이곳저곳을 기웃거리는 수탉의 모습을!
때로는 예측 불가능하지만 긍정적인 면을 가지고 있는 프랑스인들의 기질을
그대로 지니고 있는 수탉의 모습을 말입니다. 기원전 로마 시대 갈리아의 영
토였던 프랑스는 오랜 역사를 통해 수많은 시련을 극복하고 지금도 유럽의 중
심으로 자리 잡고 있습니다. 육각형의 프랑스는 어떤 역사를 통해 오늘에 이
르렀을까요?

2. 프랑스의 역사 이야기

갈리아 지방에서 프랑크 왕국까지

BC 51년 율리우스 카이사르에 의해 로마 제국의 영토가 되기 전까지 프랑스는 켈트족의 땅이었습니다. 이들 켈트족은 유럽 전역으로 세력을 확장해 가며 오늘날의 프랑스 영토에 해당하는 전 지역을 포함해 벨기에, 스위스, 서부 독일과 북부 이탈리아에 이르는 지역을 차지하고 있었습니다. 이 가운데 현재의 프랑스 지역에 자리 잡은 이들은 골 사람, 즉 골족이라고 합니다. 로마 제국의 지배를 받게 된 골 지방이 '갈리아'라는 라틴어 지명으로 불리게 됨에 따라 골족은 '갈리아인'이라고 부르게 되었습니다. 카이사르가 골 지방을 정복하면서 쓴 『갈리아 전기』에는 켈트족에 대한 상세한 기록이 적혀 있습니다.

로마 제국의 속주가 된 갈리아는 로마 문화가 전파되면서 점점 로마화되었습니다. 로마인이 갈리아 지방에 전파한 로마 문화는 빠르게 이 지역의 문화와 융화되고 정착되어 오늘날 프랑스 문화의 기초가 된 것입니다. 갈리아 문화와 로마 문화가 서로 융합되었다고 해서 이 시기의 문화를 갈로로만 시대라

프랑스 파리 클뤼니 미술관에 있는 갈로로만 시대의 공중목욕탕 유적지

프랑스 만화의 대명사 『아스테릭스』. 로마군과 싸우는 켈트족 전사들의 이야기를 다룬 프랑스 만화로, 1959년 르네 고시니와 알베르 우데르조가 만화 잡지에 첫선을 보인 뒤 50년이 넘도록 많은 프랑스인들의 사랑을 받고 있다. 주요 주인공으로 아스테릭스, 오벨릭스, 파노라믹스 등이 있다. 『아스테릭스』 탄생 50주년을 기념하여 프랑스 파리 클뤼니 박물관에서 전시회도 열었다.

고 합니다. 원형 경기장과 극장, 공중목욕탕과 같은 고대 로마 제국 문화를 보여 주는 유적지가 파리와 프랑스의 여러 도시에 그대로 남아 있습니다.

거의 500여 년 동안 로마 제국의 속국으로 남아 있던 갈리아 지방은 로마 제국이 서로마와 동로마로 분열되는 등 제국의 힘이 약해지면서 게르만족의 침입을 받았습니다. 로마 제국이 멸망한 후 프랑스는 게르만족이 지배하는 세상이 되었습니다. 특히 갈리아 지방을 침입한 게르만족의 일파였던 프랑크족은 오늘날의 프랑스, 독일과 북부 이탈리아까지 영토를 확장하여 여러 나라를 세우고, 프랑스 중북부에 최초의 프랑스 왕조인 메로빙거 왕조(481~751)를 세웠습니다. 클로비스는 메로빙거 왕조의 창시자이자 프랑크 왕국을 세운 인물로 496년 크리스트교로 개종을 하였습니다. 오랜 로마의 지배로 로마화된 갈리아를 통치하기 위한 결단이었던 것이지요. 클로비스가 세상을 떠나자 아우스트라시아의 궁재 카롤링거가 정치적 실권을 장악하게 되었고 751년 피핀이 다른 세력들을 제압한 후 카롤링거 왕조(751~843)를 세웠습니다.

피핀의 아들인 샤를마뉴 대제는 프랑크 왕국의 전성시대를 연 인물로 유명합니다. 학문과 교육을 진흥시켜 학문이 크게 발전하는 계기를 가져오게 하는 데 이를 가리켜 '카롤링거 왕조 르네상스'라고 부릅니다. 또한 샤를마뉴 대제는 영토를 확장하여 오늘날의 프랑스, 독일, 이탈리아에 해당하는 서부 유럽 대부분을 정복하여 프랑크 왕국의 지배 아래 두었습니다. 그래서 샤를마뉴 대제를 '유럽의 아버지 왕'이라고 하지요. 그러나 샤를마뉴 대제가 세상을 떠난 후 프랑크 왕국 역시 분열하게 됩니다. 프랑크 왕국은 843년 베르됭 조약에 의해 분열되는데, 이후 서프랑크 왕국은 프랑스로, 동프랑크 왕국은 독일로, 중프랑크 왕국은 이탈리아로 발전하게 됩니다. 이것이 곧 오늘날의 프랑스, 독일, 이탈리아의 모태가 됩니다.

프랑크 왕국이 셋으로 나뉘면서 세력이 약해져 불안한 상황을 틈타 노르만

'유럽의 아버지 왕'이라고도 불리는 샤를마뉴 대제. 샤를마뉴 대제는 영토를 확장하여 오늘날의 프랑스, 독일, 이탈리아에 해당하는 서부 유럽 대부분을 프랑크 왕국의 지배 아래 두었다.

족 등 이민족의 침입이 잦아지게 되었고 사회는 혼란에 빠지게 되었습니다. 이에 따라 왕권도 약해지고, 이러한 위기를 통해 봉건제가 성립됩니다. 강력한 국가 형태를 갖추지 못한 채 국경과 영토 문제로 끊임없이 외부 이민족의 침입에 시달리던 지방의 제후들(땅의 주인이라는 의미에서 영주라고 부름)이 스스로 세력을 키워 외부 이민족의 침입에 대항하기로 한 것이지요. 영주는 자신이 다스리는 영지와 권력을 지키기 위해 기사들에게 토지를 나눠 주고 그 대가로 군사적 의무를 요구하였습니다. 이렇게 주군과 신하라는 관계를 맺음으로써 서로 주고받는 토지를 봉토라고 하며, 봉토에 상응하는 상하관계를 명확하게 제도화시킨 사회를 봉건 사회라고 합니다. 봉건 사회에서는 신하의 위치에 있는 기사 역시 밑에 봉토를 주고받는 주군과 신하의 관계를 맺는 작은 영주가 되었습니다. 영주 밑에 또 영주를 거느리는 식으로 대영주, 소영주라는 상하관계가 생기는 것이지요. 이렇듯 비록 왕권이 존재하기는 했지만 왕의 권한은 어디까지나 그가 거느린 몇몇 대영주에 국한된 것에 불과했습니다. 15세기경까지 프랑스를 비롯한 중세 유럽의 국가들은 이와 같은 봉건 국가를 이루고 있었습니다.

십자군 원정과 왕권의 회복

987년, 위그 카페가 왕위에 오르면서 카페 왕조(987~1328)가 들어섰지만 왕권은 미미했습니다. 카페 왕조의 왕들은 왕권을 강화하는 방법을 크리스트교에서 찾게 됩니다. 중세 유럽에서 크리스트교는 절대적 권한을 상징하는 것이기 때문이었습니다. 이러한 정치적 결단에 따라 십자군 원정을 지원하게 됩니다. 약 200년 동안 행해진 십자군 원정으로 가장 큰 이익을 얻은 것은 당연히 카페 왕조의 왕들이었습니다. 오랜 세월 동안 십자군 원정에 참여하느라 영주들의 세력이 약해졌기 때문이죠. 카페 왕조의 왕들은 서서히 왕으로서의 권력과 위엄을 갖출 준비를 하게 됩니다.

1328년에 카페 왕조의 마지막 왕인 샤를 4세가 딸들만 남기고 후계자 없이 죽게 되자, 왕위 계승을 둘러싸고 노르망디 공을 겸하고 있던 영국의 왕 에드워드 3세와 샤를 4세의 사촌인 프랑스의 발루아 백작이 힘겨루기를 합니다. 승리한 발루아 백작은 필리프 6세로 추대되고, 발루아 왕조(1328~1589)가 성립됩니다. 발루아 왕조 시기의 프랑스는 영국과의 백년 전쟁(1339~1453), 이탈리아와의 전쟁(1494, 샤를 8세), 위그노 전쟁, 흑사병과 같은 국내의 종교 분쟁, 전염병과 같은 질병, 농업 부진으로 인한 경제적 어려움 등으로 시련을 겪어 경제 및 사회적으로 혼란이 컸습니다. 하지만 프랑스는 잔 다르크의 활약상에 힘입어 백년 전쟁에서 승리를 거두었고 국민 의식이 고양됨에 따라 중앙의 왕권 강화를 가져오는 효과를 얻게 됩니다.

샤를 8세, 루이 12세, 프랑수아 1세를 거치면서 외적의 침입으로부터 국가를 지키기 위한 강력한 중앙 정부의 필요성이 부각되었습니다. 이에 따라 강

십자군 원정

11세기 말에서 13세기 말 사이에 서유럽의 기독교도들이 셀주크 튀르크가 차지하고 있던 예루살렘 성지를 탈환하기 위해 8회에 걸쳐 감행한 대원정을 말한다. 크리스트교도와 이슬람교도 간의 충돌이어서 언뜻 종교적인 요인이 가장 크게 작용한 것처럼 보일 수 있다. 하지만 십자군 원정에는 봉건 사회에 속한 각 계층들의 이익이 서로 맞물려 있다고 할 수 있다. 봉건 영주들과 기사 계급은 자신들의 모험심과 새로운 영지를 획득하기 위해, 상인들은 경제적 이익을 위해, 또한 농민들은 봉건 사회의 사슬에서 벗어나기 위해 원정에 참가했기 때문이다.

왜 영어에서는 소를 가리키는 단어와 쇠고기를 가리키는 단어가 전혀 다른 철자를 지닐까?

프랑스와 영국 사이의 역사적 배경으로 거슬러 올라가면 이에 대한 설명을 찾을 수 있다. 샤를마뉴 대제가 세상을 떠나고 프랑크 왕국이 분열되어 세력이 약해지면서 프랑스에는 여러 이민족들의 침입이 잦았다. 특히 9세기에 있었던 노르만족의 침입으로 프랑스 사회는 큰 혼란을 겪게 되었다. 이에 따라 당시 프랑스 왕이던 샤를 3세는 이들을 위해 센 강 하구 지역을 내어 주고 노르만족의 우두머리인 롤로를 노르망디 공으로 앉히게 된다. 이것이 노르망디 공국(1066~1154)이 시작된 계기이다. 이후 1066년에 노르망디 공의 후계자인 정복자 기욤이 영국을 정복했다. 이로써 기욤은 노르망디 공인 동시에 영국을 다스리는 왕 윌리엄 1세가 된 것이다. 당시 소나 양을 돌보는 일은 영국인들이 도맡아 했으므로 소나 양은 기르는 동안 cow나 ox, sheep으로 부르지만 일단 음식으로 왕실 사람들의 식탁에 오르면 beef와 mutton이라고 부르게 되었다고 한다. 프랑스어에서는 소와 쇠고기는 boeuf, 양과 양고기를 가리키는 단어는 mouton이다. 영어가 프랑스어에서 온 말이 많은 것은 이러한 역사적 배경이 있다.

력한 경제 정책과 행정 기구의 정비가 이루어짐으로써 그 다음에 세워진 부르봉 왕조의 기반을 든든히 닦아 놓게 되었습니다. 비록 이탈리아와의 전쟁은 실패로 끝이 났지만 이 전쟁을 통해 이탈리아의 찬란한 르네상스를 받아들이게 됨으로써 프랑스의 르네상스라는 커다란 성과를 이룩할 수 있었습니다.

한편 독일의 마르틴 루터가 로마가톨릭 교회의 문제를 지적하면서 시작한 종교 개혁의 움직임이 확산되면서 프로테스탄티즘이라는 개신교 교파를 낳게 되는데, 프랑스에도 많은 신교도가 생겨나게 되었습니다. 이들은 '위그노'라고 불렸는데 가톨릭과 개신교가 프랑스에서 서로 갈등하게 되면서 위그노 전쟁이라는 참혹한 종교 분쟁으로 번지게 되었습니다. 위그노와 가톨릭교도 사이의 갈등을 더욱 격화시켜 잔인한 살육전이 벌어지게 된 혼란의 중심에는 이탈리아 메디치 가문 출신으로 앙리 2세의 왕비이자 샤를 9세의 섭정이었던 카트린 드메디시스가 있었습니다. 카트린 드메디시스가 왕권을 보전하고 위그노와 가톨릭교도 사이의 세력 균형을 꾀하여 위그노에게 종교의 자유를 인정한 것이 더욱 혼란을 부추기게 된 것이지요. 결국 샤를 9세의 여동생 마르그리트 드발루아와 위그노인 나바라의 왕 앙리의 정략 결혼식 축제가 열리는 가운데 가톨릭교도들이 위그노들을 습격해 살해를 자행했습니다. 이 사건이 바로 '성 바르톨로메오 축일의 학살'입니다. 1589년 국왕이었던 앙리 3세가 죽고 난 후 나바라의 왕 앙리가 앙리 4세로 왕위에 오르게 되면서 부르봉 왕조(1589~1792, 1814~1830)를 세웠습니다. 자신이 위그노였던 앙리 4세는 국왕으로 정식 인정을 받기 위해 위그노에서 가톨릭으로 개종한 후 낭트 칙령을 발표해 30여 년간 지속된 종교 분쟁을 끝냈습니다. 그러나 1610년 앙리 4세는 광신적인 가톨릭교도에게 암살되었고, 그의 아들 루이 13세가 왕위에 오르게 되었습니다. 루이 13세의 어머니 마리 드메디시스는 섭정이 되어 곧 권력을 장악했고 리슐리외 추기

프랑스의 국가적 영웅 잔 다르크. 프랑스는 잔 다르크의 활약상에 힘입어 영국과 치른 백년 전쟁에서 승리를 거두었다.

발루아 왕조의 프랑수아 1세. 프랑스어 사용이 국력을 결집하고 중앙 집권화에 도움이 된다고 생각한 프랑수아 1세는 빌레르코트레 칙령(1539)을 선포하여 모든 공문서에서 프랑스어의 사용을 의무화하였다. 또한 프랑수아 1세는 예술가들의 후원자이기도 했다. 이탈리아의 르네상스 양식을 본떠 지금의 세계적인 박물관 루브르를 건축했고 학문과 예술을 존중했으며 프랑스의 르네상스를 발전시켰다.

경을 재상으로 삼았습니다. 1643년 루이 13세가 세상을 떠나자 프랑스의 왕관은 겨우 5세였던 루이 14세가 차지하게 되었습니다.

절대 왕정 시대

발루아 왕조를 거쳐 부르봉 왕조가 세워진 프랑스는 과거 봉건 시대를 벗어나 왕권이 강화되는 시기를 맞게 됩니다. 절대주의 시대를 맞이하게 된 것이지요. 프랑스는 유럽에서 가장 확고한 절대 왕정 체제를 수립한 나라였습니다. 부르봉 왕조의 왕들 가운데 '태양왕'이라는 별명으로 불리던 루이 14세(재위1643~1715)는 프랑스의 절대 왕정을 대표하는 전제 군주였습니다. "짐이 곧 국가니라!"라는 말을 했을 정도였으니까요. 그런데 이 말은 무엇을 의미하는 것이었을까요? 왕이 나라를 대표하고, 나라를 통치하며 국가 정신의 구체적 산물이라는 것을 의미하므로 왕은 어느 누구에게도 제약을 받지 않으며 입법·행정·사법 분야를 모두 포함하는 절대 권력을 가졌다는 뜻입니다. 그러니

유럽의 절대주의

유럽의 역사에서 16~18세기까지의 시기는 '절대주의 시대'라고 부른다. 절대주의 시대는 중세의 낡은 봉건 제도가 무너지고 근대 시민 사회로 나아가기 위한 과도기였다. 절대주의의 가장 큰 특징은 모든 권력이 중앙 정부, 다시 말해 왕에 집중되었다는 점이라고 할 수 있다. 그러나 절대주의 시대에는 여전히 신분과 계급 제도가 유지되는 봉건적인 요소들이 남아 있었다. 왕은 외적의 침입으로부터 국가를 지키기 위한 강력한 중앙 정부와 상비군을 통해 전제 정치를 펼쳤다. 이러한 절대 왕정을 유지하기 위해서는 많은 비용이 필요했으므로 이를 해결하기 위해 중상주의 정책을 시행했다. 즉 신흥 상공업자를 비롯한 시민 계급으로부터 조세를 거둠으로써 국가의 재정을 충당하고 중상주의 정책을 펴서 시민 계급의 상공업 활동을 지원했다.

프롱드의 난

파리 고등 법원을 중심으로 귀족 관직자들과 시민들이 중앙 집권 정책에 반대하여 일으킨 반란이다. 섭정 모후인 안 도트리슈와 어린 루이 14세가 파리를 떠나 피신을 가야 할 정도로 왕권이 위험한 상황도 있었지만, 프롱드의 난 가담자들의 분열로 반란은 국왕의 군대에 의해 진압되었고 이 일로 1652년 파리로 돌아온 루이 14세는 더욱 강력한 왕권을 추구할 수 있었다.

까 그 누구도 왕의 권력에 이의를 제기하거나 저항을 한다는 것은 생각할 수도 없는 일이었습니다. 루이 14세가 왕위에 오를 당시 그는 겨우 5세에 불과했습니다. 어머니 안 도트리슈가 섭정을 맡고 쥘 마자랭 추기경이 재상으로 임명되었습니다. 루이 14세는 1648년 '프롱드의 난'으로 한때 수도인 파리를 떠나기도 했지만 이를 통해 왕권이 더욱 강화되는 계기를 맞게 됩니다.

1661년에 이르러 마자랭이 세상을 떠나고 성년이 된 루이 14세는 직접 통치에 나서게 됩니다. 재상제를 폐지하고 모든 국정을 결정하는 권한은 오직 왕 한 사람의 손에서 이루어지게 되었던 것입니다. 프롱드의 난을 경험했던 루이 14세는 파리를 중심으로 한 강력한 중앙 통치를 위해 베르사유 궁전으로 귀족들을 모이게 해 전통적인 지방 봉건 제도를 붕괴시키고 정치 권력이 거의 없는 궁정 귀족으로 만들었습니다. 또한 콜베르를 재무 장관으로 기용하여 중상주의 정책을 추진하고 국내 산업을 발전시키기 위해 노력했습니다. 이로써 국가 재정을 튼튼하게 만들어 루이 14세의 절대 왕정이 절정에 이를 수 있었습니다. 달도 차면 기운다는 말이 있듯이 영원할 것 같은 루이 14세의 절대 권력에도 차츰 균열이 생기기 시작했습니다. 예컨대 왕권신수설을 통해 절대적인 권력을 누렸던 루이 14세는 1685년 낭트 칙령을 폐지함으로써 종교의 자유를 용납하지 않았습니다. 이렇게 되자 많은 위그노들이 프랑스를 빠져나가게 되었는데 그들 가운데는 상공업 계층이 많이 있었기 때문에 프랑스는 경제

중상주의 정책

17~18세기의 유럽 국가들은 중상주의 경제 정책을 실시하고 있었다. 중상주의란 국고를 튼튼히 하기 위해 상인 계층의 상업 활동을 중시하고 그들에게서 세금을 거두어들이며 보호무역주의 입장에서 수출을 장려하고 수입을 제한하는 경제 정책을 말한다. 절대 왕정은 많은 관료와 상비군을 유지하는 데 돈이 많이 필요했다. 따라서 중상주의와 절대 왕정은 매우 밀접한 관계가 있었다.

절대 군주를 대표하는 루이 14세의 초상화 가운데 가장 유명한 작품. 프랑스의 초상화가 이아생트 리고가 그린 그림이다.

베르사유 궁전

원래 루이 13세의 사냥용 별장에 불과했던 건물이었는데 루이 14세의 명령으로 화려하고 아름다운 궁전으로 재건축되었다. 루이 르보가 건축을, 앙드레 르노트르가 조경을, 샤를 르브룅은 미술을 담당해 궁전이라기보다는 뛰어난 예술 작품이라는 평가를 받고 있다. 베르사유 궁전은 절대 왕정 시대 루이 14세가 절대 권력을 과시하던 무대였으며 프랑스의 문화와 예술, 사교의 중심지였다. 또한 바로크 양식의 대명사로 불리는 베르사유 내부 장식들은 파리에서 이곳으로 왕정을 옮긴 부르봉 왕조의 권력을 과시하듯 아름답고 호화스럽다. 그러나 베르사유는 화려한 겉모습과 달리 어둡고 굴욕적인 역사를 품고 있다. 이곳에서 전성기를 누린 부르봉 왕조가 프랑스 혁명으로 막을 내리고 역사의 뒤안길로 사라졌다. 한편 거울의 방은 1871년 보불 전쟁에서 프랑스에 승리한 프로이센이 나폴레옹에게 당한 모욕을 되갚기 위해 독일의 초대 황제 빌헬름 1세가 대관식을 가졌던 굴욕을 품은 곳이기도 하다. 훗날 프로이센을 통일한 독일이 제1차 세계대전에서 패배하게 된 후 이곳 거울의 방에서 31개 연합국과 항복 문서와 같은 강화 조약을 맺었는데, 이 조약으로 독일은 알자스 로렌 지방을 프랑스에 반환했고 해외 식민지를 잃었으며 전쟁의 책임을 물어 연합국의 손해에 대한 막대한 배상금을 지불해야 했다. 이렇듯 베르사유 거울의 방은 역사적으로 화려함과 어두움이 공존하는 방이다.

베르사유 궁전 내부에 들어서면 부르봉 왕조의 예술적 감각과 화려함에 놀라게 된다.

적으로 곤란을 겪게 되었습니다. 또한 루이 14세는 집권 54년 동안 전쟁을 치른 기간이 31년에 달할 정도로 전쟁을 일으키는 것을 좋아했습니다. 크고 작은 전쟁으로 국력은 쇠약하게 되었지만 베르사유를 중심으로 한 화려한 궁정 문화는 여전히 사치와 낭비를 일삼았습니다. 절대 왕정이 쇠퇴하는 순간이 서서히 다가오는 것과 동시에 변화의 기운이 프랑스 사회 전반에 흐르게 되었습니다.

장 바티스트 콜베르. 루이 14세의 재무장관으로 중상주의 정책을 추진하여 국내 산업을 육성하고 식민지 개발로 국고를 튼튼하게 만들어 루이 14세의 절대 왕정이 절정에 이르는 데 기여했다.

3. 프랑스 대혁명과 나폴레옹

유럽의 다른 군주와 달리 프랑스의 왕은 절대 권력을 가진 신적인 이미지로 둘러싸여 있었습니다. 감히 왕에게 이의를 제기하거나 저항한다는 것은 생각조차 할 수 없었던 거였죠. 프랑스 혁명의 시발점인 바스티유 함락은 독재 왕권을 뒤엎겠다는 의미였습니다. 어떻게 해서 프랑스에서 절대 왕정을 뒤엎는 혁명이 일어난 것일까요?

셋으로 엄격히 나누어진 신분사회

혁명이 일어나기 전 당시 프랑스 사회는 셋으로 나누어진 엄격한 신분사회였습니다. 제1신분은 왕족과 귀족이었고, 제2신분은 성직자로 이 두 신분은 전체 인구의 약 2%를 차지하는 지배층이었습니다. 제3신분은 도시에 사는 부유한 상인에서부터 농민과 노동자 등 여러 계층의 사람들을 가리키는 말이었습니다. 문제는 프랑스 전체 인구의 약 2%에 달하는 제1신분과 제2신분의 사람들이 프랑스 땅의 대부분을 차지하며 세금 면제를 비롯한 온갖 특권을 누리고 있었다는 점입니다. 귀족들은 화려한 궁정 문화를 중심으로 사치와 낭비를 일삼았고 호화스러운 생활을 즐겼습니다. 교회는 교회대로 세금을 면제받고 제3신분으로부터 수입의 10분의 1을 거두었습니다. 제3신분에 해당하는 국민 대다수는 농민으로 자신의 토지를 소유하거나 귀족이나 교회의 토지를 빌려 농사를 짓는 소작농이었습니다. 그러나 토지세, 십일조, 인두세, 소금세 등 각종 세금을 내야 할 뿐 아니라 나라에서 필요로 하는 일에 노동력을 제공해야 했기 때문에 생활이 갈수록 어려워졌습니다. 더구나 18세기 말에는 잦은 홍수와 가뭄으로 인해 농사의 수확량이 줄어 농민들은 힘겹게 생활하고 있었습니다. 이에 따라 지배층과 구제도에 대한 농민들의 불만은 점차 높아지고 있었습니다. 제3신분에는 상인, 금융가, 법률가, 의사, 교사, 문인 등 부유한 계층에 속했던 사람들도 있었는데 신분상으로 평민에 해당하므로 귀족 계급의 정치 활동에 참여할 수는 없었습니다. 이들은 프랑스가 추진한 중상주의 정책에 힘입은 상공업의 발달로 돈과 능력을 갖추고 계몽주의에 의해 자각해 있었던 제 3신분의 시민 계급인 부르주아들이었습니

셋으로 나뉜 당시 프랑스의 신분사회를 풍자한 그림

다. 즉, 시민들은 당시 파리를 중심으로 널리 퍼져나가고 있었던 계몽사상을 통해 당시 프랑스 사회를 지배하고 있던 계급사회의 부조리 및 법률적 불평등을 인식하기 시작합니다. 앞서 일어난 미국 독립 혁명에서도 사람들은 인간의 자유와 평등이 중요하다는 사실을 알게 됩니다. 이와 같은 깨달음은 혁명과 같은 변화의 기운이 꿈틀거리게 하였습니다. 이제 시민 계급의 불만은 구제도인 앙시앵 레짐에 대한 분노로 바뀌어 구제도의 모순을 무너뜨리고 새로운 사회를 건설하려는 뜻을 품기에 이릅니다.

경제 위기와 삼부회 소집

프랑스는 미국 독립 전쟁을 도와 영국군을 쫓아내는 데 승리했지만 전쟁 비용과 궁중의 사치로 심각한 경제 위기에 처해 있었습니다. 사실 성격이 온화하고 내성적이었던 루이 16세는 운이 따르지 않은 왕이었던 모양입니다. 1789년은 빵값이 제일 비싼 해로 기록될 정도였고 농업에서는 작물이 많은 피해를 입었습니다. 이에 따라 농민은 늘어나는 세금의 부담으로 고통스러워하고 있었습니다. 루이 16세는 이러한 경제 위기를 해결하기 위해 새로운 조세법을 제정하고 실시하기 위한 방안을 마련했으나 특권층의 반대로 물거품이 되어 버렸습니다. 이러한 상황에서 1789년 5월, 혁명을 두 달 앞두고 베르사유에서 경제 위기를 해결하기 위해 175년간 중단되었던 삼부회(1306년 필리프 4세에 의해 시작된 신분제 의회)를 소집하게 되었습니다. 그러나 시작부터 불평등한 기존의 신분제 의회인 삼부회에서 어떠한 타협점도 기대하기 어렵다고 파악한 제3신분 대표들은 '국민 의회'라는 회의 기구를 조직한 다음 구제도의 신분 차별 철폐 및 세금 징수와 관련한 새로운 내용을 담은 법령을 만들었습니다. 제3신분

성난 시민들이 바스티유 감옥을 습격하는 모습

의 대표들에게 주도권을 빼앗겼다고 판단한 특권층은 왕을 부추겨 왕이 베르사유 궁전을 향해 군대를 이동시키게 했습니다. 이 일은 분노한 시민들을 오히려 더 자극하게 되었고, 흥분한 시민들은 1789년 7월 14일 바스티유 감옥을

바스티유 습격

원래 바스티유는 영국과의 백년 전쟁 때 파리를 지키기 위한 요새였다. 그 후 감옥으로 개조되어 정치범을 가두는 곳으로 사용하게 되었다. 계몽사상가인 볼테르와 디드로 등도 한때 이곳에 갇혀 있었다고 한다. 그러니까 바스티유는 프랑스 전제 정치의 상징이었던 것이다. 막상 바스티유를 점령했을 때, 시민들의 예상과는 달리 바스티유에는 정치범은 없었고 일반 죄수들 몇 명만 있었을 뿐이라고 한다. 그러나 시민들이 바스티유를 습격한 일은 곧 프랑스의 전제 정치를 무너뜨렸다는 것, 즉 구제도의 종말을 의미했다.

인간과 시민의 권리 선언(인권 선언)

습격하게 되었습니다. 오랫동안 억눌려 있다가 터져 나온 시민들의 분노는 이제 통제가 불가능한 상황이 되었습니다. 프랑스 대혁명은 이렇게 시작되었습다.

프랑스 사회가 무질서로 혼란에 휩싸이게 되자 국민 의회는 이러한 혼란을 수습하려는 방안을 모색하게 되었고 봉건 제도의 폐지를 선언하게 됩니다. 즉 신분제로 인한 모든 특권을 법적으로 폐지한다는 선언이었던 것이죠. 그리고 국민 의회는 '인간과 시민의 권리 선언' 줄여서 '인권 선언'을 발표했습니다.

한편 루이 16세 일가가 프랑스를 몰래 빠져나가려다 발각되면서 시민들은 더욱 더 분노하게 되었습니다. 국민 의회는 입법 의회에 이어 국민 공회로 이름을 바꾸고 1792년 9월 공화정을 선포합니다. 자코뱅파와 지롱드파가 대립하던 국민 공회는 반혁명을 이유로 루이 16세를 처형했습니다. 이제 주도권은 급진적인 자코뱅파에게 넘어갔습니다. 프랑스 국왕이 처형되었다는 사실을 접한 유럽의 군주들은 프랑스에서 일어난 혁명의 기운이 자국으로 번져올까 두려워했습니다. 이에 따라 영국을 중심으로 유럽 국가들은 동맹을 맺고 프랑스를 공격했습니다. 위기를 느낀 국민 공회의 자코뱅파는 외국과 전쟁을 치르고 내부의 분열을 수습하기 위해 공안 위원회를 만들어 공포 정치를 시행합니다. 혁명에 불만을 갖고 있거나 반대하는 사람들을 대대적으로 투옥하고 단두대에서 처형했습니다. 이러한 공포 정치의 중심에는 로베스피에르라는 인물이 있었는데, 테르미도르 반동이 성공하면서 그 역시 단두대의 이슬로 사라졌습니다. 국민 공회는 혁명이 과격화되는 상태를 수습하고자 총재 정부를 세웠으나, 총재 정부는 한마디로 무능한 정부였습니다. 프랑스 혁명이 10년간 지속되면서 프랑스의 시민들은 지쳐 갔습니다. 왜냐하면 안으로는 혁명 세력의 분열과 갈등이 이어졌고 밖으로는 동맹을 맺고 프랑스를 공격하는 유럽 국가들과 전쟁을 치러야 했기 때문이었습니다. 이때 나타난 이가 바로 나폴레옹 보나파르트였습니다.

나폴레옹 시대

혁명전쟁에서 두각을 나타내고 있던 나폴레옹은 쿠데타로 총재 정부를 무너뜨리고 통령 정부(1799~1804)를 세워 통령이 되었습니다. 이 시기를 제1제정이라고 합니다. 루이 16세를 단두대에서 처형하고 12년이 지난 뒤에 프랑스

인간과 시민의 권리 선언(인권 선언)

1789년 8월 국민 의회에서 정식 채택된 인간과 시민의 권리 선언은 17조로 이루어진다. 누구나 태어날 때부터 자유롭고 평등하며 재산권은 신성한 것으로 절대 침범할 수 없는 것이라고 밝히고 있다. 이는 구시대의 왕권 및 특권을 근본적으로 부정함으로써 인권과 법 제도를 새로운 사회 질서의 기반으로 확립한 것이다. 국민 의회가 인권 선언의 전문에서 '인권에 관한 무지와 망각, 멸시가 공공의 불행과 정부 부패의 모든 원인'이라고 밝히고 있는 부분은 부지와 낡은 제도를 타파하려는 계몽 사상이 인권 선언의 사상적 기초가 된다는 것을 알린 것이다. 프랑스의 인권 선언은 인간의 자유와 평등의 원리를 강조하고 국민 주권, 언론 및 사상의 자유, 소유권의 불가침 등 보편적인 인간의 권리를 제시하는 세계 최초의 인권 선언으로 세계 여러 나라의 헌법과 정치 제도에 영향을 주었다. 인권 선언은 프랑스의 문화유산 중에서 가장 중요한 위치를 차지한다고 할 수 있다.

테르미도르 반동

공화국은 투표에 의해 시민 절대 다수의 지지를 받은 나폴레옹을 황제로 선출했습니다. 절대 왕정을 뒤엎는 혁명의 혼란을 딛고 얻어 낸 공화국에 대한 자존심이 드높았던 프랑스인들! 프랑스인들이 혁명기의 군인이자 정치가인 나폴레옹을 옹호하고 지지했던 중요한 이유는 무엇이었을까요? 그 이유는 바로 나폴레옹이 당시 혼란스러운 사회를 통제하는 능력이 있는 대표자로서 강력한 국가를 만들 수 있다는 믿음을 주었기 때문이었습니다. 과연 나폴레옹은 프랑스를 공격하는 유럽 국가들과의 전쟁을 승리로 이끌어 혁명을 지켜냄과 동시에 온 유럽에 혁명의 이념을 전파함으로써 프랑스 국민의 영웅이 되었습니다. 즉 프랑스인들이 초창기에 나폴레옹을 그토록 지지했던 것은 그가 프랑스에 평화와 번영을 가져다주고 전 유럽을 정복할 것이라고 믿었기 때문이었습니다.

고전주의 화가 다비드의 알프스를 넘는 나폴레옹. 나폴레옹이 이탈리아를 정복하기 위해 알프스 산맥을 넘는 모습을 담고 있다. 정복자 나폴레옹의 이미지가 잘 표현되어 있어 그를 그린 그림 가운데 가장 유명하다.

에투알 개선문. 나폴레옹의 지시로 1806년에 설계되었으나 그가 죽은 후인 1836년에 이르러서야 완성되었다. 파리 샤를 드골 광장 중앙에 위치한 건축물로 프랑스를 상징하는 대표적인 건축물이다.

나폴레옹은 혁명기에 투표로 뽑던 지방의 관리들을 임명제로 바꾸어 지방에 대한 통제력을 지배하는 강력한 중앙 집권 정책을 펼쳤습니다. 또한 오늘날에도 가장 권위 있고 명예로운 훈장인 '레지옹 도뇌르 훈장'을 만들고 평등과 자유를 기본 원칙으로 한 『프랑스 민법전』을 마련하여 법치국가의 기틀을 세워 시민의 권리를 보호하였습니다. 계몽사상과 대혁명 정신을 반영한 이 민법전을 '나폴레옹 법전'이라고도 부릅니다. 그리고 교육 제도를 개선하고 은행을 설립하는 등 근대 프랑스를 위한 기초를 닦았습니다.

하지만 나폴레옹의 이러한 모든 개혁 정책은 나폴레옹 개인의 권위를 세우기 위한 것이어서 혁명의 기본 정신에 모순되는 부분이 많았습니다. 그러나 나폴레옹은 동맹을 맺은 유럽 여러 국가들을 상대로 전쟁을 벌여 승리함으로써 프랑스의 위력을 과시하였고 프랑스 국민들에게 크나큰 긍지를 심어 주었습니다. 그러나 나폴레옹은 러시아를 정벌하려는 등 무리한 전쟁에서 크게 패배하면서 몰락하게 됩니다. 망명지였던 엘바 섬을 탈출해 재기에 성공하는 듯했지만 워털루 전투에서 영국, 프로이센 연합국에 패배한 후 남대서양의 세인트헬레나 섬에서 초라하게 생의 최후를 맞았습니다.

여기에서 잠시 생각해 보아야 할 문제가 있습니다. 정복 전쟁을 승리로 이끌면서 승승장구하던 나폴레옹이 패배하게 된 근본적인 원인은 무엇이었을까요? 그것은 나폴레옹 자신이 제국 확장과 함께 전 유럽에 전파한 대혁명의 정신인 자유, 평등, 박애에 있었습니다. 나폴레옹이 전파한 대혁명의 정신을 정복된 나라의 국민들도 배웠기 때문에 민족을 억압하는 지도자의 행위는 곧 혁명의 원칙을 위반하는 것임을 그들도 깨닫게 된 것이죠. 정복된 국민들은 나폴레옹의 억압에 반항하기 시작한 것입니다. 비록 15년이라는 짧은 기간 동안 "나의 사전에 불가능은 없다."라는 말과 함께 프랑스의 권좌에 머물렀지만 그의 존재는 프랑스 국민들에게 영광과 긍지의 상징으로 남아 있습니다.

프랑스 대혁명과 나폴레옹이 세계사에 끼친 영향

혁명을 지지하는 군인이자 시민 절대 다수의 지지를 통해 황제의 자리까지 오른 나폴레옹의 가장 큰 업적은 유럽 대륙 전체에 프랑스 혁명의 정신인 자유, 평등, 박애 사상을 전파한 것이다. 또한 프랑스 혁명의 영향을 받은 프랑스 식민지 아이티의 흑인 노예들은 자유와 독립을 쟁취하기 위해 1804년 나폴레옹이 파견한 대규모 원정군을 격파하고 독립하기도 한다. 물론 원정군 가운데 2만 명을 웃도는 수의 병사가 이 지역의 풍토병으로 숨졌지만, 세계사에 미친 프랑스 혁명의 영향은 크다. 이와 함께 프랑스 민법전은 세계 각국의 법 체계에 큰 영향을 미쳤으며 그가 건설을 지시한 개선문은 에펠탑과 더불어 파리의 가장 유명한 상징물이 되었다.

나폴레옹 몰락 이후 현재까지

　나폴레옹이 물러난 뒤 프랑스는 부르봉 왕조의 루이 18세(재위 1814~1824)와 샤를 10세(재위 1824~1830)가 차례로 즉위하면서 군주제가 되살아납니다. 그러나 국정을 혁명 이전으로 돌려놓을 수는 없었지요. 마침내 1830년 7월 혁명이 일어나 루이 필리프(재위 1830~1848)가 왕으로 추대되지만 2월 혁명으로 왕정복고는 끝이 나게 되고 제2공화정이 선포되었습니다. 나폴레옹의 조카인 샤를 루이 나폴레옹 보나파르트는 나폴레옹에 대한 향수를 간직하고 있는 유권자들의 지지에 힘입어 대통령 선거에서 당선됩니다. 그러나 그는 권력을 놓치고 싶지 않은 욕심에 나폴레옹과 마찬가지로 쿠데타를 일으켜 프랑스 제2제정(1852~1870)의 황제, 즉 나폴레옹 3세가 되었습니다. 하지만 제2제정 역시 몰락하고 제3공화정(1870~1940)이 시작되어 오늘날까지 공화국 체제가 면면히 이어져 오고 있습니다. 절대 왕정이 무너진 후 왕정과 공화정을 혁명과 쿠데타로 번갈아 가며 혼란과 진통을 겪었던 프랑스는 현재 제5공화국이며 그 첫 대통령은 샤를 드골이었고, 프랑수아 미테랑과 자크 시라크를 거쳐 현재 프랑스 대통령은 2012년 5월에 취임한 프랑수아 올랑드입니다.

4. 프랑스인과 그들의 삶을 위한 문화

　어느 나라나 국가를 빛내거나 위기로부터 자국을 구한 위인들을 존경하는 것은 마찬가지일 겁니다. 프랑스 사람들 역시 이와 다르지 않죠. 과연 프랑스인들이 존경하고 위인들이라고 생각하는 사람들은 누구일까요? 파리에 있는 팡테옹에 가 보면 이에 대한 적절한 답을 찾을 수 있을 겁니다. 건물 앞면에 "조국이 위대한 사람들에게 감사하는 마음으로."라는 문구가 새겨진 것에서 짐작해 볼 수 있듯이 프랑스의 역사에 이름을 남긴 위인들과 영웅들이 안치되어 있는 곳이 바로 팡테옹이기 때문입니다. 1789년에 완성된 팡테옹은 처음에 루이 15세가 교회로 지은 것을 나라를 위해 애쓴 사람들을 위해 국립묘지로 바꾸었습니다. 마리 퀴리와 같은 학자에서부터 대문호 빅토르 위고, 알렉산드르 뒤마, 에밀 졸라, 루소와 볼테르 같은 계몽사상가들에 이르기까지 이곳에 안치되어 있는 사람들은 살았던 시기, 직업, 성별을 막론하고 모두 프랑스뿐만 아니라 세계 역사에 길이 빛날 수 있는 훌륭한 행적을 남긴 사람들이라고 할 수 있습니다.

팡테옹. 파리에 있는 국립묘지로 국가를 빛낸 시인, 학자, 정치가 등이 안치되어 있다.

프랑스인들의 패션, 멋의 시작

'오트쿠튀르(haute couture)' 우리 귀에도 낯설지 않은 이 말은 원래 고급 의상점을 의미합니다. 요즘은 주로 '의상 발표회'의 뜻으로 많이 사용되는데 흔히 프랑스 패션의 대명사처럼 사용되고 있습니다. 그래서일까요? 프랑스를 여행하다 보면 자기의 체형이나 취향에 맞는 개성 있는 옷을 입고 거리를 오가는 프랑스 사람들을 많이 만나게 됩니다. 게다가 머리 모양도 어떤 것이 유행인지 헷갈릴 정도로 다양하죠. 프랑스는 실제로 패션 강국입니다. 루이비통, 샤넬, 디올 등 세계적으로 유명한 패션 디자이너들을 많이 배출한 나라이기도 하고 '꿈', '희귀함', '고급스러움' 등의 상징성이 중시되는 세계적인 명품 브랜드를 가지고 있는 나라이기도 하지요.

하나의 언어

봉주르! 프랑스어의 발음은 아주 부드럽다고 생각하는 사람들이 많습니다. 프랑스어의 철자는 영어와 똑같이 자음 20개와 모음 6개로 26개인데 음성을

가브리엘 샤넬

가브리엘 샤넬의 활동 당시 모습

가브리엘 샤넬은 '코코'라는 별명으로 우리에게 더욱 친숙하다. 장식이 많은 드레스 속에 숨이 막히도록 꽉 죄는 옷차림에서 가볍고 입기 편한 샤넬 수트를 개발해 여성의 옷에 대한 개념 자체를 바꾸어 버린 샤넬! 열정과 도전 정신으로 여성에게 자유를 선물한 패션의 혁명가 샤넬은 어떤 여성일까? 사실 그녀의 유년기는 매우 가난하고 불행했다. 아버지에게 버림받고 수도원에서 운영하는 고아원 생활을 하며 힘겹게 살아온 샤넬은 자신이 처한 상황에 좌절하지 않고 언제나 꿋꿋하게 꿈을 향해 나아갔다. 오랜 가난과 시행착오 끝에 모자 디자이너에서 패션 디자이너의 길로 들어선 후. 천부적인 재능과 끝없는 노력으로 시대를 앞서간 샤넬의 의상은 사회적으로 큰 반향을 불러일으켰다. 당시 1900년대의 멋쟁이 여성들은 지나치게 장식이 많고 움직이는 데 불편한 옷을 입었다. 머리카락은 위로 올려 얹고, 그 위에 장식이 많은 모자를 썼으며, 옷깃을 높게 해서 목이 길고 가늘어 보이도록 했다. 더구나 허리를 꽉 조이는 코르셋, 긴 속바지, 속치마, 몇 겹의 페티코트 그리고 그 위에 장식이 많은 드레스까지 입어 매우 불편한 옷차림이었으므로 당연히 이런 옷을 입고 집안 살림이나 일은 할 수 없었다. 이런 옷차림은 대부분 여유 있는 상류층 여성들의 차지였다. 샤넬은 편안한 옷을 만들어 일하는 여성에게 자유를 주었다. 패션 디자이너로서의 삶은 샤넬에게 부와 명예를 안겨 주었다. 하지만 그녀의 삶이 언제나 평탄하고 평화로웠던 것만은 아니었다. 사랑하는 사람들의 잇따른 죽음으로 평생을 고통과 외로움 속에서 살았고, 이기적이고 고지식한 성격으로 많은 사람들에게 미움을 받기도 했다. 그러나 샤넬은 개성을 살릴 수 있는 새로운 디자인의 옷을 개발하면서 죽는 순간까지 일에 대한 열정을 불태웠다. 그녀가 세상을 떠난 후 지금까지 그녀가 보여 준 새로운 사고방식과 창조적이고 열정적인 삶은 끝없이 편견과 싸우며 시대를 살아간 여성의 예술 활동을 보여 준다.

잘 표시하기 위한 보조기호가 5개 더 있습니다. 프랑스어는 문자와 발음 간의 관계가 1:1의 관계가 아니기 때문에 철자와 발음 사이의 관계를 잘 알고 기억해야 합니다. 대개의 경우 마지막 자음을 발음하지 않지요. 프랑스어가 부드럽게 느껴지는 것은 단어를 연결해서 읽는 연독 현상인 리에종과 앙셴망, 그리고 음성 면에서 다른 언어에 비해 월등한 모음의 숫자 때문입니다. 리에종과 앙셴망 이 두 연독의 차이점은 연독되는 앞 단어 끝 음절의 자음이 발음되느냐 아니냐 하는 것이지요. 그리고 프랑스어 음성 가운데 모음은 16개나 되고 이 가운데 비모음이 4개이고 반자음 혹은 반모음이라고 하는 음성이 3개나 있기 때문입니다. 프랑스인들은 자신들의 언어인 프랑스어에 대한 자부심이 대단한 것으로 유명합니다.

프랑스는 국가 차원에서 체계적으로 언어와 관련한 정책을 실시한 나라였습니다. 이에 따라 프랑스어는 국력의 신장과 문학의 보급을 통해 이미 12, 13세기부터 국제어로서의 위상을 갖추어 가게 되었습니다. 루이 14세가 통치하던 시기의 프랑스어는 막대한 영향력을 가지고 있어 모든 외교 협약은 프랑스어로 쓰였고 유럽 각국의 궁중과 귀족들은 프랑스어를 사용하는 것을 교양으로 생각할 정도였습니다.

아주 먼 옛날, 골족이 살던 오늘날의 프랑스 영토는 로마 제국의 속국으로 갈리아라고 불렸다는 것은 앞에서 이야기했었죠! 그러니까 프랑스어는 라틴어가 프랑스 지역의 골어와 결합하여 만들어진 언어입니다. 로마 제국이 소멸한 이후에도 지배 계층의 언어인 라틴어와 일반 민중들의 언어인 프랑스어는 일정 기간 동안 함께 사용되었지요. 프랑스어의 역사에서 프랑스어가 새로운 국가 언어로 확립된 시기는 프랑수아 1세의 집권기까지 거슬러 올라갑니다. 학문과 예술을 사랑하여 프랑스의 르네상스를 꽃피게 했던 프랑수아 1세는 국가의 통치를 위한 언어의 중요성을 자각했던 진정한 군주였습니다. 새로운 국

「레미제라블」로 우리에게 친숙한 빅토르 위고. 그의 유해는 1885년 국장을 통해 팡테옹에 안치되었다.

가 언어로서 프랑스어의 지위는 1539년 프랑수아 1세가 발표한 빌레르 코트레 칙령으로 강화되었습니다. 모든 사법과 행정적인 절차와 관련해서는 프랑스어만 사용할 것을 규정하는 것인데, 국가의 기반을 든든히 세우기 위해 언어의 통일을 실현한 것이라고 할 수 있지요. 칙령이 발표되기 전 프랑스에서는 다양한 지역어들을 사용하고 있었습니다. 오늘날의 프랑스어로 발전한 프랑시앵어는 당시 일 드 프랑스 지역에서 사용되고 있던 지역어 가운데 하나에 불과했지요. 프랑시앵어, 즉 오늘날의 프랑스어는 대혁명을 기점으로 확고한 공식 언어로 자리매김하게 되었습니다. 그런데 그 먼 옛날 프랑스어의 위상을 굳건히 하는 데 힘쓴 군주가 존재했었다는 사실이 놀랍지 않나요? 프랑스인들의 프랑스어에 대한 자부심은 아마도 이때부터 싹트기 시작했다고 생각할 수 있을 거예요. 프랑스는 세계적으로 유명한 작가를 많이 배출한 나라입니다.

언어와 관련하여 자부심이 강한 프랑스가 최근 21세기에 들어서면서 정말 고민해야 할 문제가 생겼습니다. 그것은 영어가 더 이상 앵글로색슨의 언어만이 아니라 세계적인 의사소통의 수단으로 부상하고 있다는 것입니다. 프랑스에서는 영어의 무절제한 사용을 개탄하는 '프랑글레'라는 용어까지 등장했습니다. 이제 영어가 모국어가 아닌 나라에서 발행하는 해외 홍보물이나 웹사이트는 거의 예외 없이 영어로 제일 먼저 만들어지고 있는 실정입니다. 이러한 영어권 인구의 지속적인 확산에 대해 과거 유럽의 외교어로서 위상을 자랑하던 프랑스어가 위협을 느낀 것은 당연하다고 할 수 있을 거예요. 이에 프랑스

프랑코포니는 프랑스어권, 즉 프랑스어를 사용하는 49개 국가들의 집합체를 의미한다. 프랑스어권 나라들은 대부분 과거 프랑스의 식민지라는 역사를 가지고 있다. 현재 프랑스어는 벨기에, 스위스, 룩셈부르크, 모나코 등의 유럽 국가, 모로코와 알제리를 포함한 북서부 아프리카 지역의 국가, 북미 캐나다의 퀘벡 주, 타이티, 뉴칼레도니아, 기아나 등 과거 프랑스가 지배했던 지역의 국가, 중동의 레바논과 아시아의 인도차이나 반도 등지에서 사용되고 있다.

정부는 프랑스어권을 중심으로 정기적인 회담을 여는 등 프랑스어의 위상을 지키기 위해 대단한 노력을 경주하고 있습니다.

지적인 살롱, 카페 문화

프랑스에서 부활절이 가까워 오면 날씨가 맑고 기온이 따뜻해지기 시작해서 야외 활동을 하기에 딱 좋은 환경이 됩니다. 사람들이 가벼운 옷차림을 하고 공원으로 산책을 가거나 카페에 둘러앉아 자유롭게 대화를 나누는 모습은 아주 흔한 풍경이지요. 햇볕을 최대한 많이 쐬려는 듯 노천카페를 찾기도 합니다. 프랑스에서 카페는 단순히 커피나 차만 주문해서 마시는 공간이 아닙니다. 문인들에게는 글을 쓰는 장소로 활용되거나 강연이 펼쳐지는 곳이기도 합니다. 대혁명 시기, 카페는 모임 장소였고 변화의 시기를 갈망하던 사람들이 토론과 논쟁을 벌이던 곳이었습니다. 1686년 파리에 세워진 카페 '르프로코프'는 볼테르, 디드로 등 계몽주의 사상가들이 모이던 곳이었습니다. 즉 17, 18세기에는 오늘날에 비해 신문이나 책과 같은 인쇄물의 보급이 제대로 이루어지지 않던 시절이었으므로 살롱이나 카페가 다른 사람들과 생각을 공유하고

19세기 말과 20세기 프랑스의 지성과 문화의 중심지 역할을 했던 카페 레 되 마고. 시몬 드 보부아르와 장 폴 사르트르가 글을 쓰기 위해 자주 들렀던 카페였으며 생텍쥐페리, 장 지로두 등 당대의 유명 문인, 지식인, 정치인들이 즐겨 찾던 카페로 유명하다. 오늘날에는 주로 한국인이나 일본인 관광객들이 모여드는 관광 명소로 파리생제르맹에 있다.

토론할 수 있도록 장소를 제공했던 것입니다.

살롱은 원래 귀부인들이 마련한 일종의 사교 모임이었습니다. 살롱의 가장 큰 특징은 주어진 대화 주제에 대한 자유로운 토론이었기 때문에 살롱에 모이는 사람들에게 요구되는 능력은 교양을 갖춘 말솜씨와 세련된 토론 능력이었어요. 프랑스의 대표적인 계몽사상가인 볼테르나 루소 등도 살롱을 대화와 토론의 장소로 활용했습니다. 이에 따라서 살롱에서 다루어지는 주제는 점차 다양해지고 정치나 사상, 철학과 같은 주제도 다루어지게 되었습니다. 계몽사상은 이렇게 진취적인 여러 사상가들의 자유로운 대화와 토론을 통해 일반인들에게 전파되었고 국가, 권력, 종교 생활에 대한 국민들의 생각을 변화시켰던 것입니다. 당시 신분제 사회에서 귀족과 성직자의 특권을 의심 없이 당연하게 여기는 고정된 생각에 변화의 바람을 불어넣은 사상이 바로 계몽사상입니다.

맛과 멋의 음식 문화

프랑스를 여행한 경험이 있는 사람이라면 보통 점심시간(오후 12시~2시)에 시내의 크고 작은 상점들과 식료품점까지 일제히 문을 닫는 바람에 곤란을 겪은 적이 있을 겁니다. 대부분의 프랑스인들은 프랑스 음식을 세련된 문화의 일부로 여기고 있는데, 이 때문에 음식 문화에 있어서 식사 예절과 지켜야 할 원칙들도 중요하게 생각합니다. 그래서인지 프랑스인들은 식사 시간을 중시하며 먹는 것을 제대로 지킬 줄 아는 사람들이라고 할 수 있습니다. 또한 프랑스인들은 자국의 음식에 대한 자부심이 대단해서 1895년에 '르 코르동 블루'라는 요리 학교를 세워 프랑스만의 요리 문화와 제과 및 제빵 기술을 적극 홍보하여 국제적인 명성을 얻어가고 있습니다. 요리를 예술의 차원으로 승화시켰다는 르 꼬르동 블루의 사례는 한국 음식의 세계화를 통해 그 우수성을 알리고자 하는 우리나라에도 의미하는 바가 크다고 할 수 있어요.

물론 패스트푸드점이 많이 들어서는 바람에 프랑스 사람들도 점점 다이어트에 관심을 갖는 추세가 되었으며 여성들의 사회적 참여가 늘어나고 직장인들의 식사 시간은 많이 줄어들어 외식 습관에도 많은 변화가 생겨났지요. 예를 들면 젊은 세대일수록 전자렌즈에 해동해서 간편하게 먹을 수 있는 냉동식품을 선호하게 되었습니다. 이에 따라 냉동식품만 전문으로 취급하는 곳도 생겨나고 대형 매장에서도 냉동식품을 찾는 수요가 늘고 있어요. 하지만 아직도 많은 수의 프랑스인들은 집에서 직접 음식을 만들어 놓고 가까운 친구나 동료들을 집으로 초대하는 것을 가장 좋아합니다. 식사 준비가 다 되었음을 알리는 '마담 에 세르비'라는 말과 함께 등장하는 다

르 코르동 블루의 엠블럼

양한 소스와 여러 가지 재료를 사용해 다채롭게 만들어 놓은 음식을 먹다보면 프랑스의 요리 문화가 서양 요리 가운데 으뜸인 이유를 알 수 있을 겁니다.

프랑스 식탁에서 빼놓을 수 없는 것은 치즈와 포도주입니다. 포도주는 모든 요리에 곁들이며 주인은 식사하는 동안 손님의 잔이 비지 않도록 따라 주는 일을 맡습니다. 본 식사가 끝나면 치즈와 후식을 먹습니다. 프랑스인들은 치즈를 먹어야 비로소 식사를 제대로 했다고 생각합니다. 보통 서너 종류의 치즈를 나무 도마 위에 올리는데 조금씩 잘라 빵과 함께 먹습니다.

프랑스인들은 치즈를 먹어야 식사를 제대로 했다고 생각한다.

한편 거위의 간 푸아그라는 송로버섯, 캐비어와 더불어 세계 3대 진미로 꼽히는 프랑스의 대표적인 고급 요리입니다. 푸아그라를 맛보면 이를 요리로 개발해 낸 프랑스 사람들의 뛰어난 미각에 탄복하지 않을 수 없다고 합니다. 그러나 거위에서 푸아그라를 얻어 내기 위한 과정은 참으로 잔혹하죠. 간을 비대하게 만들기 위하여 거위를 움직일 수 없는 좁은 철창 안에 가두고 거위 주둥이에 강제로 깔대기를 꽂아 사료를 퍼 넣습니다. 철창에 갇힌 거위의 처절한 모습과 고급 레스토랑에서 푸아그라 요리를 즐기는 그들의 우아한 모습이 묘한 대비를 이룬다고 할 수 있습니다.

포도주

포도주는 프랑스인들에게 술이자 음료수이다. 포도주는 많은 양을 마시면 분명 취하게 되는 술이지만 물속에 섞여 나오는 석회 성분은 프랑스를 포함한 유럽 지역에서 포도주가 발전하게 된 배경에 대한 이해를 제공해 준다. 프랑스 대부분의 가정에서 일상적으로 마시는 식사용 포도주(테이블 와인 프랑스어로는 뱅 드 타블르)는 당연하게 고급 포도주보다는 질적으로 조금 떨어지는 포도주가 사용되며 술에 약한 사람은 물을 타서 마시기도 한다. 보르도와 부르고뉴 지방에서 생산된 포도주는 세계적으로 유명하고 우리에게도 널리 알려져 있다. 요즘은 그 인기가 시들해졌지만 '보졸레 누보'가 한동안 대단한 인기를 누렸다. 보졸레 누보란 매년 그해 9월에 수확한 포도를 11월까지 저장했다가 숙성시킨 뒤 전 세계적으로 11월 셋째 주가 되면 동시에 출시한다는 기발한 아이디어를 마케팅화한 포도주 상품이다.

프랑스 보르도 지방의 포도밭

프랑스의 과학 기술, 모험과 도전

프랑스 하면 떠오르는 이미지는 흔히 문화와 예술의 나라라는 것이기 때문에 대개의 경우 프랑스가 과학 기술 분야에서도 뛰어난 국가인가 하는 점에는 의심을 품는 경우가 많습니다. 그런데 문화와 예술의 나라 프랑스는 과학 기술 분야에서도 매우 뛰어난 실력을 보여 주는 첨단 과학 기술 국가입니다. 프랑스인들의 세상을 새롭게 바라보는 시각, 모험과 도전 정신이 유독 돋보이는 분야이지요.

지금은 사용하지 않지만 프랑스는 '정보 통신망 미니텔'을 통해 미국에 앞서 오늘날 인터넷의 원형이라고 할 수 있는 사업을 주도적으로 펼쳤습니다. 전화번호, 기차표 예약, 날씨 조회 등 미니텔은 당시 프랑스에서 선풍적인 인기를 끌었던 매력적인 기술이었습니다. 원자력 기술 분야에서도 프랑스는 원자로 등 주요 설비를 제조해 수출하는 세계 최대 원전 수출 국가입니다. 중동 지역 아랍에미리트의 아부다비에서 처음으로 추진되는 원자력 발전 사업에 참여하기 위해 우리나라와 함께 경쟁을 벌였던 프랑스의 아레바 사를 기억하고 있나요? 아레바 사는 프랑스 내 원자력 기업들이 합병해 설립한 회사로 원자력 설비를 제조하는 회사입니다. 규모 면에서 볼 때 한국전력의 거의 3배에 이릅니다. 또한 1981년에 처음 탄생한 이후부터 프랑스의 도심과 도심을 연결하는 고속 철도 테제베는 멋진 교통수단으로 높은 철도 기술력을 보여 주지요. 다음으로 최첨단 기술을 보유하고 있는 프랑스의 항공 우주 산업을 살펴볼까요. 한때 비행기의 대명사이기도 했던 '콩코드'는 프랑스와 영국이 함께 개발한 초음속 제트 여객기입니다. 현재 세계에서 가장 덩치가 큰 상업용 비행기인 A380을 만든 유럽 에어버스 사는 미국의 보잉 사와 첨예한 대결을 벌였는데, 여기에서도 프랑스가 주도적인 역할을 하고 있지요. 한편 프랑스는 전통적으

208

로 우주 강국으로 불리는 미국과 러시아에 비해 우주 기술 개발에서는 뒤처졌지만 상업용 우주 시장의 50%를 점유한 선두 주자로 꼽힙니다. 유럽 내에서 우주 산업과 관련한 예산 및 규모가 가장 크며 유럽 내 우주 활동에서 가장 큰 영향력을 발휘하고 있는 것만 보아도 알 수 있지요. 프랑스가 개별 국가 차원에서 우주 개발에 나서지 않은 이유는 혼자 힘으로는 미국의 아성에 도전하기가 힘들다고 판단했기 때문입니다. 또한 우주 산업은 엄청난 자본과 기술력이 필요한 만큼 유럽 국가들이 뭉쳐야 승산이 있

프랑스의 아리안스페이스. 2009년에만 발사된 아리안5호 로켓은 모두 발사에 성공했다. 우리나라의 통신해양기상위성도 이곳으로 옮겨져 발사되어 우주로 날아간다.
ⓘ David/flicker

다고 판단한 것이지요. 상업 위성은 미국의 독점물이었는데 아리안의 등장으로 경쟁 시대에 돌입했다고 할 수 있습니다. 여기에 덧붙여 프랑스가 우주 개발 산업에서 독보적인 위치를 차지하게 된 데에는 나름대로의 이유가 있습니다. 미국이 국력 유지 차원에서 우주 기술 수출을 꺼리는 사이 프랑스는 통신 위성이나 기상 관측 위성 등 상업용 우주 산업이라는 새로운 모험에 과감하게 도전을 한 것이지요. 아리안 로켓은 세계 최대의 상업용 위성 발사 로켓입니다. 프랑스 주도하에 유럽 우주 기구와 프랑스 국립 우주 연구소가 만든 우리나라 최초의 정지 궤도 방송 통신 위성 '무궁화'가 바로 이 아리안 로켓에 실려 우주로 발사됐지요. 우리나라의 항공 우주 기술 수준은 지난 15년간 빠른 속

조제프 미셀 몽골피에

자크 에티엔 몽골피에

몽골피에 형제의 열기구

몽골피에 형제는 제지 공장을 경영하는 피에르 몽골피에의 16명의 아이들 가운데 각각 열두 번째와 열다섯 번째로 태어났다. 어려서부터 과학 실험에 관심이 많았던 이들 형제는 가열한 공기를 종이나 직물 자루에 모으면 자루가 공중으로 떠오른다는 것에 착안하여 열기구를 만들 수 있다는 생각을 하게 되었다.

도로 발전해 왔어요. 러시아 기술의 힘을 빌려 개발한 나로호는 비록 궤도 진입에는 실패했지만 발사체 개발과 발사 기술에서 상당한 진보를 이뤄 낸 것입니다. 우주 개발은 한 번 실패했다고 포기할 것이 아니라 시행착오 속에서 배워 나가는 것이지요. 프랑스인들의 도전과 모험 정신은 우주라는 무궁무진한 산업 분야에서 지난 15년간 빠르게 성장해 온 우리에게 시사해 주는 바가 있다고 할 것입니다.

사실 인간은 오래전부터 하늘을 나는 꿈을 꾸어 왔다고 할 수 있습니다. 예컨대 르네상스 시대의 예술가로 더 잘 알려져 있는 이탈리아의 천재 과학자 레오나르도 다빈치는 새의 날개와 같은 기구로 하늘을 날 수 있다고 생각한 사람이었죠. 다빈치가 상상력을 제공했다면, 프랑스의 몽골피에 형제는 이러한 상상력에 대해 도전하고 모험을 시도하여 성공한 경우라고 할 수 있습니다. 1783년 9월 조제프 몽골피에는 동생 자크와 함께 양, 닭, 오리를 태운 기구를, 같은 해 11월에는 인류 최초로 사람을 태운 기구를 하늘로 띄워 보내는 데 성공 했습니다. 이처럼 몽골피에 형제가 열기구 비행을 성공할 수 있었던 것은 상상력과 기구를 만드는 기

프랑스의 계몽사상가인
루소(위)와 볼테르(아래)

술을 잘 조화시킨 것뿐 아니라 끊임없는 도전 때문입니다. 모험을 즐길 줄 아는 프랑스인들의 모습을 잘 보여 주는 예입니다.

프랑스가 첨단 과학 기술 분야에서 뛰어난 실력을 발휘할 수 있게 된 힘의 원동력은 무엇일까요? 사실 프랑스의 과학과 기술의 역사를 유럽 전체의 과학과 기술의 역사와 따로 떼어 생각할 수는 없습니다. 왜냐하면 중세 이래로

근대 철학의 아버지로 불리는 데카르트. 그의 저서 『방법 서설』에 나오는 "나는 생각한다. 고로 존재한다."는 인간의 이성을 중시하는 데카르트 철학의 중요한 원리를 이룬다.

부터 유럽 각국의 학자들이나 장인들의 교류가 활발했었기 때문이에요. 하지만 이 가운데 17세기 중반에 확립된 데카르트의 합리주의, 18세기 사상, 종교, 학문 전반에 풍미했던 프랑스 계몽주의와 과학적인 세계관, 19세기 오귀스트 콩트의 실증주의, 그리고 20세기 프랑스 과학자들과 철학자들의 활동은 매우 돋보이는 역할을 해 왔습니다. 즉 세상을 새롭게 바라보는 시각, 모험과 도전의 정신은 오늘날에 이르기까지 면면히 이어져 프랑스의 과학 기술을 발전시킨 것이에요. 또한 기술적으로 완성도 높은 물건을 만드는 일을 중시하는 프랑스인들의 태도에 영향을 끼친 중요한 요소였다고 할 수 있겠습니다.

5. 프랑스의 주요 지역 탐색

파리

　프랑스의 도시들은 저마다 독특한 역사와 특색을 가지고 있지만, 파리는 프랑스에서 수도 이상의 의미를 가진다고 할 수 있습니다. 과거 프랑스의 왕들이 파리를 중심으로 강력한 중앙 집권 정치를 펼쳐온 전통이 있었기에 오늘날 파리의 면모를 갖출 수 있었어요. 파리는 프랑스의 수도로서 정치, 경제, 문화, 예술의 중심이라고 할 수 있습니다.

　BC 51년 갈리아를 점령한 로마인들은 당시만 해도 늪지였던 지금의 시테 섬을 중심으로 이루어진 작은 마을을 '루테치아'라고 불렀습니다. 파리의 기원이 된 곳이죠. '파리'라는 이름은 기원전부터 이곳에 살던 '파리지'라는 켈트족 일파의 이름에서 비롯된 것입니다. 소르본 대학교가 들어서 있는 센 강 좌안의 생미셸 지역은 라틴 구역이라는 뜻의 '카르티에 라탱'이라고 부릅니다. 지금도 이곳에는 갈로로만 시대의 공중목욕탕과 같은 유적지가 남아 있지요.

　파리는 면적이 105km²밖에 되지 않아 아담하다고 느껴질 정도입니다. 파리가 지금과 같은 모습을 갖기 시작한 것은 19세기 들어 나폴레옹 3세의 지시에 따라 조르주 외젠 오스만 남작이 시행한 파리 정비와 파리 박람회를 개최하면서부터라고 할 수 있습니다. 런던에 체류한 경험이 있었던 나폴레옹 3세는 파리를 깨끗하고 교통이 편리한 현대 도시로 새롭게 정비하고 싶어 했습니다. 당시 파리는 길이 어두운데다 구불구불하고 비좁았기 때문에 채광뿐 아니라 공기의 순환이 제대로 이루어지지 않아 불결했고 급기야 1832년에는 콜레라가 유행하기까지 했거든요. 또한 대혁명 이후 쿠데타와 혁명이 반복되면서 사회 혼란이 이어지고 있어서 불만을 가진 시민들이 일으키는 폭력과 시위 등을

주변의 가지런한 높이의 건물들과 넓고 곧은 거리의 샹젤리제

곧바로 진압하기 위해서는 숨을 곳이 마땅하지 않도록 눈에 띄게 넓고 확 뚫린 대로가 필요했습니다. 이에 따라 오스만 남작은 무엇보다 파리를 청결하고 교통이 편리하며 싸움과 혼란이 없는 도시로 만드는 데 심혈을 기울였습니다. 우선 구불구불하고 좁은 골목길을 없애는 한편 동서와 남북으로 시원하게 뚫린 넓고 곧은 거리를 만들었고 오밀조밀 작은 건물들을 헐어 가지런한 높이의 건물을 짓고 공원 등을 조성하였으며 대혁명 당시 심하게 파손된 건물들은 대대적인 보수 공사를 통해 복원했습니다. 가르드리옹과 가르드레스트와 같은 기차역이 새롭게 건축되고 기존의 불로뉴 숲과 뱅센 숲이 산책로, 호수, 연못

개선문 주변의 넓고 곧게 뻗은 장방형 대로의 모습

1937년 파리 만국 박람회의 에펠탑 모습. 왼쪽이 독일, 오른쪽이 소련관이다. 에펠탑은 1889년 파리 만국 박람회에 맞춰 완공된 철탑으로 당시 인공 건조물로는 세계 최고의 높이였다. 처음에는 흉측한 건축물이라는 비난과 조롱이 거셌지만, 현재는 프랑스 파리하면 가장 먼저 떠오르는 대표적인 상징이다.

등이 어우러진 시민들의 휴식 공간으로 탈바꿈한 것, 샹젤리제 주변의 가로수를 따라 넓고 곧게 뻗은 거리는 모두 이 시기에 이루어진 것입니다. 자, 파리의 다양한 유적지를 살펴보도록 해요.

파리는 1855년 첫 박람회를 시작으로 1937년까지 무려 여덟 차례의 박람회를 개최합니다. 오늘날 프랑스 파리 하면 누구나 머릿속에 떠올리는 에펠탑은 1889년 파리 만국 박람회에 맞춰 완공된 건축물입니다. 오스만 남작의 정비 이후 박람회를 계기로 파리는 유행이라는 것을 세계에 퍼뜨리는 예술과 문화의 도시로 자리매김하였습니다.

문화와 예술의 나라 프랑스는 크고 작은 미술관과 박물관들의 숫자만 약 2500여 개를 헤아립니다. 이 가운데 대표적인 3대 미술관과 박물관은 바로 파

루브르 박물관

리에 있는 루브르, 오르세, 퐁피두입니다.

루브르 박물관은 원래 12세기 말경 이민족의 침입에 대비하여 필리프 2세가 축조한 성채를 프랑수아 1세가 르네상스 양식에 따라 새로 증축한 궁전이었습니다. 왕실 소장품을 비롯하여 레오나르도 다빈치의 '모나리자' 등과 같은 거대 작품과 고대 조각 작품을 보관하게 되면서 루브르는 점차 박물관으로서 변모하게 되었죠. 이후 루이 14세가 베르사유 궁전으로 옮겨가면서 루브르는 아카데미가 주도하는 전시회를 여는 장소가 되었습니다. 프랑스 대혁명 이후부터 '중앙 미술관'으로 부르게 되었고, 나폴레옹 시대에는 그가 가져온 전리품들이 루브르를 채우게 되었습니다. 미테랑 대통령은 '궁전 전체를 미술관으로'라는 그랑 루브르 계획의 일환으로 대대적인 보수 작업을 실시했습니다. 루

오르세 미술관 내부 전경

브르 궁전의 중앙 정원인 나폴레옹 광장에 서 있는 '유리 피라미드'는 중국계 미국인 건축가 이오 밍 페이의 설계로 프랑스 혁명 200주년을 기념하는 1989년에 완공된 건축물입니다.

오르세 미술관 건물은 원래 1804년 최고 재판소로 세워진 오르세 궁이었으나 화재가 난 뒤 다시 파리 만국 박람회 관람자들을 위해 1900년에 오르세 기차역으로 다시 지어졌습니다. 그 후 지하철이 개통되자 도심지역의 기능을 상실하면서 기차역은 문을 닫게 되었습니다. 오랜 시간이 지난 후 미테랑 대통령에 의해 미술관으로 개조되어 마침내 1986년에 미술관으로 재탄생했습니다. 오르세 내부는 기차 역사의 커다란 창과 거대한 유리 돔을 통해 자연 채광을 한껏 끌어들이고 있는데, 이점은 특히 인상파 화가들의 작품들을 감상하는 데 최적의 조건이 됩니다. 이 자연 채광의 변화가 인조광과 함께 조명을 만들어 냄으로써 오르세 미술관이 소장하고 있는 인상파 그림을 감상하기에 안성맞춤이기 때문이지요.

1977년에 완공된 퐁피두 문화센터는 하루에도 수천 명의 사람들이 찾는 대중 문화 공간으로 겉모습부터 아주 특이합니다. 투명한 유리 캡슐을 통과하는 듯한 에스컬레이터가 외부에 드러나 보이고 대형 공장을 떠올리게 하는 적색, 청색, 녹색의 긴 파이프와 철로 된 선들이 건물을 연결하고 떠받치고 있기 때문입니다. 미술, 음악, 디자인, 영상 등 다양한 문화 시설을 폭 넓게 갖추고 있

는 현대 예술의 메카라고 할 수 있습니다. 또한 퐁피두 문화센터 안에 있는 국립현대미술관은 야수파, 입체파 회화에서 초현실주의까지 프랑스 현대 미술뿐 아니라 아방가르드의 최근 작품에 이르기까지 뉴욕현대미술관과 함께 세계에서 가장 많은 현대 창작품을 소장하고 있는 곳입니다.

프로방스 지방

프랑스 남부의 프로방스 알프코트다쥐르 지방은 독특한 지방색을 간직한 매력적인 곳입니다. 휴양 도시인 칸, 니스는 활동하기에 기온이 적당하고 햇

칸의 전경

빛이 많아 사람들이 모여드는 곳입니다. 이 가운데 칸은 세계 영화제 가운데 하나인 '칸 영화제'로 우리에게 더욱 익숙한 곳이에요. 최근에는 영화배우 전도연이 이창동 감독의 '밀양'으로 여우주연상을 수상하는 등 우리나라 배우들이 다양한 작품을 통해 세계의 영화인들과 교류하는 곳이지요.

일 년의 365일 가운데 360일이 맑은 날이라고 할 정도로 햇빛이 많은 곳, 신선한 바람 미스트랄이 부는 곳, 실편백나무들과 보라색 라벤더가 사방에 널려 색의 향연과 향기를 내뿜는 곳, 올리브와 포도밭들이 들어선 곳, 그리고 산책로 나무그늘 아래에서 어른들의 구슬치기 '페탕크' 놀이를 즐기는 사람들의 모습은 프로방스에서 만나게 되는 풍경들입니다.

아비뇽 교황청 전경. 오랑 주와 아를 사이에 있는 아비뇽은 아비뇽 축제가 열리는 곳으로 중세 도시의 풍경이 물씬 풍기는 역사적 도시이다. 아비뇽 유수 사건으로 클레멘스 5세를 비롯하여 교황 7명이 로마 교황청이 아닌 이곳 아비뇽에 살았기 때문에 우리에게 더 익숙하다. 오늘날은 연극제로 더 유명하다.

아를

눈부신 햇빛이 일 년 내내 내리쬐는 프로방스의 작은 도시 아를 또한 유명한 곳입니다. 아를의 태양과 강렬한 색채는 수많은 예술가들의 창작 열기를 불러일으킨다고 합니다. 그래서인지 아를은 반 고흐를 비롯한 많은 예술가들이 머물렀던 곳이었고 지금도 많은 화가들이 작품 활동을 하는 곳이지요.

한편 아를은 『별』이라는 감동적인 소설로 우리에게 낯익은 프랑스 소설가 알퐁스 도데가 살았던 곳이기도 합니다. 여러분도 모두 이 소설의 내용에 대해서는 잘 알고 있겠지

알퐁스 도데

반 고흐

네덜란드의 인상파 화가인 반 고흐는 런던, 파리를 거쳐 아를에서 많은 그림을 그렸다. 그가 그린 대표작으로 『고흐의 침실』, 『밤의 카페 테라스』, 『랑그루아 다리』, 『황금빛 밀밭』, 『열네 송이 해바라기』, 『아를의 여인』, 『론 강의 별이 빛나는 밤』 등을 남겼다. 고갱과 다툰 후 자신의 귀를 자른 고흐는 아를의 정신 병원에 수용되었었는데 그곳은 현재 반 고흐의 기념관이 되었다. 당시 반 고흐는 입원과 퇴원을 반복하였고 생레미 정신요양원에서도 1년을 보냈다. 1890년 생레미를 떠나 파리 오베르에서 자살을 시도하고 끝내 죽음에 이른다.

아를 원형 경기장. AD 90년 완성된 아를 원형 경기장은 60개의 아치와 규모 등 그 위용을 자랑한다. 원래는 3층 건물이었는데 19세기 초까지는 200여 가구가 살았던 요새였다고 한다. 현재는 약 2만 명을 수용할 수 있는 2층 규모의 경기장으로 남아 있다. 부활절 시기에는 에스파냐식 투우가 열려 대단한 인기를 누리고 있다.

요? 아를에서 북쪽으로 10km가량 떨어진 곳에는 퐁비에유 마을이 있는데 이곳에 알퐁스 도데의 풍차 박물관이 있습니다.

로마의 카이사르는 론 강의 풍부한 수량과 지중해까지 쉽게 이를 수 있는 거리상의 이점을 들어 이곳 아를을 전략적 요충지로 삼았다고 합니다. BC 1세기경 고대 로마의 지배를 받기 시작한 옛 프랑스 갈리아의 중심이었던 만큼, 아를에는 원형 경기장이 시내 중심에 자리 잡고 있고 고대 로마 극장, 목욕탕 그리고 생트로핌 성당까지 고대 로마와 중세의 유적지가 가장 많이 남아 있습니다. 프랑스 속에서 고대 로마의 모습을 그대로 만날 수 있는 곳이 바로 아를이지요. 따라서 아를에는 남프랑스의 지방색이 강하게 남아 있을 뿐 아니

고대 로마 극장. BC 12년에 완성되었다. 약 만 명을 수용할 수 있으며 지금도 여름에는 각종 콘서트가 열리는 문화 공간이다.

샌트로핌 성당.
12세기에 완성된 로마네스크 양식의 성당이다. 이 성당의 명칭은 아를 최초의 주교인 성 트로핌 주교의 이름에서 비롯된 것이다.

라 투우와 축제를 즐기는 사람들이 살고 있습니다. 아를 사람들이 좋아하는 투우에서 카마르그 지역 소개를 빠뜨릴 수 없겠군요. 카마르그 지역은 론 강 하구의 삼각주 지대에 펼쳐진 평야 지역으로 아직도 목동의 감시 아래 야생말과 소들이 뛰어다니는 모습을 볼 수 있습니다. 카마르그식 투우는 투우사가 소의 뿔 사이에 달아 놓은 장식을 벗겨 내는 것입니다. 스페인 투우와는 다르지만 투우사에게 대단한 용기가 필요하겠죠! 부활절 기간에는 원형 경기장에서 특별히 스페인식 투우를 합니다. 자, 아를의 유적지를 살펴볼까요?

마르세유

인구 규모 80만 명의 마르세유는 프랑스 제2의 도시이자 지중해 최대의 항구도시입니다. 지중해에서 매우 중요한 무역항이었던 마르세유에는 구항구와 신항구가 있는데, 신항구는 비교적 최근인 1975년에 건설된 곳이고, 구항구는 2600년이라는 매우 오래된 역사가 깃들어 있는 곳이지요.

구항구의 한복판에 있는 표지석에는 이 항구의 역사가 적혀 있는데, 이에 따르면 BC 600년경에 소아시아의 그리스 도시인 포카이아로부터 그리스 선원들이 도착해서 마르세유를 건설했다고 합니다. 구항구에는 매일 아침마다

마르세유의 구항구

어시장이 열리기 때문에 많은 사람들이 지중해에서 잡아 올린 물고기들을 사기 위해 북적대는 활기찬 곳이기도 합니다. 마르세유 사람들이 즐겨 먹는 음식 부야베스에는 지중해산 물고기 6종류가 들어간다고 합니다. 외국과의 교류가 빈번한 항구도시라서 그런지 마르세유는 이민자들이 많은 도시이기도 합

여기서 잠깐!

올리브의 색깔과 맛은 왜 다를까? 열매의 싱싱한 상태와 함께 짭쪼름한 맛에서부터 다양한 양념을 한 올리브에 이르기까지, 처음에는 모두 녹색이지만 익어가면서 조금씩 색깔이 변하게 된다. 녹색에서 보라색으로 그리고 검정색으로 변하게 된다. 즉 수확 시기에 따라 올리브의 색깔이 다르게 나타나는 것이다.

알렉산드르 뒤마의 소설 『몬테 크리스토 백작』의 배경이 된 이프 섬

알렉산드르 뒤마. 19세기 프랑스의 극작가이자 소설가인 알렉산드르 뒤마는 소설 『삼총사』, 『몬테크리스토 백작』으로 유명하다. 그의 유해는 탄생 200주년을 기념으로 2002년 팡테옹으로 옮겨졌다.

니다. 그중에는 세계적으로 널리 이름을 알린 사람들도 많지요. 프랑스를 대표하는 축구 선수 지네딘 지단에 대해 들어본 적이 있나요? 지단은 마르세유로 이주한 알제리 이민 가정 출신입니다.

구항구의 입구에는 생장 요새와 생니콜라 요새라고 하는 두 개의 요새가 자리 잡고 있습니다. 요새를 건설하는 목적이 보통 그 도시를 적의 침입으로부터 보호하기 위한 것이라고 한다면, 이 두 개의 요새는 마르세유를 보호하기 위한 목적으로 건설된 것이 아니라고 합니다. 요새의 포문이 바다가 아니라 도시를 향해 있거든요. 1660년 마르세유를 점령한 프랑스 루이 14세 왕정

프로방스 지방의 전통 인형 상통 '작은 성인'. 프로방스에서는 성탄절이 가까워지면 교회에 구유를 만드는 것이 전통이었다. 프랑스 혁명기에 교회가 폐쇄되고 구유 등 종교적 상징물의 설치가 금지되면서 각 가정에서는 저마다의 구유를 만들기 시작했다. 이후 직업적으로 상통을 만드는 사람들이 나타나게 되고 상통은 더욱 발전을 이루게 된다. 진흙으로 빚어 만든 상통은 프로방스 전통 의상을 입고 있으며, 개성 있는 모습을 보여 준다.

이 마르세유를 감시하기 위해 건설한 것이라고 합니다. 구속에서 벗어나 자유를 갈망했던 마르세유 사람들의 기질은 프랑스 혁명기에도 발휘됩니다. '라 마르세예즈'는 프랑스 혁명 당시에 불렀던 노래로 마르세유 사람으로 이루어진 시민군들이 부른 것에서 유래되어 오늘날 프랑스의 국가가 되었습니다.

마르세유의 대표적인 건축물인 노트르담 대성당은 13세기에 건축된 건물로 154m의 언덕에 위치하고 있어 마르세유 전 지역에서 볼 수 있습니다. 항구도시답게 대성당의 내부에는 배와 관련한 모자이크 장식이 많은 것이 특징입니다. 항구 바깥쪽에는 알렉산드르 뒤마의 소설 『몬테 크리스토 백작』의 배경이 되었다는 이프 섬이 있습니다.

노르망디 해안에 있는 몽생미셸 수도원. 유네스코가 지정한 세계문화유산이다.

노르망디 지방

노르망디는 프랑스 북서부에 위치한 지방으로 기후는 해양성 기후가 나타납니다. 주요 도시는 몽샐미셸, 쉘부르, 도빌 등을 꼽을 수 있습니다. 모래와 조약돌로 이루어진 아름다운 해변, 끝없이 펼쳐진 해안선과 깎아 내린 듯한 절벽이 조화를 이루는 노르망디 지방은 프랑스의 영화 촬영지로도 유명한 곳이지요. 자, 몽생미셸부터 살펴보도록 할까요?

몽생미셸

노르망디의 남쪽 끝 브르타뉴 지방과 경계를 이루는 몽생미셸은 루이지 코지 감독이 1976년 제작한 영화 '라스트 콘서트'의 배경이 된 곳입니다. 피아니스트 리처드와 시한부 환자 스텔라와의 운명적 만남과 사랑을 그린 영화이죠. 몽생미셸은 '성 미카엘의 산'이라는 뜻으로 1984년 유네스코가 지정한 세계문화유산으로 대천사장 미카엘이 대주교 오베르의 꿈에 나타나 교회를 지으라고 명령해서 짓

몽생미셸 특산물 과자 '갈레트'. 노르망디 지역에 살았던 플라드라는 아줌마가 오믈렛을 만들어 손님에게 대접한 데서 유래되었던 과자이다.

게 되었다고 합니다. 8세기에서 16세기까지 무려 천 년이라는 엄청난 시간을 들여 완성되었습니다. 바위산 전체가 수도원인 몽생미셸은 고딕 양식을 빌어 3층으로 지어졌으며 1층과 2층은 순례자의 방과 기사의 방으로 사용되었습니다. 수도원 3층의 정원에는 다양한 모습의 종교적 내용을 담은 127개의 돌기둥으로 둘러싸여 있어 고딕 양식의 정수를 보여 주는 훌륭한 문화유산입니다. 몽생미셸은 중세 때 순례자들이 일생에 한 번은 꼭 들르는 장소였으며 그 전통은 오늘날에도 이어지고 있지요.

노르망디의 굴!

굴 양식으로 유명한 칸카르는 프랑스 최대의 굴 생산지이다. 이곳은 물이 맑고 조수간만의 차가 커서 굴 맛이 좋기로 유명하다. 우리나라 태안반도의 갯벌 양식장에서는 1년 내내 물속에서 굴을 키우는 기존의 양식법과 확연히 다른 프랑스에서 온 노르망디의 수평망 방식을 도입해 굴을 생산하고 있다.

장 프랑수아 밀레의 '낮잠'

반 고흐의 '낮잠'

쉘부르

쉘부르는 노르망디 지방의 코탕탱 반도 북단에 위치한 인구 3만 명의 군사항구입니다. 쉘부르 항구는 침몰한 타이타닉호와도 특별한 인연이 있는 곳입니다. 당시 이곳에 정박했던 타이타닉호는 쉘부르에서 다음 목적지로 가던 도중 대서양에서 침몰하였거든요. 또한 쉘부르는 자크 드미 감독이 1964년 영화 '쉘부르의 우산'을 제작한 곳이기도 하지요. 쉘부르의 우산은 우리가 비를 피하기 위해 사용하는 우산과 다를까요? 이 영화가 배경으로 삼고 있는 알제리 전쟁은 1954년 프랑스의 식민지인 북부 아프리카의 알제리가 독립을 시도함으로써 일어나, 1962년 드골 대통령이 독립을 인정함으로써 막을 내리게 됩니다. 영화는 한창 전쟁을 치르던 1957년을 배경으로 헤어진 두 남녀의 사랑 이야기를 담고 있으니 영화 속 상징적인 의미를 제외한다면 실제로 비올 때 쓰는 우산과는 관계가 없는 셈입니다.

장 프랑수아 밀레(1814~1875). 프랑스 노르망디 지방의 전형적인 농촌마을인 그레빌 출신의 화가로 전원 풍경을 담은 '만종', '이삭줍기' 등을 그렸다. 주로 농촌 풍경과 농부의 모습을 그리면서 농민 화가로 명성을 얻은 바르비종파의 대표적인 화가이다. 특히 그의 작품 '낮잠'은 밀레를 한 번도 만난 적 없는 반 고흐가 '정오의 휴식'으로 다시 그려 유명하다.

또한 쉘부르에는 심해와 인간을 주제로 한 독특한 해양박물관이 있습니다. 이곳에는 잠수함을 테마로 한 전시관이 있는데, 실제 전투에 참가했던 잠수함을 비롯해 잠수함을 직접 운전해 볼 수 있는 시뮬레이션 등 잠수함에 관한 한 상세한 정보를 얻을 수 있지요.

도빌

도빌은 프랑스 북부 바스 노르망디의 칼바도스에 있는 도시로, 파리의 생라자르역에서 기차로 2시간 걸리는 거리에 있습니다. 19세기 중반까지만 하더

르 카지노 드 도빌

도빌의 요트 선착장

라도 100여 명의 농민들이 주로 농업과 소와 양을 치는 목축업을 생업으로 삼던 작은 마을에 불과했고 투크 강이라 부르는 작은 하천 건너편에 있는 트루빌 역시 주로 어업을 하던 한적한 어촌이었지요. 현재는 휴가철이 되면 상주 인구의 거의 10배가 넘는 수만 명의 인파가 몰리는 곳이 되었습니다.

도빌이 오늘날과 같은 최고의 명품 휴양 도시로 탈바꿈하게 된 것은 19세기 중반으로 거슬러 올라갑니다. 당시 이곳을 찾았던 모르니 공작(나폴레옹 3세의 이복동생)은 파리의 금융인 도농과 건축가 브레네와 함께 이 도시를 새로이 계획하기에 이릅니다. 경마와 같은 스포츠를 즐겼던 모르니 공작은 도빌이 가진 자연적 환경을 고려해 이곳에 교회보다 롱샹 경마장을 먼저 세워 오락과 레저를 겨냥합니다.

모르니 공작의 제안에 힘입어 이후 도빌에는 호텔, 카지노, 골프장과 요트 선착장이 들어서고 철도 노선이 개설되는 등 도시의 외관이 차례차례 바뀌게 되었습니다. 그러니까 도빌의 도로, 건물은 모두가 정교한 계획에 의해 지어진 것이라 할 수 있어요. 샤넬이 처음 열었다는 매장을 포함해 해변가를 따라 들어선 명품 매장들도 사실은 하나하나가 계획에 의해 정교하게 지어진 것이나 마찬가지입니다.

한편 폴로 경기를 포함해 10여 가지의 스포츠 행사가 열리는 도빌은 영화와도 관계가 깊은 도시입니다. 도빌은 1966년 클로드 를로슈 감독이 만든 '남과 여'의 배경이 된 곳으로도 유명하지만, 매년 3월 도빌 아시아 영화제가 열리고 9월에는 미국 영화만을 대상으로 하는 미국 영화제가 진행됩니다. 도빌은 2000년대 들어서 '책과 음악'이라는 도서 관련 살롱전을 개최하는 등 오락과 레저의 도시에서 문화의 도시로 거듭나기 위한 변신을 계속하고 있습니다.

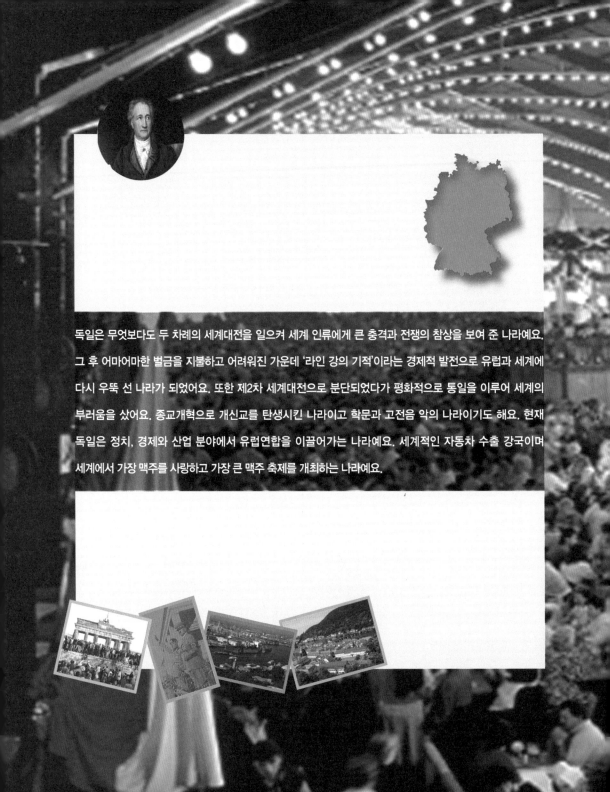

독일은 무엇보다도 두 차례의 세계대전을 일으켜 세계 인류에게 큰 충격과 전쟁의 참상을 보여 준 나라예요. 그 후 어마어마한 벌금을 지불하고 어려워진 가운데 '라인 강의 기적'이라는 경제적 발전으로 유럽과 세계에 다시 우뚝 선 나라가 되었어요. 또한 제2차 세계대전으로 분단되었다가 평화적으로 통일을 이루어 세계의 부러움을 샀어요. 종교개혁으로 개신교를 탄생시킨 나라이고 학문과 고전음악의 나라이기도 해요. 현재 독일은 정치, 경제와 산업 분야에서 유럽연합을 이끌어가는 나라예요. 세계적인 자동차 수출 강국이며 세계에서 가장 맥주를 사랑하고 가장 큰 맥주 축제를 개최하는 나라예요.

이성과 낭만의 나라
독일

1. 독일의 자연 환경과 사람들

여러분은 독일 하면 머릿속에 무엇을 떠올릴 수 있나요?

역사에 관심이 있다면 20세기에 들어와 세계를 상대로 2번씩이나 전쟁을 일으킨 나라로 좋지 않은 인상을 떠올릴 수도 있을 거예요. 반면, 경제에 관심이 있다면 2번에 걸친 세계대전의 폐허 위에서도 '라인 강의 기적'으로 불리는 경제 부흥을 이룩한 나라, 2005년 이후 해마다 세계 수출 순위에서 상위권을 기록하는 나라로 좋은 인상의 독일을 떠올릴 수도 있겠죠. 학문과 예술에 관심이 있다면 독일의 수많은 철학자와 사상가, 과학자와 발명가, 시인과 소설가, 고전 음악가들을 떠올릴 수도 있고, 종교에 관심이 있다면 마르틴 루터의 종교개혁을 떠올릴 수도 있을 거예요.

일상생활 속에서 독일을 생각한다면 맥주의 나라, 명품 자동차의 나라, 전차군단으로 상징되는 축구의 나라 등 여러 가지를 떠올릴 수 있을 거예요.

그러나 무엇보다도 독일은 우리가 부러워하는 나라예요. 우리와 같이 분단되어 있다가 통일을 이룩한 나라거든요. 지금부터 독일에 대해 찬찬히 알아보도록 하죠.

독일은 유럽 중앙에 위치해 있어요. 북쪽으로는 북해와 발트 해의 해안지대에서부터 남쪽으로는 알프스까지 약 850km, 동쪽으로는 오데르 강, 나이세 강에서부터 서쪽으로 라인판 암산지까지 동서 길이 640km에 이르는 땅 안에 독일이 자리 잡고 있어요. 유럽 지도에서 독일은 바로 찾을 수 있겠죠?

동서 양쪽에 있는 이웃 나라처럼 독일도 북쪽에서 남쪽으로 갈수록 고도가 높아지는 지형적인 특징을 가지고 있어요. 독일 북쪽의 발트 해에서 중부 지역에 이르는 사이에는 넓은 평야가 펼쳐져 있는데 이 평야는 서쪽으로 네덜란드에서부터 동쪽으로는 폴란드, 러시아 서부에 이르는 유럽 대평원의 중앙 부분을 차지하고 있는 셈이에요.

독일의 중부 지역은 완만한 산지, 구릉과 그 사이에 가로 놓인 많은 고원, 분지, 골짜기 등으로 이루어져 있는데 슈바르츠 산지를 비롯해서 여러 산지들이 이곳에 모여 있어요. 중부 서쪽에는 라인 강, 마인 강, 모젤 강이 흐르는데 이들 강 연안의 양지바른 완만한 경사면에는 포도밭이 펼쳐져 포도주의 명산지를 이루고 있어요. 독일의 포도주는 백포도주가 유명한데 전체 포도주 중 85%가 백포도주예요.

독일의 남쪽 끝은 오스트리아의 국경과 접하게 되는데 이곳은 높고 험준한 알프스가 솟아 있어 여름에는 관광, 하이킹, 등산객들이 많이 모여들고 겨울에는 스키어들이 붐비는 곳이기도 해요. 독일의 최고봉인 추크슈피체(2962m) 산도 이곳에 있어요.

알프스 산맥에서 발원하여 북해로 흘러들어가는 라인 강은 그 길이가

유럽의 젖줄인 라인 강

1320km인데 독일뿐 아니라 스위스, 프랑스, 네덜란드까지 관통하는 국제 하천으로 공업용수, 농업용수, 식수 등으로 이용되고 있어 '유럽의 젖줄'이라고도 해요.

독일의 면적은 약 35만 7000km²로 한반도의 1.6배 정도이고 인구는 8200만 명으로 남북한을 합한 수보다도 많아요. 그런데 이 중에서 외국인이 730만 명이나 된다고 하니 상당이 큰 비중을 차지하고 있는 셈이에요. 외국인 중에서는 터키인(170만 명)이 가장 많다고 해요.

독일의 교통망은 유럽의 어느 나라보다도 잘 발달되어 있는데 세계적으로 유명한, 제한 속도도 없이 무료로 달릴 수 있는 자동차 고속도로 아우토반이 1만 2531km로 뻗어 있고, 철도도 그물망처럼 펼쳐져 있어 그 길이가 3만 8206km나 되며, 심지어 자전거 전용도로도 4만 113km나 되요. 항공 교통은 독일 곳곳에 국제공항이 있는데 그중에서도 독일 중부에 있는 프랑크푸르트 국제공항은 유럽과 세계를 연결하는 중심지이고, 해상 교통의 요지로서는 중세부터 한자동맹의 핵심 항구도시 중 하나인 북해 연안의 함부르크가 있어요.

언어는 독일어를 사용하는데 이는 인도유럽어족 가운데 게르만어에 속하고 덴마크어, 노르웨이어, 스웨덴어와 네덜란드어, 그리고 영어와도 친척이라고

독일 국기와 문장

독일의 장인 정신으로 유명한 제품들

할 수 있어요. 독일어를 현재의 표준어로 만드는 데는 종교개혁가 마틴 루터
가 성서를 독일어로 번역한 일이 결정적인 역할을 했어요.

　독일을 상징하는 것으로 독일 국기와 독일연방국가 문장이 있는데 독일 국
기는 검은색, 빨간색, 황금색이 차례로 가로놓여 있는 모습이에요. 이 깃발은
나폴레옹 전쟁 당시 독일의 한 부대가 사용했다고 하는데 그 후 여러 독일 행
사에서 사용되었고 1919년 바이마르 공화국에서 처음으로 공식적인 국기로
인정되었어요. 한편 독일연방국가 문장인 독수리 문장은 브란덴부르크의 문
장에서 유래했다고 하는데, 브란덴부르크는 1701년 브란덴부르크−프로이센
왕국으로 발전하여 1871년 독일을 통일한 나라예요.

　그러면 독일인들은 어떤 사람들일까요? 앞에서 소개한 다른 국가의 경우도
마찬가지이지만 한 나라의 국민성을 함부로 이야기할 수는 없어요. 개개인이

모두 다르기 때문에 그들을 묶어서 이렇다, 저렇다 하는 것은 옳지 않을 수 있기 때문이에요. 그렇지만 오랜 세월 동안 자타가 인정하는 독일인들의 특질은 간략히 정리해 볼 수 있습니다.

가장 먼저 독일인들은 권위와 질서를 지향하는 면이 있어요. 그래서 가벼워 보이지 않고 어떤 경우에도 혼란스러워 보이지 않아요. 또한 독일인들은 검소하면서도 합리적이어서 집이나 가구가 튼튼하고 실용적이에요. 독일의 명품 자동차들은 한 번 사면 거의 평생을 쓸 수 있다든지 주방 용품들을 반영구적으로 사용할 수 있다든지 하는 것은 모두 물건을 만들 때 독일인들의 기질이 반영된 것이 아닌가 해요. 그리고 시간 관념이 철저한 편이어서 노동과 휴식을 명확히 구분하여 양자의 혼동을 볼 수 없어요. 독일인들은 일을 할 때는 몰입해서 하고 휴식을 취할 때는 일을 전혀 생각하지 않는다고 해요. 그래서 독일에서는 장인정신으로 만들어진 제품들을 많이 볼 수 있어요. 꼼꼼하고 이치를 밝히는 기질이 있으며 깔끔한 것을 좋아하는 모습은 일정표에 따르는 생활 리듬, 고집스러울 정도의 자기주장, 논쟁을 좋아하는 점, 정연한 거리, 반들반들하게 닦은 유리창과 깨끗한 부엌 등에 잘 나타나 있어요.

한편 독일인들은 음악을 사랑하는 사람들이기도 해요. 음악을 싫어하는 사람은 없겠지만 맥주집에서의 합창, 교회 성가단의 수준 높은 찬양, 그리고 서양 음악을 대표하는 수많은 세계적인 음악가들의 배출 등은 모두 독일인들이 음악을 사랑한다는 증표라고 할 수 있어요.

권위와 질서, 검소와 합리, 견실과 청결, 그리고 강한 자기주장과 함께 넘치는 음악성. 이런 말들 속에서 독일인들이 어떤 사람들인가를 충분히 엿볼 수 있을 것 같습니다.

2. 독일의 역사 이야기

게르만족과 프랑크 왕국

독일인의 조상이라고 할 수 있는 게르만 민족은 원래 발트 해 연안에서 토지를 공유하여 함께 경작하고 수렵과 어로, 목축에 종사하면서 공동체 사회를 이루고 있었어요.

4세기 말 몽골에서부터 진출한 훈족에 밀려서 게르만 민족의 여러 부족들이 서유럽에 진입하기 시작하면서 서로마 제국 곳곳에 게르만인들의 왕국들을 건설하게 됩니다. 그러나 이들 왕국들은 대개 단명하였고 그중 프랑크 왕국만이 번성하여 유럽 세계 형성의 중심 세력으로 성장하게 되었습니다.

프랑크 왕국의 첫 번째 왕조 메로빙거 왕조의 개창자인 클로비스는 로마가톨릭으로 개종한 뒤 다른 게르만 민족의 연합군을 격파하고, 갈리아 중부 지방까지 영토를 확장하여 왕국 발전의 기틀을 마련하였어요.

다음으로 카롤링거 왕조가 세워졌는데 이 왕조의 카롤루스 대제는 프랑크 왕국의 전성시대를 열었던 인물이에요. 그는 유럽 대부분의 지역을 정복하여 영토를 확장하고 세력을 크게 강화 시켰는데 그것은 단순히 국가를 부강하게 만들기만 한 것이 아니라 정치적으로는 중앙 집권적인 왕권을 강화시켰고, 종교적으로는 로마가톨릭 교회를 수호하고 전파하는 사명을 떠맡았으며, 문화적으로는 로마의 고전 문화를 부활시켰어요.

이는 바로 현대 유럽 문화를 이루는 여러 요인들이 프랑크 왕국에 결집되어 있게 된 배경이기도 해요. 800년에는 외적의 괴롭힘을 받던 교황 레오 3세를 도와 준 일을 계기로 황제의 자리에 오르기도 합니다. 그래서 유럽 사람들은 카롤루스 대제를 '유럽의 아버지'로 칭하면서 유럽연합의 상징적인 인물로 추앙하기도 해요.

그러나 카롤루스 대제가 죽자 프랑크 왕국은 내분에 휩싸이게 되고 결국 동프랑크 왕국, 서프랑크 왕국, 중프랑크 왕국으로 분열하게 되어 각각 현재의 독일, 프랑스, 북부 이탈리아의 모체가 됩니다.

신성 로마 제국의 성립과 해체

현재의 독일 지역에 자리 잡았던 동프랑크 왕 하인리히 1세의 아들 오토 대제는 약화된 왕권을 강화하고자 했어요. 따라서 헝가리에 침입한 마자르인을 격퇴하고 이탈리아의 내란을 진압하는 등 카롤루스 대제에 이어 다시 한 번 중부 유럽의 패권을 확립하고, 962년 교황 요하네스 12세로부터 신성 로마 황제의 관을 받게 됩니다. 오토 대제 이후에도 크리스트교의 보호자를 자처한 동프랑크 왕국 출신의 역대 황제들이 있었으나 그들은 국내 문제보다 이탈리아 문제에 더 몰두함에 따라 독일 지역 제후들이 분리 독립하여 할거하게 되고 제국의 영향력은 더욱 약화됩니다. 신성 로마 제국은 명목상으로 오토 대

종교개혁

마르틴 루터

잘 알려진 대로 독일은 유럽에서 처음으로 종교개혁이 일어난 나라이다. 1517년 마르틴 루터에 의해서 종교개혁이 시작되었고 개신교가 성립되었다.

종교개혁이 독일에서 제일 먼저 일어난 이유로는 당시 독일의 정치적 분열로 인한 교황의 착취가 심했기 때문이다. 흔히 '교황청의 젖소'라고 불리던 독일에서는 교황의 착취와 세속화된 교회에 대한 반발이 심했다. 이때 교황 레오 10세가 성 베드로 성당 개축 비용을 마련하기 위해 면벌부를 판매하자, 루터는 '95개조의 반박문'을 발표하여 교황의 권위에 정면으로 맞섰다.

당시 독일 황제 카를 5세는 루터에게 자신의 주장을 철회할 것을 강요하였으나 이를 거부하자 법의 보호를 박탈해 버렸다. 루터는 작센 공의 도움으로 피신하면서 성서 번역과 교회 개혁을 위해 노력하였다. 그 후 루터파 제후들은 동맹을 맺고 황제파와 투쟁 끝에 1555년 아우스크스부르크 종교화의가 이루어졌는데 이때 독일에서 루터파 교회가 공인을 받게 된다.

종교개혁으로 교황의 지배를 받지 않고 개인의 신앙과 성서를 중시하는 개신교 교회가 성립함으로써 중세 가톨릭을 중심으로 하는 기독교 세계의 통일이 깨졌다. 아울러 종교가 세속적인 문제에 관여하거나 영향을 미치는 정도도 훨씬 줄어들게 되었다.

루터의 종교개혁 이후 유럽에서는 신교도(개신교)와 구교도(가톨릭)의 대립으로 1세기에 걸친 종교전쟁이 일어났다. 그러나 당시 사회는 정치와 종교가 완전히 분리되지 않은 상태였기 때문에 종교전쟁은 진행 과정에서 정치, 사회 문제와 결부되어 복잡하게 진행되었다. 따라서 종교전쟁은 단순히 신앙상의 문제만으로 발생한 것이 아니고, 표면상 종교 대립의 양상을 띠면서 전개된 정치적 색채가 짙은 전쟁이었다. 그 대표적인 것이 1618년부터 1648년까지 주로 독일을 무대로 벌어진 30년 전쟁이다.

제 이후 유럽 제국을 약 2세기 동안 통솔하는 지위에 있었으나 실질적인 영향은 이를 따르지 못해 유명무실한 제국이라는 평도 들어요.

1356년에는 대 제후들의 요구로 금인칙서(金印勅書)가 발표되는데 이는 7명의 대 제후들이 황제를 선출하는 권한을 가지게 되고 정치, 사법, 경제상의 우월권을 인정하는 것으로서 독일의 분열을 더욱 조장하는 결과를 가져오게 됩니다.

그 이후 오스트리아의 합스부르크가(家)가 황제권을 세습하였으나 유럽 전체를 통합하는 구심점이 되지 못하다가 1806년 나폴레옹에 의해 신성 로마 제국은 해체되고 말아요.

프로이센의 등장과 독일 제국의 통일

프로이센은 원래 13세기경에 독일 기사단이 개척한 곳으로 15세기에 들어서 호엔촐레른가(家)가 신성 로마 황제 지기스문트에 협력한 공으로 브란덴부르크를 영유하게 되고 17세기 초에는 라인 강변에 영토를 얻어 급속히 성장하여 30년 전쟁(1618~1648) 이후부터는 국가의 형태를 갖추게 됩니다. 결국 브란덴부르크가 프로이센의 근거지인 셈이에요.

그 후 18세기 중엽 프리드리히 2세는 계몽 전제 군주로서 국내에서는 신앙의 자유를 허용하고, 사법 제도를 개편하기도 하였으며 상비군의 증강도 도모하였습니다. 한편 국외적으로는 오스트리아 왕위 계승 전쟁(1740~1748)과 7년 전쟁(1756~1763)을 승리로 이끌어 프로이센이 유럽의 5대 강국(오스트리아, 프랑스, 러시아, 영국, 프로이센) 중 하나로 발전하게 됩니다.

이 당시 유럽 여러 나라들은 프랑스 혁명과 나폴레옹의 등장으로 큰 영향을 받게 되는데 그 후유증을 치유하고 유럽의 질서를 논의하기 위해 1815년 빈 회의가 소집됩니다. 이 회의에서 독일은 오스트리아, 프로이센을 비롯한 35개 영방(領邦)과 4개의 자유시로서 독일 영방을 조직하여 프랑크푸르트에 연방 회의를 두게 되는데 이때부터 프로이센과 오스트리아가 독일 연방의 핵심 국가로 부상하게 됩니다.

그 후 프로이센은 1834년 오스트리아를 제외하고 18개 연방 간 관세 동맹을 맺어 경제적 통합을 이룩하여 후에 정치적 통합에 기반을 마련하게 됩니다. 1861년에 즉위한 프로이센의 빌헬름 1세는 비스마르크를 재상으로 등용하여 독일 통일 사업을 추진합니다.

비스마르크는 독일 통일을 실현하기 위해서는 오스트리아를 중심으로 하는 반대 세력을 압도하고 외국의 간섭에 대항할 만한 군사력을 가져야 된다고 하면서 의회의 맹렬한 반대를 무릅쓰고 대국군의 편성을 강행합니다. 그는 군제 개혁안에 반대하는 의회에서 '국가의 중대사는 언론과 다수결에 의하여 해결되는 것이 아니라 다만 피와 철(鐵)이 있을 따름'이라고 연설하여 무력에 의한 독일 통일, 이른바 철혈 정책(鐵血政策)에 매진하게 됩니다.

철혈 재상 비스마르크

결국 그는 오스트리아와 프랑스와의 전쟁을 각각 승리로 이끌면서 독일의 통일을 이룩하게 됩니다. 빌헬름 1세는 1871년 프랑스 파리 교외의 베르사유 궁전에서 독일 제국의 황제 즉위식을 거행하게 되고, 비스마르크는 제국의 초대 재상이 되었어요. 그리고 이때 독일 제국의 수도를 베를린으로 정합니다. 이로써 조각조각 갈라져 있던 수십 개의 조그마한 왕국, 공국, 제후국들이 '독일 제국'이라는 민족국가로 통일되어 단기간 내에 유럽의 열강으로 부상하게 됩니다.

여기서 주의해야 할 점은 독일 제국이 민족국가로 통일되기는 하였지만 독일 제국을 구성하고 있는 연방 국가들은 나름대로 독자적인 왕조를 유지하면서 내정 문제에 대해서 상당한 권력을 보유할 수 있었어요. 대외 정책과 군대만이 제국의 고유 권한으로 규정되어 있었거든요. 이와 같은 연방국가의 전통은 현재까지 영향을 미쳐 독일 연방공화국 16개의 주도 독립 국가나 마찬가지로 그 정체성과 독자적인 자치력을 갖게 된 거예요.

제1차 세계대전과 바이마르 공화국

19세기 후반 독일의 비스마르크는 유럽의 세력 균형을 유지하고 프랑스를 고립시키기 위해 이탈리아를 끌어들여 오스트리아와 함께 삼국 동맹을 맺었어요(1882). 그러나 비스마르크가 은퇴한 후 젊고 모험적인 새로운 황제 빌헬름 2세는 투르크와 바그다드 철도 부설 조약을 맺어 베를린, 비잔티움, 바그다드를 잇는 동방정책(3B정책)을 추진하게 됩니다.

독일의 제국주의 정책은 유럽 국가들을 긴장시켰고, 영국, 프랑스, 러시아의 삼국 협상을 성립시키게 됩니다. 1914년 오스트리아와 세르비아 간의 긴장이 높아져 가던 중 세르비아의 한 민족주의자가 보스니아의 수도 사라예보를 방문한 오스트리아 황태자 부부를 암살하는 사건이 일어나 제1차 세계대전이 일어나게 됩니다.

독일을 주축으로 한 동맹국 측에는 오스트리아, 오스만투르크, 불가리아가 한편이 되고 연합국 측은 영국, 프랑스, 러시아, 이탈리아, 일본이 합세하여

독일의 킬 항구

유럽 전역에서 전쟁을 치르게 됩니다. 또한 아프리카와 인도 등 유럽 열강의 식민지 국민들도 전쟁에 동원되었어요.

독일의 무제한 잠수함 공격으로 인해 미국마저 전쟁에 참여하게 되어 그야말로 세계적인 전쟁이 되었습니다. 결국 독일 킬 항구에서 일어난 독일군의 반란으로 독일 황제는 네덜란드로 망명하고 1918년 11월 독일 임시 정부는 연합국에 무조건 항복하게 됩니다.

제1차 세계대전이 끝난 후 전승국들은 1919년 파리에서 강화 회의를 열어 전후 처리를 논의하였어요. 연합국은 독일과 베르사유 조약을 맺었는데 이 조약에는 전쟁의 책임이 독일에 있다는 점, 독일의 영토 축소와 독일이 지배하고 있던 해외 식민지의 포기, 독일 군사력의 감축, 엄청난 액수(1320억 마르크)에 달하는 배상금의 지불 등의 요구 사항이 들어 있었어요. 특히 배상금은 독일이 감당할 수 없을 정도로 큰 것이어서 나중에 많이 삭감이 되기는 했지만 독일 국민에게 큰 고통과 불만을 주어 후에 독일에서 나치가 등장하게 되는 하나의 사회적 배경이 되기도 합니다.

한편 독일 내에서는 1919년 2월 바이마르 공화국이 탄생하여 헌법을 제정하고 18개 공화국으로 구성된 연방 공화국임을 선포하게 됩니다. 그러나 공화국은 혁명을 기도하고자 하는 좌파와 전쟁의 책임이 공화국에 참여하고 있는 자유 평화주의자의 탓이라고 주장하는 우파의 공격으로 초기부터 많은 시련을 겪기도 해요. 이런 와중에서도 히틀러의 나치당은 1923년 뮌헨에서 공화국 타도 쿠데타를 일으켰으나 실패로 돌아가고 히틀러는 감옥으로 가게 됩니다. 이때 히틀러는 감옥 생활 중에 『나의 투쟁』을 집필하게 됩니다.

나치즘의 등장과 제2차 세계대전

농민을 포함한 중소 시민층과 국수주의자, 대자본가의 지지를 받은 아돌프 히틀러가 이끄는 나치스(Nazis, 국가사회주의 독일 노동자당)는 전후 독일의 강력한 정치 세력으로 등장하게 됩니다. 1932년 결국 나치스는 제1당이 되고 이듬해 힌덴부르크 대통령이 사망하자 대통령제를 폐지하고 대통령과 수상을 겸하는 총통제를 도입하여 히틀러는 명실공히 독재자가 됩니다.

독일 나치스의 독재 정권은 정권에 도전하는 반동분자들을 집단 수용소로 보내고,

나치스의 아돌프 히틀러

청년 남녀들을 공공사업과 군수 공장에 동원하거나 군대에 징집함으로서 단기간에 실업 문제를 해결했어요. 경제적으로는 자급 체제를 확립하고 고도의 국방 국가를 건설하기 위하여 엄격한 통제를 실시하고 군수 공업과 군사적 목적의 토목 공사도 진흥시켰어요.

반면, 독일민족 지상주의를 중심 이론으로 삼았던 나치스는 유태인이 인종적으로 가치가 없고 반국가적이라고 하여 격리시켜야 한다고 주장하였어요. 이에 따라 공무원 취업 금지, 독일인과의 결혼 금지 등의 차별 정책을 폈고, 폭력을 휘두르는 등 그들을 심하게 박해했어요.

대외적으로는 인근 영토를 점령하여 국제적 긴장이 조성되었는데 1939년 8월 독일은 비밀리에 소련과 불가침 조약을 맺고 9월에 폴란드를 침공함으로서 제2차 세계대전이 일어나게 됩니다.

독일이 폴란드를 점령하자 소련은 폴란드의 동부를 차지하고 핀란드를 점령합니다. 이에 대해 독일은 덴마크와 노르웨이를 점령하고 프랑스를 공격하여 항복을 받아 냅니다. 그 후 발칸 반도를 차지한 독일은 1941년 소련을 공격하지만 전쟁 기간이 길어지고 겨울이 다가오자 독일군이 수세에 몰리면서 전쟁의 양상이 바뀌게 됩니다. 결국 1943년 독일이 소련에 패배하면서 전쟁은 연합군이 주도하는 양상을 띠게 되었고 연합국은 카이로 회담과 얄타 회담 등을 열어 전후 문제를 논의하게 됩니다.

연합국은 공세를 강화하여 북부 아프리카에서 독일군을 격파하고, 다음해 연합군은 프랑스의 노르망디에 상륙하여 파리를 수복한 후 소련과 함께 동서 양면에서 독일을 공격하자, 결국 1945년 5월 독일은 항복하게 됩니다. 패전 후 독일은 미국, 영국, 프랑스, 소련에 의해 동서로 분할 점령당하게 되고 베를린도 이 4개국에 점령되어 독일 분단의 시대가 시작됩니다.

3. 독일의 분단과 통일 과정

독일의 분단 : 동·서독 정부의 수립

독일 분단 이후 첫 번째 찾아온 국제적 사건은 소련의 서베를린 봉쇄와 이에 맞선 미국의 공수 작전이었어요.

1948년 6월 소련은 서베를린으로 진입하는 모든 육로와 수로를 차단하고 에너지 공급까지 중단함으로써 서베를린을 봉쇄하고 베를린을 소련 점령 지구로 강제 편입시키기로 하였어요. 이에 미국은 공중 수송을 감행하여 250만 명의 서베를린 주민들을 위해 물자를 462일간 실어 날랐으며 소련이 결국 1949년 5월 베를린 봉쇄를 풀자, 양 진영 간의 긴장은 완화 되었어요. 1년이 훨씬 넘는 기간 동안 서베를린은 동독으로 둘러싸여 섬처럼 모든 것을 오로지 공중 수송에 의존해야 했으니 그 속에서 생활했던 서베를린의 시민들은 얼마나 긴장되고 또 불편했을까 하는 생각이 들어요.

베를린 봉쇄와 이에 맞서 공수 작전으로 세계의 이목이 집중된 가운데에서도 동서 양쪽에서는 서로 다른 정치체제가 형성되고 있었어요. 서방 3개국은 서독 지역만을 위한 헌법 제정과 정부 수립을 서둘렀으나 서독의 정치가들은 그런 조치가 분단을 고착화할 것을 우려해 반대했어요. 그러나 연합국 측과 서독의 정치가들은 협상을 통해 헌법 대신 임시법의 성격을 지닌 기본법의 제정과 임시적인 정부 구성에 합의하여 독일 연방 공화국을 출범시키면서 임시 수도를 본으로 정하게 됩니다.

당시 서독의 정치가들은 정부 수립을 위한 초창기에도 독일의 통일을 염두에 두고 헌법 대신에 기본법을 채택했으며 정부도 통일이 될 때까지의 임시 정부였고 수도도 임시로 정해 놓아 장차 통일 독일에 대한 준비를 해 놓았던 것이에요.

독일 연방 공화국의 초대 아데나워 수상은 확고한 지도력을 발휘하여 전쟁으로 완전히 파괴된 독일을 재건시켜 나갔어요. 경제 장관에 임명된 에르하르트는 시장 경제 원리와 사회 보장 제도를 결합한 '사회적 시장 경제'를 추구하였어요. 마셜 플랜에 의한 미국의 대규모 원조, 중앙은행의 자율적 조정에 의한 통화의 안정, 동독으로부터의 대규모 난민 유입으로 인한 풍부한 노동력 등이 결합되어 폐허 상황에서 출발한 독일 경제는 '라인 강의 기적'으로 불릴 만큼 급속도로 재건됩니다.

한편 같은 시기에 독일 동쪽에서도 1949년 10월 7일 독일민주공화국이 출범하여 소련식 중앙 통제 경제 체제를 채택하게 됩니다. 집단농장화된 농업 생산 공동체로 농지를 개편하고 5개년 계획을 수립하여 경제 성장을 꾀했으나 소련에 대한 과도한 배상금 지불, 서독으로 넘어가는 주민의 증가로 인한 노동력의 부족, 노동자의 사기 저하 등으로 동독의 경제는 계획대로 성장하지 못합니다. 1953년 6월에는 노동자와 농민의 폭동이 일어나 소련군의 무력 진압이 이루어지기도 해요.

독일에 두 나라가 세워진 후 10여 년 동안 두 나라 사이에 가장 큰 변화는 동독인의 끊임없는 서독으로의 탈출이었어요. 동독인의 서독으로의 탈출은 지속적으로 증가하여 1960년 한 해 동안에만 20만 명, 1961년까지 모두 합치면 165만 명(통일까지는 약 250만 명)이 서독으로 탈출하게 됩니다. 보다 못한 동독 정부는 1961년 8월 베를린 전역에 일제히 장벽을 구축하기 시작했어요. 서베를린은 지정된 육로(직행 고속도로와 철도)와 항로를 통해 서독과 연결되어 있지만 동독인은 그때까지 통행이 비교적 자유로웠던 동서 베를린 간의 왕래가 불가능해졌어요.

베를린 장벽은 분단과 냉전의 상징물이 되었지만 동독 정부의 조치를 통해 주민과 숙련된 노동자의 탈출이 중지되고 사회가 어느 정도 안정됨에 따라 동독의 경제도 성장하게 됩니다. 후에 동독은 동구권 중에서 가장 선진적인 공업국으로 발전하여 생산성과 생활 수준에서 최고 수준을 유지하게 됩니다.

서독의 동방 정책과 독일의 통일

다시 10여 년이 지난 1969년에는 서독에도 큰 변화가 일어나게 됩니다. 그해 9월에 치러진 연방 의회 선거에서 진보 정당인 사민당이 다수를 차지하게 되어 자민당과 연립 정부를 구성하게 되고 빌리 브란트가 수상이 됨으로써 처음으로 정권 교체가 이루어지고 서독의 동방정책이 추진됩니다.

브란트 수상은 소련 및 사회주의 국가들과의 관계를 개선하기 위한 방안을 모색하고 그 성과를 바탕으로 1972년 동서독 간의 기본 조약을 체결하였어요. 기본 조약을 통해 동서독 양국 간의 상호 주권 존중, 현 국경의 존중, 국민 상호 간의 교류, 상설대표부의 설치 등을 합의 하였어요. 이후 서독은 명분을, 동독은 실리를 추구하면서 과학 기술, 문화, 환경 등의 분야에서 점진적으로 교류를 확대해 나갔어요.

한편 '철의 장막' 뒤 사회주의 진영의 본거지인 소련에서도 큰 변화가 일어납니다. 1985년 고르바초프가 집권하면서 개방(글라스노스트)과 개혁(페레스트로이카)을 도모하는 정책을 추진하고 세계적으로 화해(데탕트) 분위기가 조성되는 가운데 동유럽의 공산 정권들은 위기를 맞이하고 결국은 차례대로 붕괴하게 됩니다.

동독 내부에서도 동독 정부에 저항하는 움직임이 곳곳에서 일어났어요. 그중에서도 라이프치히에서 벌어진 대규모 평화 시위가 저항 운동의 중대한 전환점이 되어 동독 전체로 확산되었어요. 1989년 11월 동베를린에서 서베를린으로 넘어오는 통과 초소들의 문이 열리자 동독 정부는 마침내 동독 주민들이 장벽을 넘어 서독으로 가는 것을 묵인하였어요. 이로서 베를린 장벽은 붕괴되었고 사실상 동독 정부는 통치권을 포기한 것이나 마찬가지가 되었어요.

시대의 분위기를 반영하여 1990년 3월 동독에서는 처음으로 자유선거가 치

폴란드 무명용사 묘비 앞에서 브란트 수상이 무릎 꿇고 사죄하는 모습

베를린 장벽 붕괴 20주년 기념일의 모습

러졌어요. 선거 결과는 서독 기민당의 후원하에 서독에 흡수 통일을 공약으로 내세운 '독일 연합' 보수 정당의 승리였어요. 이로 인해 독일 통일은 급진전하게 됩니다.

1990년 7월 동서독 간의 경제, 통화, 사회 통합에 합의가 이루어졌으며, 사실상 동독은 서독에 흡수 됩니다. 같은 해 8월에는 동서독 간의 통일 조약이 서명되고, 9월에는 동서독과 연합국 간의 6자 회담(서독, 동독, 미국, 영국, 프랑스와 소련)이 열려 독일의 통일이 승인 되었으며, 10월 통일 조약과 서독 기본법 23조에 의거하여 동독은 서독에 편입되었고, 독일의 통일이 완료됩니다. 1990년 한 해 동안 모든 통일 절차가 급속도로 이루어져 우리가 부러워할 만한 독일의 통일이 이루어진 것이에요.

서독의 임시 정부는 정식 정부가 되었으며 임시 수도인 본도 정식 수도인 베를린으로 옮겨 갔습니다. 무엇보다도 서독의 기본법은 폐지되고 독일의 정식 헌법이 효력을 발생하게 되었어요.

4. 이성과 낭만의 나라

독일은 이성과 낭만의 나라답게 학문과 예술이 발달한 나라예요. 철학과 과학, 문학과 연극, 영화, 음악과 미술, 건축 등 거의 모든 분야에서 유럽을 넘어 세계적인 수준의 경지를 이루었고 전 세계에도 계속해서 영향을 미치고 있는 나라예요. 이 중에서 독일의 철학, 문학, 음악에 대해 좀 더 자세히 알아보고 생각해 보죠.

서양과 세계 철학의 중심 부분을 이루는 독일 철학

근현대에 걸쳐 가장 왕성한 학문적 활동을 통해 세계 철학계에 큰 영향을 미친 나라는 독일이에요. 이는 바로 서양 철학의 중심 부분을 관통하는 학문적 성과이기도 해요. 독일의 철학자들은 우리들이 역사나 철학에 조금이라도 관심이 있다면 익히 알 만한 세계적으로 유명한 사람들이에요.

독일의 철학을 이야기할 때 제일 먼저 거론되는 것이 독일의 관념 철학이

칸트(위)와 헤겔(아래)

라고 할 수 있어요. 18세기 전반까지 유럽을 지배했던 철학의 두 흐름인 영국의 경험론과 대륙의 합리론이라는 전통을 계승하면서 그들의 한계를 넘어서 보려고 한 것이 바로 독일의 관념 철학이에요. 독일 관념론의 선두 주자는 칸트라고 할 수 있는데 칸트의 철학은 '비판 철학'으로 그의 3대 저서에 잘 나타나 있어요. 첫 번째 저서가 『순수이성비판』(1781)인데 그는 이 책에서 이성의 한계를 지적하고 선험적 형식을 도입하는 방식으로 인간 인식의 근거를 마련하려고 했어요. 두 번째 저서인 『실천이성비판』(1788)에서는 자율적 인간의 양심과 도덕률을 논하고 도덕을 바탕으로 한 종교를 주장함으로써 근대적 윤리학을 확립했어요. 이 두 비판서를 통해 규명된 인간의 인식과 실천을 통해 인간의 목적론적 인식의 구조를 밝히려 한 책이 바로 세 번째 저서인 『판단력비판』(1790)이에요. 칸트는 이렇게 합리론과 경험론을 종합하여 근대 철학의 새로운 토대를 확립한 세계적인 철학자가 되었어요.

독일의 관념론은 헤겔에 와서 절정을 이루었다고 해요. 헤겔에 의하면 절대자는 이성이고, 그 본질은 자유이며, 특히 자연보다는 사회와 역사 속에서 절대정신이 중요한 역할을 한다고 했어요. 헤겔 철학은 크게 정신 철학, 논리학, 자연 철학으로 나뉘는데 이 체계를 꿰뚫는 방법은 정(正), 반(反), 합(合) 3단계를 표현하는 변증법이에요. 헤겔 철학은 이후 독일 철학에 큰 영향을 미치게 됩니다.

19세기에 들어와 관념론과 대비되는 철학 사조가 바로 변증법적 유물론과 역사적 유물론을 내세운 마르크스주의 철학이라고 할 수 있어요. 마르크스는 헤겔처럼 변증법을 역사에 적용하기는 하지만 그 변화의 동인을 인간의 주체적 실천과 그 산물인 경제적 생산력에서 찾고 있어요. 관념론의 주장은 '의식이 존재를 규정하는 것이 아니라 반대로 (사회적) 존재가 의식을 규정'한다는 것이에요. 마르크스주의 철학은 유물론이라는 점에서 관념론과 대비됩니다.

마르크스는 유물론적 철학자로도 유명하지만 그보다는 경제사상가, 특히 역사의 단계발전론으로 더 유명하다고 할 수 있어요. 그는 역사의 진정한 동력은 물질적 여러 관계, 특히 생산력이라고 주장하면서 모든 역사 시대는 각기 그 성격을 생산 관계에 빚지고 있다고 보았어요. 그는 역사의 단계를 첫 번째 원시 공산 사회, 두 번째 고대 및 중세 노예 사회, 세 번째 중세 봉건 사회, 네 번째 근대 자본주의 사회, 다섯 번째 사회주의 사회, 그리고 여섯 번째 완전히 발전된 공산 사회의 6단계로 나누고 공산 사회를 이상적인 사

마르크스(위)와 니체(아래)

회로 생각했어요. 이와 같은 그의 예언적 사상은 빗나갔지만 그가 19세기부터 현재까지 세계에 미친 사상적, 경제적, 정치적, 사회적 영향은 엄청나다고 할 수 있어요.

서양 철학계에 큰 회오리바람을 일으킨 철학자로는 니체가 있어요. 그는 서양 철학 전체를 비판하면서 그의 저서 『차라투스트라는 이렇게 말했다』에서 '신은 죽었다'라고 선언을 합니다. 그는 절대적 가치나 목표가 사라진 시대에

는 자신의 내적인 힘을 강화하려는 정신력인 힘의 의지로써 끊임없이 자신을 극복하여 '초인'의 이상을 향하여 노력할 것을 주장했어요. 니체에 따르면 삶의 가치나 의미를 좌우하는 것은 현실을 지배하고 작동시키는 권력이기 때문에 이런 힘 혹은 권력으로의 의지가 핵심 개념이라는 거예요.

20세기에 들어서면서 '생의 철학', '현상학', '실존철학'이라는 철학 사조가 나타나는데 먼저 생의 철학을 보면 19세기 후반부터 20세기 초에 걸쳐 자연 과학의 발달과 산업화에 따른 인간의 소외 문제에 직면해서 인간을 포함한 생명체의 삶에 대해 구체적으로 고민한 것이 생의 철학의 근원이라고 할 수 있어요. 생의 철학자로서는 빌헬름 딜타이, 게오르그 짐멜과 알리 베르그송이 있어요. 생의 철학은 현상학이나 실존철학으로 그 영향이 이어집니다.

현상학은 후설이라는 학자로 대변되는데 그는 의식에 나타난 사물, 즉 '현상'을 편견과 선입견 없이 분석함으로서 반박할 수 없는 명백히 타당한 인식을 확보하고 이를 통해 철학을 '엄밀한 과학'으로 정립하려 했던 사람이에요.

실존철학은 인간 존재의 근원 문제를 다룬 것으로서 그 사회적 배경으로 이데올로기의 대결과 민족의 대립, 두 차례의 세계대전, 산업화에 따른 사회 모순의 극대화 등을 들 수 있어요. 이런 상황에서 인간의 불안과 소외 현상이 심화되는데 여기에서 실존철학의 뿌리를 찾을 수 있어요. 실존철학에서는 인간의 일반적 본질보다는 구체적 인간 개인의 실존, 즉 타인으로 대체될 수 없는 개별 인간의 주체적 실존이 강조됩니다. 실존철학의 중요한 개념과 체계는 야스퍼스와 하이데거에 의해 구축되었다고 할 정도로 이 두 사람은 실존철학을 대표한다고 할 수 있어요.

한편 사회 전체, 혹은 사회와 관련된 개인의 문제에 대해 깊이 생각하는 철학도 생겨났는데 프랑크푸르트 대학교 사회조사연구소의 호르크하이머와 아도르노에 의해 시작되었기 때문에 프랑크푸르트 학파라고 불러요. 이 학파의 비판이론은 전통적 사회비판이론과는 달리 사회 구조의 근본적 개혁을 목표로 하고 있으며 헤겔 철학과 마르크스주의에 근거하여 프로이트 정신분석학, 경제학, 사회학 등과 연관된 학제적 연구 방법으로 사회를 비판적으로 분석했는데 파시즘과 자본주의 사회의 모순을 파헤치는 데 큰 기여를 했어요.

마르쿠제와 하버마스도 나중에 이 비판이론에 참가하게 되는데 이들의 사상은 1960년대와 1970년대 초에 미국과 유럽에서 학생운동의 이론적 근거가 되고 뉴레프트(New Left)나 네오 마르크스주의라고 불렸던 신좌파운동에도 큰 영향을 미쳤어요.

이상에서 간단히 언급한 독일의 철학자들 이외에도 『독일 국민에게 고함』으로 유명한 피히테, 염세주의 '생의 철학'의 쇼펜하우어와 같은 세계적 학자들도 있어요.

서양과 세계 문학에서 큰 비중을 차지하는 독일 문학

독일 문학은 중세 『니벨룽겐의 노래』까지 거슬러 올라갈 수 있지만 독일 문학이 세계적 수준까지 올라왔던 고전주의 문학에서부터 살펴보기로 해요.

고전주의는 일반적으로 그리스, 로마의 예술을 모범으로 조화와 균형, 객관성, 보편성, 총체성, 정제된 우아한 형식을 추구하는 예술 사조입니다. 고전주의의 중심지는 궁정이었고, 담당자는 교양 시민이었으며 주된 장르는 희곡이었지만 소설도 비약적으로 성장하였어요. 독일의 고전주의는 거의 괴테와 실러 두 작가에 의해 조성되었으며 낭만주의와 병존하는 시기로서 독일 문학이 세계적 수준에 오르는 시기이기도 해요.

괴테는 독일 문학사에서 최고의 작가로 시, 소설, 희곡 모두에서 뛰어난 작품들을 많이 남겼어요. 그는 독일 문학사에서 세계적으로 잘 알려진 '질풍노도기'를 열고 바로 이어서 고전주의를 꽃 피운 문학가예요. 대표 작품으로는 『젊은 베르테르의 슬픔』, 『파우스트』 등이 있는데 『젊은 베르테르의 슬픔』은 그를 일찍이 국제적으로 유명하게 만든 작품이며 『파우스트』는 독일 문학사에서 대표적인 희곡으로 일컬어지는 고전이기도 해요.

쉴러는 괴테와 함께 독일 고전주의 및 근대 문학의 쌍벽을 이루는 작가로서 문학사에 남을 희곡과 시를 많이 남긴 작가예요. 괴테와 함께 질풍노도기를 주도했으며 우리에게 익히 알려진 『빌헬름 텔』을 쓴 작가이기도 하고 베토벤의 교향곡 9번 '합창'에 포함되어 있는 '환희의 송가'를 쓴 시인이기도 해요.

낭만주의는 고전주의에 반기를 들면서 감성과 상상력, 동경, 신비, 무한한 것, 민속적인 것 등을 추구하던 예술 사조예요. 상상력에 의한 소재 발굴과 형식 융합, 장르 통합, 낭만적 반어(反語) 등의 특징을 가지고 있는데 가장 적합한 장르로 동화가 애호되었으며 소설에서도 환상적인 내용에 시적이고 단편적인 형식이 많았다고 해요. 대표적인 작가로는 『밤의 찬가』를 쓴 노발리스, 민요집 『소년의 마적』을 남긴 브렌타노, 그리고 '그림 동화'로 잘 알려져 있고, 『어린이와 가정의 동화』를 수집한 그림 형제가 있어요.

1830년에서 1850년까지는 독일을 비롯한 유럽의 여러 나라에서 자유와 평등, 민족 해방을 외치는 시민 혁명이나 운동이 일어났던 시기예요. 이런 시대적 배경에 따라 독일에서는 '청년독일파'라는 정치의식이 뚜렷한 문학 운동이 일어났어요. 대표적인 작가로는 뷔히너, 하이네 같은 사람이 있는데 우리에게 잘 알려진 하이네는 서정성과 재치, 풍자가 뛰어난 『노래와 책』, 『독일, 겨울동화』 등의 시집을 남겨 괴테 이후 가장 유명한 독일 시인이 되었어요.

20세기 전반기에 들어서면서 독일어권 희곡에서 가장 두드러진 두각을 나타낸 사람이 브레히트였어요. 그는 『서 푼짜리 오페라』, 『억척 어멈과 그 자식들』등과 같은 많은 희곡을 써서 세계적 명성을 얻었을 뿐 아니라 시인이자 연극이론가로도 유명했어요.

한편 이 시기에 독일을 대표하는 소설가로 토마스 만, 프란츠 카프카, 헤르만 헤세 같은 세계적인 작가들이 활동하기도 했어요. 토마스 만은 괴테 이래 현대 독일 문학에서 가장 소중하게 여겨지는 소설가로서 1929년 『부덴브로크 가의 사람들』로 노벨문학상을 수상하기도 했어요. 프란츠 카프카 역시 현대 독일 문학을 대표하는 작가로서 『소송』, 『변신』 같은 작품들에서 현대인의 소외를 가장 예리하게 표현했다는 평가를 받고 있어요.

괴테(위)와 쉴러(아래)

헤르만 헤세는 『데미안』, 『황야의 이리』 등의 작품이 있는데 비교적 이해하기 쉽고 동양적인 요소도 많아서 다른 독일 작가들보다 우리에게 더 많이 소개된 작가이기도 합니다.

제2차 세계대전 이후에는 독일 문학에서 새 기운이 싹트기 시작했어요. 그것은 '47그룹'으로서 하인리히 뵐, 마르틴 발저 등이 주축이 되어 '언어 벌채 운동'을 벌여 나치 시대의 선동적인 문체와 잔재를 털어버리려는 움직임이 있었어요. 이 그룹은 20여 년간 토론회를 열어 서독 문인들의 등용문 역할을 하기도 했는데 특히 뵐은 『그리고 아무 말도 하지 않았다』, 『아홉 시 반의 당구』 등의 작품에서 전쟁과 전후 독일 사회의 문제를 진솔하게 그려 냈고 그로 인해 1972년 노벨문학상을 받기도 했어요.

그 후 귄터 그라스도 『양철북』, 『고양이와 쥐』 등을 통하여 파시즘 시대를 정면으로 다루어 서독 전후 문학의 가장 큰 성과를 쌓아 올렸다는 평가를 받으면서 1999년 노벨문학상을 받게 됩니다.

이상 언급한 독일 문학가들 이외에도 라이너 마리아 릴케를 비롯한 수많은 세계적 작가, 시인, 희곡작가들이 독일 문학을 빛냈어요.

서양과 세계의 고전 음악을 주도한 독일 음악

흔히 독일적인 예술은 음악이라고 해요. 이 말은 음악이 독일인의 민족성과 감성을 가장 잘 표현하는 예술이라는 의미이기도 하지만 독일인들이 다른 어느 예술 영역보다 음악에서 세계 최고의 활약을 보이고 있다는 평가이기도 해요. 독일어권의 음악이 역사적으로 세계 음악의 중심이 된 것은 요한 세바스찬 바흐가 활동하던 바로크 시대부터라고 할 수 있어요.

이탈리아와 프랑스 음악에 비해 비교적 낙후되었던 독일 음악을 서양 음악의 중심으로 끌어 올린 사람은 바로 바흐와 헨델이에요. 『브란덴부르크 협주곡』을 비롯한 여러 종류의 음악을 뛰어난 솜씨로 작곡했던 바흐는 대위법 양식과 독일식의 중후한 내용으로 바로크 음악의 정상을 차지했어요. 한편 독일에서 태어나 주로 영국에서 활동하면서 당대에 국제적인 영향력을 행사했던 작곡가 헨델은 매년 크리스마스 때만 되면 전 세계에서 연주되는 『메시아』를 비롯한 오라토리오와 오페라에서 뛰어난 작품을 남겨 후세에 큰 영향을 미쳤어요.

18세기 후반부터 독일 음악은 바로크 양식에서 고전주의 음악으로 넘어오는데 고전주의 음악은 강한 선율에 주제적 색채가 강하고 화성이 중시되는 특징을 가지고 있어요. 독일 고전주의 음악은 하이든과 모차르트, 베토벤에 의해 크게 융성하였고, 이로서 독일 음악은 서양 음악, 나아가서는 세계 고전 음악을 주도하게 됩니다.

『시계 교향곡』, 『장난감 교향곡』, 『런던 교향곡』 등 100여 곡의 교향곡을 작곡한 하이든은 '교향곡의 아버지'라고 불릴 만큼 많은 교향곡을 작곡했어요. 그는 교향곡뿐 아니라 현악 4중주곡과 『천지창조』같은 오리토리오 등 수많은 곡을 작곡하여 고전주의의 대가들 중 가장 많은 작품을 세상에 내놓은 작곡가예요.

한편 모차르트는 경제적 어려움으로 고통받으며 살다가 요절했으면서도 주옥 같이 빛나는 작품들을 많이 작곡하여 '음악의 천재'라는 말을 듣는 작곡가예요. 그는 『피가로의 결혼』, 『돈 조반니』, 『마적』 같은 오페라와 『주피터 교향곡』을 비롯하여 많은 협주곡, 실내악, 소나타, 미사곡 등 불후의 명곡들을 세상에 남겼어요.

악성(樂聖)이라고 불리는 베토벤은 현대에서 세계적으로 가장 많이 연주되는 작품을 가지고 있는 작곡가예요. 하이든이나 모차르트에 비해 작품 수는 훨씬 적지만 9개의 교향곡, 6개의 협주곡, 2개의 미사곡 등 세계적으로 유명한 곡들을 가지고 있어요. 이들 중에서도 교향곡 3번(영웅), 교향곡 5번(운명), 교향곡 6번(전원), 교향곡 9번(합창)과 피아노 협주곡 6번(황제) 등은 고전음악 애호가가 아니라도 우리 귀에 익은 곡이에요. 피아노곡인 『월광곡』, 『엘리제를 위하여』 같은 곡도 우리에게 아주 친근한 곡이에요. 베토벤의 작품들은 개성적인 형식미와 강렬하고 역동적인 힘을 표현하여 많은 사람들에게 감동을 주고 있어요. 특히 그는 말년에 청각 장애가 와서 귀가 들리지 않는 상황에서도 불후의 명작 교향곡 9번을 작곡하고 그것을 지휘하기까지 하여 많은 사람들에게 깊은 감동을 안겨 주기도 했어요.

독일 음악은 베토벤의 후기부터 낭만파 음악으로 접어들면서 더욱 더 풍성

윗쪽 부터 바흐, 모차르트, 베토벤

해졌고 서양 음악에서 지도적 위치를 더욱 확고히 다지게 됩니다.

낭만파 음악가들 중에서 『마탄의 사수』로 유명한 베버는 독일적인 낭만주의 오페라를 작곡했으며, '가곡의 왕'이라고 불리우는 슈베르트는 짧은 생애에도 600여 곡의 가곡을 작곡하여 독일 예술 가곡의 새로운 경지를 열었어요. 『들장미』, 『보리수』 같은 가곡은 우리에게도 귀에 익은 곡이지요. 뿐만 아니라 『숭어』 등의 기악곡과 『미완성 교향곡』 등의 명곡도 있어요. 낭만주의 독일 가곡은 슈만과 브람스로 계속 이어지는데 이들은 가곡뿐 아니라 기악곡에서도 뛰어난 작품들을 많이 남겼어요.

한편 『한 여름 밤의 꿈』, 『성 파울루스』 같은 작품을 남긴 멘델스존도 이 시대의 독일 음악가이고, 뛰어난 피아니스트이면서 작곡가인 리스트 역시 같은 시대의 독일 음악가예요. 특히 리스트는 교향시라는 새로운 음악 형식을 만들어 내기도 했어요.

독일 낭만파 음악은 19세기 후반에 바그너를 통해 유럽 전체에 지대한 영향을 미치게 됩니다. 작곡가이면서도 오페라 대본을 직접 쓰고 많은 예술 이론을 집필했던 바그너는 자신의 음악을 종합 예술로 생각하여 문학, 연극, 미술, 음악 등 여러 장르가 포함되는 새로운 형식의 오페라를 작곡해 내기도 했어요. 이런 정신이 반영된 작품이 『니벨룽의 반지』 4부작과 『트리스탄과 이졸레』 등과 같은 악극입니다.

이렇게 풍성하고 화려한 독일 낭만주의 음악은 말러, 슈트라우스로 이어지고 현대에 들어와서 표현주의 음악의 쇤베르크와 신고전주의 음악의 힌데미트 같은 걸출한 음악가들을 배출하게 됩니다.

5. 독일의 주요 지역 탐색

독일 연방공화국은 각각 하나의 국가나 다름없는 16개의 주로 이루어졌는데 각 주는 주 헌법과 정부, 의회, 법원을 가지고 있어요. 조금 낯설기는 하지만 여기에 제시한 독일 16개 주의 이름을 한 번 소리 내어 읽어 보세요(괄호 안의 도시는 수도를 뜻합니다).

바덴뷔르템베르크(슈투트가르트), 바이에른(뮌헨), 베를린, 브란덴부르크(포츠담), 브레멘, 함부르크, 헤센(비스바덴), 메클렌부르크포어포메른(슈베린), 니더작센(하노바), 노르트라인베스트팔렌(뒤셀도르프), 라인란트팔츠(마인츠), 자를란트(자르브뤼켄), 작센(드레스덴), 작센안할트(마그데부르크), 슐레스비히홀슈타인(킬), 튀링겐(에르푸르트). 이 가운데 베를린, 브레멘, 함부르크는 그 자체가 도시이면서 주의 독자적인 성격을 가지고 있어요. 또 이 가운데 브란덴부르크, 메클렌부르크포어포메른, 작센, 작센안할트, 튀링겐 5개 주는 통일 전 동독 지역이었던 것이 독일 연방공화국에 편입된 것이에요.

어때요? 발음하기조차 어렵죠? 그래도 익혀 두세요. 외국 사람들이 한국을 알기 위해서는 우리나라의 16개 시와 도를 알아야 하는 것과 마찬가지로 독일을 이해하기 위해서는 독일의 행정 구역을 알아 두는 것이 좋아요. 그럼 이들 16개 주 중에서 11개만 골라 북동부, 서부, 중서부, 남부 지방으로 나누어 지역 탐색들 해 보도록 해요.

북동부 지방

베를린

베를린이 어디에 있는지 알고 있나요? 모른다면 빨리 지도에서 찾아보세요.

베를린은 1701년 프로이센 왕국의 수도가 되면서 발전하다가 프리드리히 대왕이 즉위한 1740년 이후 유럽적인 수준의 수도로서 모습을 갖추게 되고, 1871년 프로이센이 독일을 통일한 이후 독일의 정치, 경제, 학문, 문화의 중심지가 되었어요.

제2차 세계대전 이후 베를린은 서독과 동독 정부가 수립되면서 서베를린과 동베를린으로 양분되었고, 1961년 동독 정부는 주민들이 베를린을 통해 서방으로 탈출하는 것을 막기 위해 베를린 장벽을 쌓아 대립의 상징이 되기도 했어요. 그 후 독일이 통일되자 1990년 10월 3일 다시 독일의 수도가 되었어요.

이렇듯 베를린은 독일 근현대사의 운명에 가장 직접적인 영향을 받은 도시이기도 해요. 현재 인구 350만에 달하는 독일 최대의 도시인 베를린은 독일 최대 산업도시이기도 하지만 특히 전자 산업, 기계 제조, 화학 산업이 주력 분야예요.

브란덴부르크

브란덴부르크는 베를린을 에워싸고 있는 주로서, 수도는 포츠담이에요. 프로이센이 유럽의 강대국으로 부상하던 프리드리히 대왕 시절, 포츠담에는 대왕의 여름 궁전인 상수시 궁전이 있었는데 대왕은 이 궁전에서 근심, 걱정 없이 음악과 철학 그리고 정원 가꾸기를 즐겼다고 하네요. 포츠담은 제2차 세계대전에서 독일이 항복한 직후인 1945년 8월 미국, 영국, 소련 등 연합국의 정상들이 참석한 포츠담 회담으로도 유명한 곳이에요.

베를린의 볼거리

브란덴부르크 문: 1791년 프로이센 제국의 전승과 수도 베를린의 상징으로 세워진 베를린의 대표적 상징물이다. 아테네 신전의 문을 모방한 독일 고전주의 건축의 걸작으로 일컬어지는데 문 위의 여신과 사두마차는 1806년 프로이센을 점령한 나폴레옹에 의해 파리로 옮겨졌다가 1814년 다시 베를린으로 돌아온 것이다.

카이저 빌헬름 교회: 19세기 말 황제 빌헬름 1세를 기념하기 위해 세워진 로마네스크 양식의 교회이다. 제2차 세계대전 중 건물의 대부분이 파괴되었으나, 전쟁의 아픔을 잊지 않기 위해 복원하지 않고 그대로 둔 채 그 옆에는 현대적인 교회 건물을 지어 놓았다.

티어 가르텐: 폭 1km, 길이 3km의 넓은 공원이다. 공원 중앙에는 67m의 전승 기념탑이 서 있는데 이는 1873년에 세워진 것으로 프로이센이 덴마크, 오스트리아, 프랑스와의 전쟁에서 이긴 것을 기념하기 위한 것이다.

달렘 박물관: 베를린 남서쪽 달렘 지구에 위치한 이 박물관은 거대한 박물관 단지를 이루고 있는데 이곳에서는 조각, 회화, 인도 미술, 이슬람 미술, 고대 말기 비잔틴 미술, 민속학, 판화, 소묘 등의 8개 부분으로 구성되어 있다.

운터덴린덴: '보리수 나무 거리'라는 뜻을 가진 이 길은 베를린의 대 번화가로서 길 주변에는 주립도서관, 훔볼트 대학교, 독일 역사박물관, 제국의회의사당 등 베를린을 대표하는 건물들이 들어서 있다.

함부르크

자유한자도시 함부르크는 독일 제2의 도시이자 제1의 무역항이에요. 함부르크의 무대는 세계라고 할 만큼 다른 나라의 많은 회사들이 들어서 있어요. 160개의 중국 회사, 135개의 일본 회사, 65개의 타이완 회사, 25개의 홍콩 회사 등이 자리 잡고 있으며, 수출입 업무에 종사하는 기업만 해도 3000여 개가 넘는다고 해요.

또한 함부르크는 95개국의 총영사관과 영사관이 자리 잡은 국제 외교의 중심지이고 금융과 보험의 도시이며 문화의 도시예요. 이 도시 전체 면적의 41%가 녹지로, 독일에서 녹지가 많은 도시 가운데 하나이기도 해요.

북유럽의 정서를 물씬 풍기는 신고전주의 작곡가 브람스가 함부르크의 아

독일의 최대 항구 함부르크

들이라는 것은 잘 알려져 있어요. 계몽사상가 레싱이 1767년 독일국민극장을
창설하여 셰익스피어의 작품을 공연한 곳도 이곳 함부르크예요.

니더작센

니더작센은 바이에른 다음으로 큰 주로 해양성 기후를 보이는 북해의 섬들
에서부터 눈이 많이 와서 겨울 스포츠를 즐길 수 있는 하르트초 산악 지대까
지 아우르고 있어요.

주의 수도 하노버는 이 주의 산업도시로 발전했는데 2000년에는 세계인의
축제인 '엑스포 2000'을 개최하기도 했어요. 그 외의 산업지로 독일 자동차 폴

크스바겐의 원산지인 볼프스부르크도 이 주에 있는 도시이고, 괴팅겐은 노벨상 수상자를 많이 배출한 괴팅겐 대학교의 소재지로 유명하기도 해요.

서부 지방

노르트라인베스트팔렌

노르트라인베스트팔렌은 1800만의 인구에 인구 밀도도 1평방 km당 527명으로 유럽에서 가장 인구가 밀집된 지역 가운데 하나이며, 유럽 최대인 루르 공업지대가 이곳에 자리 잡고 있어요. 석탄과 갈탄의 매장량이 풍부할 뿐만 아니라 라인 강이 흐르고 있어 자원의 수송이 용이하여 독일 최대의 중공업지대로 옛 명성을 가지고 있는 곳이에요.

그러나 '석탄과 철의 땅'은 이제 옛말이 되었고 오늘날에는 '루르 지방에 푸른 하늘을'이라는 구호 아래 1600여 개의 환경 관련 기업들이 활동을 하고 있어 유럽 환경 기술의 중심지가 되어 가고 있어요.

이 주의 최대 도시 쾰른은 로마 시대부터 이 지역의 중심지 역할을 해 온 도시로서 특히 유명한 것은 고딕 양식의 대표적 건축물인 쾰른 대성당이에요. 주의 수도인 뒤셀도르프는 독일의 금융 중심지 가운데 하나이며, 오페라하우스, 미술관, 유명 극장을 갖춘 문화 도시예요. 쾰른 남쪽에 위치한 본은 독일이 분단되었던 시절에 서독의 수도였으며 베토벤의 고향이기도 해요.

라인란트팔츠

라인란트팔츠 주는 1946년 바이에른, 헤센, 프로이센 영토의 일부가 합쳐져 주가 구성된 곳이에요. 독일 포도 재배지의 2/3 이상이 이 주에 있는데 구

대성당이 있는 쾰른 시가지 모습

불구불한 모젤 강을 따라 경사진 언덕에 일조량이 많아 포도 재배에 좋은 조건을 갖추고 있기 때문이에요.

주의 수도 마인츠는 1446년 활자 인쇄를 발명한 구텐베르크가 태어난 곳으로 그의 인쇄 기구를 구경할 수 있는 인쇄박물관이 있어요. 마인츠 대성당은 쾰른, 트리어 대성당과 함께 독일 3대 성당 중 하나로 황제 즉위식이 7번이나 거행된 곳이에요.

보름스는 종교개혁자 마르틴 루터가 1621년 제국의회에서 그의 신학 이론을 철회할 수 없다고 주장했던 바로 그 유서 깊은 도시이며 독일에서 가장 오

독일과 유럽의 교통의 중심도시 프랑크푸르트

래된 유대교 예배당이 있는 곳이에요.

트리어는 2000년 전의 옛 도시로 로마 제국의 네 수도 가운데 하나였어요. 당시 알프스 이북의 최대 도시로 아직도 유네스코 세계문화유산으로 지정된 로마 시대 건축물들이 남아 있어요. 과학적 사회주의 창시자 칼 마르크스가 태어난 곳으로 유명하기도 해요.

중서부 지방

헤센

독일 한가운데 위치한 헤센 주의 수도 비스바덴은 휴양 온천 도시로 유명하지만 주의 경제, 문화, 교통의 중심지는 프랑크푸르트예요. 아마 여러분도 헤센이나 그 수도 비스바덴은 익숙하지 않더라도 프랑크푸르트는 알고 있을 거예요. 우리나라 비행기(대한항공, 아시아나 항공)가 독일로 날아가면 도착하게 되는 공항이 프랑크푸르트거든요. 독일의 중앙은행과 유럽연합의 통화 및 금융 정책을 총괄 지휘하는 유럽중앙은행이 소재해 있는 프랑크푸르트는 독일의 금융 중심지이며 항공, 철도, 고속도로 등 수많은 교통망이 교차하는 상업 도시예요. 매년 15회 이상의 국제박람회를 개최하는 이 도시는 자동차, 의류, 서적 등 다양한 전시품을 구경하러 세계 각국에서 온 방문객으로 연중 붐비는 도시이기도 해요. 2005년에는 우리나라가 주빈국이 되었던 도서박람회에서 우리나라 책을 통해 한국을 독일과 전 세계에 알린 적도 있어요. 이 도시는 1849년 혁명기에 독일 최초의 민주의회가 개최된 파울 교회와 독일의 대문호 괴테가 태어난 곳으로도 유명해요.

튀링겐

튀링겐은 독일 한가운데 위치하며 튀링겐 분지와 튀링겐 숲으로 이루어져 있어요. 이 주에는 바이마르라는 도시가 있는데 이곳이 1919년 독일 제1공화국인 바이마르 공화국의 헌법이 기초되어 통과된 곳이에요. 문화적으로는 괴테와 실러가 함께 활동한 곳이기도 하고 리스트가 이곳에서 작곡을 하기도 했으며 1919년 발터 그리피우스가 '바우하우스'를 창설하여 예술과 공예와 기술의 분리를 극복하는 강령을 채택한 곳이기도 해요.

이 주의 수도 에르푸르트에서는 1970년 3월 독일 분단 이후 처음으로 서독의 브란트 수상과 동독의 슈토프 수상이 회담한 곳으로도 유명해요.

작센

작센 주를 이야기하자면 라이프치히를 맨 먼저 이야기해야 해요. 이 주의 최대 도시인 라이프치히는 18세기 독일 지성의 요람으로서 많은 철학자와 시인이 교류했던 곳이에요. 1409년에 세워진 라이프치히 대학교는 독일에서 하이델베르크 대학교 다음으로 긴 역사를 가진 대학이고 독일의 문호 괴테와 생의 철학자 니체가 수학한 곳이기도 해요. 또 라이프치히는 음악의 도시이기도 해요. 바흐가 수십 년간 토마스 교회 성가대 지휘자로 있으면서 그의 대표작들을 작곡했으며 세계에서 가장 오래된 민간 오케스트라 게반트하우스 오케스트라도 이 도시에 자리하고 있어요.

뿐만 아니라 이 도시에서는 1989년 10월 9일 수십만 명이 모여서 "우리가 국민이다", "우리는 한 민족이다"라는 구호를 외쳤던 평화적인 민중 집회가 열려 독일 통일에 대한 동독 국민들의 의견을 확인하는 계기가 되었던 도시이기도 해요. 한편 건축과 조형 예술은 작센의 군주가 머물렀던 궁전의 도시 드레스덴을 중심으로 발달했는데 특히 츠빙거 궁전은 대표적인 건물이라고 할 수 있어요.

남부 지방

바덴뷔르템베르크

독일의 남서부에 위치한 바덴뷔르템베르크 주는 독일인들이 가장 즐겨 찾

하이델베르크 전경

는 휴양지인 흑림 지대와 독일 최대의 호수인 보덴제로 유명한 지역이에요. 알프스에서 시작되는 라인 강은 스위스와 프랑스의 국경을 이루고 흑림 지대의 산골짜기에서 발원한 다뉴브 강은 오스트리아로 흘러들어 가고 있어요. 산과 강과 골짜기들이 잘 어우러진 아름다운 곳으로 이름난 이 주는 해마다 1000만 명 이상의 관광객이 몰려오는 곳이에요.

그러나 자랑거리는 휴양지나 관광지만이 아니에요. 이 주는 고도로 산업화된 지역으로 독일 최고의 경제 수준을 유지하고 있어요. 이 주의 주요 산업으로는 정유 산업, 기계 제조, 정밀 공업, 광학 및 섬유 산업, 서비스 산업 등이 있는데 우리가 알고 있는 세계적인 명품 자동차인 벤츠의 본사도 이 주의 수도인 슈투트가르트에 있어요.

노이슈반슈타인 성

이 주는 대학과 학문으로도 그 명성을 날리고 있어요. 독일에서 가장 오래된 대학교인 하이델베르크 대학교를 비롯하여 만하임 대학교, 튀빙겐 대학교 등은 역사상 유명한 학자와 사상가들을 많이 배출하였어요. 천문학자인 케플러, 작가인 실러, 철학자인 헤겔과 하이데거, 과학자인 아인슈타인 등이 모두 이 바덴뷔르템베르트 주 출신이에요.

바이에른

독일의 남동쪽에 위치한 바이에른 주는 독일 연방주 가운데서 가장 면적이 넓고 인구는 두 번째로 많아요.

바이에른 주는 역사적으로 바이에른 왕국의 중심지였으며 주도 뮌헨에는

세계 최대 맥주 축제인 옥토버페스트가 열린 호프 브로이 하우스

세계 최대의 자연과학 및 기술박물관인 독일 박물관과 많은 미술관, 극장, 궁
전을 가진 문화 도시예요. 뿐만 아니라 독일 최대의 대학 중 하나인 뮌헨 대학
교와 뮌헨 공과대학 등의 종합대학과 수많은 전문대학, 연구소와 학술 기관을
갖춘 독일 지성의 요람이며, 항공기 제조, 전기 및 전자 산업, 보험, 금융, 출
판업이 발달한 독일 산업의 중심 도시이기도 해요.

또한 뮌헨은 독일 맥주의 대명사로 떠오르는 도시이기도 해요. 매년 가을 9
월 말에서 10월 초에 열리는 옥토버페스트에서는 바이에른의 민속 축제와 더
불어 이곳에서 생산되는 여러 가지 맥주를 맛볼 수 있어요.

바이에른 주에서 또 하나 유명한 것은 뷔르츠부르크에서 시작하여 퓌센에
이르는 약 370km의 '로맨틱 가도' 예요. 이 길은 원래 알프스를 넘어 로마로

가는 통로였는데 중세 독일의 모습을 그대로 보존하고 있는 소도시들과 19세기 바이에른의 왕 루드비히 2세 때 지은 퓌센의 노이슈반슈타인 성 등이 있어 중세적 낭만에 흠뻑 젖을 수 있는 길이라고 해요.

바이에른의 제2도시 뉘른베르크는 매년 장난감 박람회가 열리는 장난감 산업도시로 유명해요. 역사적으로는 1933년에 제1차 나치 전당대회가 열린 곳이고, 제2차 세계대전이 끝난 후에는 나치 전범에 대한 '뉘른베르크 재판'이 열렸던 곳이기도 해요.

이밖에도 매년 7, 8월에 바이로이트에서 열리는 '바그너 음악제'는 많은 음악 애호가들의 관심을 끌고 있는 유명한 음악 축제예요.

독일의 맥주 축제 옥토버페스트(Oktoberfest)

맥주의 나라 독일에서 열리는 세계 최대의 맥주 축제이다. 이 축제는 원래 1810년 10월 바이에른 왕국의 초대 왕인 빌헬름 1세의 결혼에 맞추어 5일간 음악제를 곁들인 축제를 열면서 시작되었다. 이후 1883년 뮌헨의 6대 메이저 맥주 회사가 축제를 후원하면서 독일을 대표하는 국민 축제로 발전했다. 매년 9월 셋째 주 토요일 정오부터 10월 첫째주 일요일까지 16일간 열리며, 독일 국민은 물론 전 세계에서 700만 명이 넘는 관광객이 이 축제를 즐기기 위해 모여든다.

축제 첫날에는 바그너가 세운 극장에서부터 뮌헨 시청 앞 광장에 걸쳐서 100여 개의 마을과 각종 직능 단체가 왕, 왕비, 귀족, 농부, 광대 등으로 분장하고 시내를 행진한다. 동시에 시내 광장에서는 뮌헨의 6대 맥주 회사가 3000명을 수용할 수 있는 천막술집을 열어 분위기를 고조시키고, 이어 뮌헨 시장이 그해 첫 생산된 맥주를 선보이면서 축제의 개막을 선언한다. 이후 16일 동안 맥주를 마시고 즐기면서 한바탕 맥주 축제가 벌어진다. 축제의 행사 내용으로는 맥주마시기 대회, 경마 대회, 민속의상 발표회, 맥주 품평회, 맥주아가씨 선발대회, 가장무도회, 맥주통 메고 달리기 등 매우 다양한 행사들이 벌어진다.

행사의 규모도 대단해서 축제 기간에 소비되는 맥주는 생맥주 500cc 기준으로 천만 잔에 이르고 안주로 쓰이는 닭도 65만 마리, 소시지 110만 톤에 달한다. 브라질 리우 축제, 일본의 삿포로 눈 축제와 함께 세계 3대 축제로 불리기도 한다.

유럽의 문화는 이탈리아의 르네상스로부터 시작되었고, 에스파냐의 신항로 개척으로 세계와의 만남이

이루어졌습니다. 산업혁명과 시민혁명으로 근대 유럽의 주역이 된 영국과 프랑스 그리고 정신적인 변혁의

상징인 독일의 모습들은 유럽의 이미지를 형성하는 데 큰 역할을 하였습니다. 유럽은 역사상 어느 곳에서도

시도된 적 없었던 거대한 실험을 하고 있습니다. 유럽의 27개 국가들이 하나가 되려는 실험입니다. 정복 혹은

침략과는 전혀 다른 차원의 이 평화적인 시도는 거의 성공한 것 같습니다. 유럽의 다양한 국가들이 하나가

되기 위해서 어떠한 노력을 하였고, 그 결과 우리나라와 전세계에 어떤 영향을 미치게 되었는지 알아보는 것은

세계화 시대에 세계를 이해하는 중요한 과정입니다.

왜, 유럽인가?
왜, 유럽 5개국인가?

유럽은 우리나라와 아주 먼 곳에 위치하고 있어요. 비행기를 타고 가려고 해도 10시간이 넘게 걸리는 지역이라서 더욱 멀게 느껴지는 거리예요. 뿐만 아니라 인종과 문화도 많이 달라요. 그런데도 불구하고 우리들은 유럽적인 것들을 많이 가지고 있어요. 미국과의 관계가 깊어서 미국적인 것 같지만 그 근원을 따지면 결국 유럽이 근원이에요. 그리고 우리가 서양이라고 부르는 것들은 그 지역이 어디든 유럽의 백인주류사회 문화예요. 우리 생활에서 서양적인 것들에 대해서 잠시 들여다보도록 해요.

우리는 정치, 경제, 사회, 문화 등 거의 모든 면에서 한국이나 아시아의 것보다 오히려 유럽에 근원을 둔 것들에 더 익숙해져 있어요. 민주주의와 인권, 산업화와 자본주의, 시민운동, 복지 사회, 과학 기술과 문화 예술 등 거의 모든 분야에서 유럽의 이념과 제도의 틀 안에서 살고 있는 거예요. 우리 생활에서도 양복, 양식(빵), 양옥(아파트)과 같은 의(衣)·식(食)·주(住)를 비롯하여 자동차와 철도 등의 교통수단, 그리고 TV, 컴퓨터, 휴대폰 등의 통신수단, 어디서나 볼 수 있는 교회와 성당, 학교에서 배우는 교과목, 심지어 발렌타인데이나 크리스마스 같은 축제, 생일 축하 노래(happy birthday to you)까지 유럽이 우리에게 전해 준 것은 이루 헤아릴 수 없을 정도로 많아요.

그런데 놀라운 것은 유럽인들이 우리에게만 그렇게 많은 영향을 미친 것이 아니라 세계 거의 모든 나라에 그들의 것을 전파했고 계속해서 영향을 미치고 있다는 사실이에요. 유럽을 모르면 세계를 알 수 없는 이유예요.

그렇다면 유럽을 이렇게 만드는 데 결정적인 역할을 한 나라들은 어디일까요? 바로 우리가 알아보았던 다섯 나라들(이탈리아, 에스파냐, 영국, 프랑스, 독일)이에요. 우리가 유럽에 관심을 가지고 그중에서 이 다섯 나라에 초점을 맞춘 것도 이런 이유에서예요.

1. 왜 유럽 5개국인가?

유럽의 근대화와 세계화의 주역들

유럽은 어떻게 해서 지금의 유럽이 되었고 어떤 과정을 거쳐서 자신의 것들을 세계에 전파할 수 있었으며 그렇게 할 수 있는 배경과 힘은 어디에서 나왔을까요? 유럽의 근대사를 이끌어 온 5개국(이탈리아, 에스파냐, 영국, 프랑스, 독일)을 중심으로 큰 줄기를 잡아가면서 그에 대한 답을 생각해 보려고 해요.

우리는 경제적으로 산업화된 나라, 정치적으로 민주화된 나라, 사회적으로 합리적인 사고가 지배하는 나라들을 근대화(modernization)된 나라라고 합니다. 또 후진적 상태에서 선진적 상태로 변화하는 과정을 근대화라고 하기도 해요. 즉 정치, 경제, 사회 문화적 측면에서 소위 선진국이라고 하는 발전된 나라들이 근대화되었다고 하는 셈이에요. 그럼 이와 같은 근대화는 언제 어디서부터 시작되었을까요? 바로 유럽이 근대화되면서 유럽으로부터 시작되었어요. 그리고 유럽의 근대화는 다른 지역의 근대화에서 촉매제 역할을 했어요. 뿐만 아니라 유럽과 세계의 근대화가 이루어지는 과정은 바로 세계화의 출발점이기도 해요. 그럼 유럽의 근대화는 어떤 과정을 통해서 이루어졌는지 유럽의 근대사 관점에서 생각해 보도록 해요.

유럽 근대화의 싹 : 이탈리아의 르네상스

14세기경 유럽에서는 천 년 동안 지속되어 온 중세 봉건 사회가 무너지기 시작했고 이와 함께 교회 중심의 중세 문화도 쇠퇴하게 되었어요. 이러한 봉건 사회와 중세 문화의 쇠퇴 속에서 새로운 근대 사회와 근대 문화가 싹트기 시작했는데, 그 첫 번째 싹이 르네상스라고 할 수 있어요.

르네상스는 이탈리아에서 비롯하여 점차 전 유럽으로 퍼져갔는데 이것은 중세에서 오랫동안 매몰되어 있었던 고대 그리스·로마 문화의 부흥을 발판으로 새로운 인간주의적 혹은 인문주의적 근대 문화의 창조를 지향하는 문화 운동이었어요. 이 르네상스 운동을 통해 유럽인들이 가진 전통적인 신 중심의 중세 봉건 사회의 의식 구조가 인간 중심의 근대적 의식 구조로 바뀌게 된 거예요. 아울러 자연 현상을 종교적, 이상적으로 보는 중세적 자연관에서 탈피하여 자연계의 법칙성을 탐구하기 시작했고 그것은 근대 과학의 바탕을 제공하기도 했어요.

르네상스의 모습을 간단히 보도록 하죠.

르네상스 시대의 문예 분야에서 대표적인 인물로는 인문주의 운동의 선구자이면서 중세 문화의 종합자로 불리는 단테를 먼저 꼽을 수 있어요. 그의 작품 『신곡』은 현재까지도 불후의 명작으로 남아 있어요. 또한 최초 근대 소설 『데카메론』을 쓴 보카치오도 빼놓을 수 없는 인물이에요.

그러나 르네상스 시대의 작품으로 우리에게 아직도 감동을 주고 있는 분야는 미술과 조각 분야일 거예요. 그중에서도 이 시기의 '삼대 거장'이라고 불리는 레오나르도 다빈치와 라파엘로, 미켈란젤로는 아직도 우리의 생각과 마음을 사로잡고 있는 사람들이에요.

이탈리아에서 시작된 르네상스는 알프스를 넘어 유럽 전역으로 퍼져 나갔어요. 특히 당시 인문주의자로서 네덜란드 출신의 에라스무스는 크리스트교적 인문주의자의 대표일 뿐 아니라 이 시대 전 유럽 지식인의 대표라고 할 수 있어요. 그의 풍자적인 소책자『우신 예찬』은 인문주의자로서 그의 명성을 일깨워 준 작품이에요.

한편 영국 인문주의 운동을 대표하는 사람으로는 토마스 모어가 있어요. 그의 명저『유토피아』는 그가 상상한 이상적인 나라를 그린 것인데 그 속에는 당대 영국 사회에 대한 비판과 함께 모든 사람들이 부를 공유하고 공동의 선을 위해 일하는 이른바 공상적 사회주의 이념이 담겨 있기도 해요.

문학 분야에서는 프랑스의 몽테뉴가『수상록』에서 인간성에 대한 깊은 통찰을 보여 주었으며 영국에서는 초서의『캔터베리 이야기』에서 비롯된 근대 국민 문학의 싹이 셰익스피어 때에 이르러 꽃이 피게 되어『햄릿』,『오셀로』,『멕베스』를 비롯한 수많은 희곡의 걸작들이 쏟아져 나왔어요. 한편 에스파냐에서도 이 무렵에 세르반테스가『돈키호테』를 통해 중세의 기사도를 풍자하기도 했어요.

자연과학 분야에서도 우리가 잘 아는 르네상스 시대의 유명한 과학자들이 배출되었어요. 폴란드의 코페르니쿠스는 지구가 태양의 주위를 돌고 있다는 지동설을 처음 주장했으며 이는 독일의 케플러에 의해 수학적으로 실증되었어요. 케플러는 유성의 궤도가 타원형임을 처음으로 발견한 사람이기도 해요. 이탈리아의 갈릴레오는 망원경을 발명하고 우리가 물리학 시간에 배우는 진자의 등시성과 낙체의 법칙을 발견하였어요. 그는 코페르니쿠스의 지동설을 확인하기도 하였는데 그가 지동설을 확인한 후 1632년 종교 재판에 회부되어 그의 학설을 취소하라는 강요를 당했을 때에도 재판장을 나서면서 "그래도 지구는 돌고 있다."라고 유명한 말을 남기기도 했어요.

자연과학의 발전과 아울러 기술의 진보도 크게 이루어졌어요. 특히 나침반과 화약 그리고 인쇄술은 이 시대를 바꾸어 놓은 데 결정적인 역할을 한 기술이에요. 나침반과 화약은 원래 중국에서 발명되어 아라비아를 거쳐 유럽에 전해진 것인데, 이 시대에 크게 개량되어 널리 실용화되었어요. 나침반은 정확한 천체 달력의 작성과 더불어 원양 항해를 가능하게 하여 신항로 개척에 크게 기여했으며 화약은 철포와 대포의 발명으로 인해 봉건 사회의 성곽을 무너트리는 데 큰 영향을 미쳤어요. 독일의 구텐베르크가 발명한 활판인쇄술은 곧 유럽 각지에 전파되어 이제까지는 주로 성직자나 스콜라 학자 등 일부 소수에게 독점되어 왔던 지식이 더욱 넓은 사회 계층에까지 확대되었어요. 르네상스 운동이 전 유럽에 빠르게 전파된 것도 이 인쇄술의 발명에 힘입은 바가 커요. 나침반, 화약, 인쇄술은 유럽을 급속히 발전시켰을 뿐 아니라 유럽이 세계의 중심 대륙으로 우뚝 서는 데 매우 중요한 요인들이 되었어요.

물론 르네상스에 의하여 모든 것이 근대화된 것은 아니에요. 그러나 르네상스에 의하여 유럽인들의 의식 구조 속에 인간의 자유와 인간 개성의 존중, 인간성의 해방, 종교의 구속을 받지 않는 학문의 연구 등 근대적인 것들이 싹트기 시작했고 이를 바탕으로 근대 사회의 발전이 촉진되었어요. 유럽의 근대화가 시작된 것이에요.

이와 같은 르네상스의 모습은 인문주의 또는 인본주의 기치 아래 전 세계로 전파되었고 우리도 현재 문학, 미술 애호가들의 일상생활에서, 학교의 교과목에서, 더 넓게는 학문과 예술 문화 분야에서 이 시대의 사상가, 문학가, 미술가, 과학자들의 영향을 받고 있어요. 유럽 근대화의 선두 주자인 이탈리아를 알아야 할 여러 가지 이유 중 하나예요.

유럽과 세계의 만남 : 에스파냐의 신항로 개척

15세기 초엽만 하더라도 유럽은 세계의 다른 지역으로부터 고립되어 있었어요. 유럽 이외의 다른 넓은 세계를 잘 알지 못한 셈이죠. 그들이 주로 접촉한 지역은 이슬람 문명 지역이었으며, 유럽이 동양의 물품을 접한 것도 이슬람 상인들의 중개를 통해서였어요.

그러나 그 후 150년이 채 지나기 전에 유럽인들은 아메리카 대륙을 발견하는가 하면 아프리카 대륙을 정복하여 식민지화하고 아시아를 비롯한 동양 여러 나라들과 유리한 교역 관계를 수립해 무역의 주도권을 장악하는 등 세계의 다른 지역에 대해 정치적 지배권과 경제적·문화적 우월권을 차지할 터전을 마련해 갑니다.

이러한 유럽 세계의 확대와 더 넓은 세계와의 만남은 포르투갈과 에스파냐의 신항로 개척으로 인도에 이르는 항로 개척, 아메리카 대륙의 탐험, 세계 일주 등으로 시작되었어요. 이와 같이 유럽인들이 미지의 세계를 찾아 나선 것은 상공 시민 계층의 경제적인 요구와 새로운 국민국가의 해외로의 발전 의욕 때문이에요. 그리고 새로운 시대의 과학과 기술의 발전을 계기로 유럽의 힘이 아프리카, 아메리카, 아시아에 진출한 것이에요. 이와 같은 유럽의 힘은 근대 400년의 세계사에서 유럽인들이 세계적으로 주도권을 장악하게 된 가장 근원적인 원동력이라고 할 수 있어요.

에스파냐의 신항로 개척 과정을 간단히 보도록 하죠.

포르투갈의 바스코 다가마가 인도 항로를 개척하기보다 약간 앞서 이탈리아의 콜럼버스는 에스파냐의 여왕 이사벨라의 후원 아래 대서양 서쪽으로 항해해 인도에 이르는 길을 찾아 나섰어요. 1492년 8월에 작은 항구 팔로스를 출항한 그는 10월에 서인도 제도의 조그마한 섬 산살바도르에 도달했는데, 그는 이것을 인도의 어느 섬이라 믿었어요. 이것이 대륙이라는 사실은 그 뒤에 이 지역을 탐험한 아메리고 베스푸치에 의해 밝혀지게 되었고 이 대륙은 그의 이름을 따라 아메리카 대륙으로 불리게 된 것입니다.

원래 포르투갈인이었던 마젤란은 에스파냐의 지원 아래 다섯 척의 선단을 이끌고 1519년 세비야 항을 출발하여 1520년 남아메리카 남단에 도달했어요. 그는 후에 그의 이름을 따라 마젤란 해협이라 불리게 된 위험한 수로를 어렵게 통과해 잔잔한 대양, 즉 태평양으로 나아갔어요. 이 넓은 대양을 항해하는 도중 그의 일행은 식량과 음료수의 부족, 갖가지 질병 등으로 격심한 고난을 겪은 끝에 이듬해 드디어 필리핀 제도에 도착했어요. 마젤란은 이곳에서 토착민에게 죽음을 당했지만 남은 일행은 이미 알려져 있던 항로를 따라 항해를 계속했고 1522년 마침내 세비야 항으로 돌아왔어요. 다섯 척의 배 중 돌아온 단 한 척의 배 빅토리아호에는 선원 18명만이 남아 있었어요. 지구가 둥글다는 것을 실증한 인류 역사상 최초의 세계 일주 항해는 이렇게 이루어졌어요.

이렇게 신대륙을 발견한 에스파냐의 정복자들은 미국 남부에서 중남미 일대에 걸치는 넓은 지역에 에스파냐의 식민 제국을 건설했어요. 중미의 아즈텍 문명과 남미의 잉카 문명이 에스파냐의 정복자들에 의해 멸망하게 된 것도 이 무렵이에요. 이곳에서 그들은 아메리카 원주민이나 아프리카에서 약취해 온 흑인 노예들을 이용해 금, 은 채굴이나 사탕수수, 담배의 재배 농업(플렌테이션)에 주력했어요. 16세기 유럽의 역사에서 에스파냐인이 주도권을 장악하게 된 경제적 배경이 바로 이 식민 제국에서 들어오는 재부(財富)에 있었어요.

그러나 16세기 후반 무렵부터 네덜란드, 영국, 프랑스 등도 해외로의 진출을 꾀하게 되자 원래 국내 산업에서 확고한 기반을 갖지 못한 포르투갈의 동양 무역이나 노예들의 강제 노동에 의존하고 있던 에스파냐 식민 제국의 약탈적 산업은 한계점에 도달했어요. 그래서 동양에서는 포르투갈 대신에 네덜란드가, 그리고 아메리카 대륙에서는 에스파냐 대신에 영국과 프랑스가 점차 우월한 지위를 차지하게 됩니다.

신항로 개척이 지니는 중요한 의미는 여러 측면에서 생각해 볼 수 있어요. 우선 신항로 개척으로 차와 면직물이 동방으로부터 전해지고 신대륙으로부터 담배, 감자, 코코아, 옥수수 등 새로운 산물이 유럽에 반입됨으로 해서 유럽인들의 일상생활이 한층 풍요로워집니다. 또한 신대륙으로부터 많은 금과 은이 반입되어 유럽의 물가가 크게 올라 가격 혁명까지 일어나게 되고 이로 인해 고정된 지대를 받고 있는 봉건 지주는 큰 타격을 받는 반면 상공 시민 계층의 지위는 크게 향상하게 됩니다. 이와 같이 상공 시민의 성장과 함께 광대한 해외 시장이 형성됨으로서 유럽의 경제는 양적, 질적으로 비약적인 발전을 하게 되고, 이는 유럽이 근대화하는 데 경제적 기반을 제공하게 됩니다.

그러나 신항로 개척이 지니는 더 중요한 의미는 그것이 유럽이라는 대륙뿐 아니라 전 세계에 미친 막대한 영향에 있어요. 그것은 이제까지 비교적 접촉이 적었던 동양과 서양 두 문명권 사이의 접촉을 더욱 활발하게 하고 지구 상의 모든 지역과 문명 사회가 서로 밀접한 관련을 맺게 함으로써 온 세계는 하나의 역사를 전개하게 되었습니다. 그러나 이렇게 성립된 세계는 결국 유럽인들의 주도권 아래 유럽 세력이 세계로 확대되어 나타납니다. 근대 400년의 세계 역사는 유럽의 정치, 경제, 사상, 학문, 기술, 종교 등이 압도적인 세력으로 전 세계에 확산된 역사라고 할 수 있어요.

여기서 우리는 유럽이 경제적으로 부강한 대륙이 되어 유럽의 근대화를 이끌어 갈 힘을 비축해 가는 과정을 볼 수 있으며, 유럽이 중심이 되어 세계를 서구화하는 과정에서 세계화의 시발점을 보게 됩니다.

신항로 개척으로 유럽에서 일어난 엄청난 변화와 세계에 준 영향을 고려할 때 이를 주도했던 에스파냐는 유럽 근대화의 두 번째 주자로서 결코 빼놓을 수 없는 나라예요.

또한 신항로의 개척은 우리에게도 '세계는 하나'라는 생각과 함께 개인이든, 기업이든, 국가든, 그 누구든 도전과 탐험의 정신으로 세계에 진출하여 꿈을 이룰 수 있다는 값진 교훈을 주고 있어요.

유럽의 정신적 대 변혁 : 독일의 종교개혁

르네상스가 이탈리아에서 일어나 학문과 예술의 새로운 기운을 불러일으키고, 이베리아 반도에서 시작된 신항로 개척이 유럽인들의 활동 무대를 세계로 확대시키고 있을 무렵, 또 하나의 새로운 변혁이 독일을 중심으로 일어나 유럽인들의 정신세계를 뒤흔들어 놓았어요. 이것이 바로 종교개혁이에요.

종교개혁은 중세적 권위의 상징이라고 할 수 있는 로마 교황과 로마 교회에 정면으로 부딪쳐 중세의 부정과 근대화의 추진에 철저했던 역사적 사건이에요. 또한 종교개혁은 순수한 종교의 회복을 추구했을 뿐 아니라 중세적 사회 체제 자체에도 도전하는 사회개혁운동까지 추진하였어요. 종교개혁은 이후의 영국 혁명, 프랑스 혁명과 더불어 절대적인 권위에 도전했다는 점에서 역사상 큰 의미를 가지게 되었어요. 유럽의 근대화를 촉진시키는 또 다른 정신적 요인이 된 셈이에요. 종교개혁의 과정을 간단히 보도록 하죠.

종교개혁에서 제일 먼저 등장하는 인물은 마르틴 루터예요. 그는 독일 작센주의 작은 광산업자의 아들로 태어나 처음에는 아버지의 뜻에 따라 법학 공부를 했어요. 그러나 어느 날 갑자기 종교적 위기를 겪게 된 그는 수도원에 들어가 수도사 생활을 시작했어요. 수도원에서 그는 여러 해 동안 종교적 자기모순과 무서운 싸움 끝에 마침내 바울의 『로마서』 속에서 대답을 찾아냅니다. 그것은 선행은 인간을 구원하지 못하며, 인간은 오직 믿음을 통해서 신의 은총에 의해 구원될 수 있다는 것이었고, 죄가 많은 인간은 자신의 뜻에 의해서가 아니라 신의 사랑에 의해서 의로워진다는 것이었어요.

그런데 그 무렵 독일의 교황 레오 10세는 성 베드로 성당 개축 비용을 마련하기 위해 그 악명 높은 인덜전스(면벌부)를 뻔뻔스러운 방법으로 판매하고 있었어요. 이를 보다 못한 루터는 1517년 10월 라틴어로 된 '95개조'의 반박문을 비텐베르크 성 교회의 문에 붙여 인덜전스의 판매에 반대하는 그의 견해를 공표하게 됩니다.

이에 교황은 루터의 주장을 이단(異端)으로 선언하였고, 루터는 교황의 칙서를 공중(公衆) 앞에서 불살랐습니다. 교황은 그를 파문에 처하고 세속 군주에게 그의 처벌을 명령했어요.

이에 따라 1521년 신성 로마의 제국 황제 카를 5세에 의해 보름스의 국회에 소환된 루터는 자기주장을 취소하라는 명령을 완강히 거절했어요. 뿐만 아니라 그는 신앙의 근거는 교황이나 공의회가 아니라 성경이라고 공언함으로써 교황과 가톨릭 교회의 권위를 정면으로 부정했어요.

보름스 국회가 휴회에 들어간 후 카를 5세는 루터에게서 법의 보호를 박탈했어요. 그러나 그것은 실제적 효력을 발휘하지 못했어요. 작센의 선제후 프리드리히가 그를 비호하여 바르트부르크 성에 거처하게 했기 때문이에요. 루터는 그곳에서 신약을 독일어로 옮기는 일에 종사했는데, 이 독일어판 성경은 인쇄되어 전 독일로 퍼져나가 결국 독일에서의 루터파 교회가 공인됩니다.

또 한 사람의 종교 개혁가는 칼뱅입니다. 그는 프랑스 중산층 출신으로 신학, 법학, 고전 등에서 폭넓은 교육을 받았어요. 그 뒤 루터의 개혁 사상에 영향을 받게 되었으며 1533년에는 갑자기 신으로부터 빛을 받았다고 스스로 말했다고 전해져요.

칼뱅의 교리는 그의 『그리스도교 강요』에 제시 되어있는데 그 핵심은 세계적으로도 유명한, 그의 '예정설'에 있어요. 그것은 인간의 구제 여부는 전지전능한 신의 자의에 의해 미리 예정되어 있으며, 인간의 어떠한 행위로도 그것을 변화시킬 수 없다는 것이에요.

신의 선택을 받은 자는 신의 뜻을 완수하기 위한 성도로서 자기 자신과 이세상 안에 있는 죄악과 싸워나가야 한다는 것입니다. 이래서 성도들은 스스로 구제에 대한 확신을 가지고 세속적인 직업에 근면하게 종사해야 하며, 동시에 일상생활을 합리적으로 조직하고 금욕적인 생활을 해야 한다는 것이에요. 이런 교리는 당시 경제적으로 일어나고 있던 중산 계층의 호응을 받게 되어 근대적 직업관과 생활윤리 형성에 크게 공헌합니다. 프랑스의 위그노(Huguenot), 스코틀랜드의 장로교도(Presbyterians), 잉글랜드의 퓨리턴(Puritans), 네덜란드의 고이젠(Geusen) 등이 모두 칼뱅교 계통의 개신교도들이에요.

개신교가 그 세를 확장해 나가고 있을 무렵 가톨릭 자체 내에서도 반성과 성찰을 통해 내부 종교개혁이 이루어졌고 개신교에 대항하는 종교단체가 만들어 졌어요. 그중에서도 예수회는 대표적이라고 할 수 있어요.

예수회는 로마 교회가 개신교와의 싸움에서 필요로 했던 충실하고 유능한 전사들을 마련해 준 단체예요. 에스파냐의 상이군인이었던 로욜라에 의해 창설된 이 교단은 교황에 대한 절대복종을 내걸고 엄격한 군사적 조직과 기율로 가톨릭 교세의 방어와 확장에 힘썼어요. 이들의 활동에 의해 이탈리아, 에스파냐 등 남부 유럽에서 개신교의 전파가 저지되고, 서남부 독일이 다시 가톨릭권으로 되돌아왔을 뿐 아니라 유럽 이외의 여러 지역에, 특히 중남미 지역에 가톨릭교가 전파되었어요. 그들은 성속(聖俗)의 교육 활동에도 커다란 공헌을 하여 가톨릭교회의 권위를 크게 높였어요.

이후 16세기 후반~17세기 전반까지 신구교의 대립은 격화되어 유럽 각지에서 종교전쟁이 일어나게 됩니다. 프랑스의 위그노 전쟁, 네덜란드의 독립전쟁, 독일을 중심으로 전개된 30년 전쟁은 모두 명목상으로는 종교 문제가 거론되었으나 이면에는 정치적 갈등이나 경제적 대립이 깔려 있었어요. 이런 과정을 거쳐 결국 유럽에서는 종교적 관용을 바탕으로 한 신앙의 자유가 생기게 되고 종교와 정치가 완전히 분리됩니다. 그런 가운데 절대 왕정이 성립하게 되고 다시 시민혁명을 통해 근대 국민 국가가 탄생하게 됩니다. 결국 종교개혁도 유럽의 근대화에 기여한 중요한 요인이 된 셈이에요.

이때부터 크리스트교는 개신교이든 가톨릭교이든 유럽인의 세계 진출에 따라 전 세계로 펴져나가게 되었고 우리도 직간접으로 그들의 영향을 받게 되었어요. 현재 우리나라 크리스트교인들의 수는 개신교와 가톨릭교 모두 합해 1300만 명이 넘고 있어요. 이들의 뿌리도 유럽의 종교개혁부터라고 할 수 있어요.

유럽의 민주주의와 인권 : 영국의 의회제도와 프랑스의 시민혁명

유럽에서 16~18세기를 절대 왕정 내지 절대주의 시대라고 해요. 이 시기는 근대 사회가 성립되는 초기 단계로서, 절대 왕권을 중심으로 근대 국가의 체제가 갖추어지기 시작하고 초기 자본주의가 성장하며 근대 문화의 확고한 토대가 구축되었던 시기예요.

앞서 언급한 대로 신항로 개척에 앞장섰던 포르투갈과 에스파냐가 먼저 번영을 자랑했으나 17세기 전반기에는 에스파냐로부터 독립한 네덜란드가 해외 무역에서 현저한 발전을 이룩하고 17세기 후반부터는 프랑스와 영국이 해외 발전의 패권을 놓고 각축전을 벌이게 되었어요. 17세기 후반 프랑스 루이 14세 시대에 절대주의가 절정에 달해 유럽의 패권을 장악하게 되고 영국에서는 두 번에 걸쳐 혁명이 일어나 절대 왕정이 무너지고 의회 중심의 입헌 정치가 시작되었어요. 18세기에는 프로이센과 러시아가 강대국의 대열에 참가하게 되어 오늘날의 유럽 강대국들이 그 모습을 드러내게 됩니다.

이 시기에 유럽의 민주주의와 인권에 대한 사상적 기반을 제공한 두 사람이 나타났는데 한 사람은 영국의 로크이고 또 다른 사람은 스위스에서 태어나 프랑스에서 살았던 루소예요.

로크는 그의 저서 『정부론』에서 새로운 민주주의 이론을 전개했어요. 그에 의하면 인간의 자연 상태는 자연법이 지배하는 자유롭고 평등한 상태이며, 인간은 재산과 생명 그리고 자유라는 자연권을 누리고 있다는 거예요. 사람들은 이러한 자연권을 더욱 확실하게 누리기 위해 계약을 맺고 사회(즉, 국가)를 만들었다고 해요. 그러므로 계약에 의한 국가의 성립은 자연권의 안전한 향유와 자연법의 원활한 실시를 위한 것이고, 권리를 양도한 것이 아니라 위탁한 데 지나지 않는 것이기 때문에, 개인은 국가나 군주에게 복종해야 하지만 그것은 자유로운 동의에 의한 것이고 자연권의 향유라는 한계 내에서의 일이라는 거예요. 따라서 지배자가 계약에 의해 위탁받은 권한과 한계를 넘어서면 시민은 이에 반항할 권리를 가진 다는 것입니다. 이러한 로크의 정치사상은 결과적으로 근대 민주주의 이론의 가장 중요한 토대가 되었고, 18세기 계몽사상가와 미국 (독립) 혁명 등에 아주 큰 영향을 미쳤어요.

두 번째로 민주주의 사상과 관련한 주장을 편 사람은 시계수리공의 아들로 태어나 프랑스에서 살았던 루소라고 할 수 있어요.

그의 사상에서 가장 중요한 것은 그가 『사회계약론』에서 전개한 인민 주권설이었어요. 루소는 사회(국가)의 성립은 인민 전체의 사회 계약으로 성립하며 개인의 개별적인 뜻인 의지의 집약인 동시에 공동 이익을 추구하는 '일반의지'가 법질서 성립의 기반이 되는 것이라고 했어요. 주권은 바로 이러한 인민 전체의 일반의지의 행사이며, 주권은 인민에게 있고 정부는 이를 집행할 따름으로 정부는 일반의지를 벗어나서는 안 된다고 주장했어요. 루소는 자유를 하늘이 내려준 천부(天賦)의 권리로 보았으며 단순한 법률적 평등만이 아니라 빈부의 격차를 축소하는 경제적 평등까지 주장해 현대 민주주의에 근접하는 사상을 제시했어요.

이외에도 프랑스의 몽테스키외 같은 사람은 『법의 정신』에서 행정·입법 두 가지 권리의 독립 이외에 제3의 사법의 독립을 추가시켜 삼권분립(三權分立)의 필요성을 강조하기도 했어요. 이러한 사상적 배경과 더불어 근대 민주주의는 17~18세기에 걸쳐 영국의 혁명을 통한 의회민주주의의 발달과 18세기 프랑스 혁명을 통한 공화정 같은 역사적 사건을 통해 그 모습을 드러냈고 그것은 이후 유럽을 비롯하여 점차 전 세계로 확산되어 갔어요. 각 나라별로 보도록 하죠.

영국은 일찍부터 의회 제도에 기초한 민주주의를 발전시켜 온 나라예요. 1215년 영국의 귀족과 성직자들은 왕의 전횡을 견제하기 위하여 '마그나카르타(Magna Carta)'라는 대헌장에 왕이 서명하도록 만들었어요. 마그나카르타는 왕이 영주와 국민에게 함부로 무거운 세금을 부과하지 못하도록 하였고, 귀족 계급과 대상인의 실권을 인정하며 금고, 추방의 형은 반드시 재판을 통해야 한다고 규정한 문서예요. 마그나카르타는 성직자와 귀족들의 특권을 보호하고 왕권을 견제하기 위한 것이었을 뿐 일반 국민의 자유를 위한 근대적 민주주의 조치는 아니었지만 영국 의회 제도의 기초가 되었고 이것이 바로 영국을 의회민주주의 국가로 만든 기원이라고 할 수 있어요.

영국에서는 또 1628년 '권리청원(Petition of Right)'이 채택되어 의회의 동의 없이 국민에게 과세하지 못하고, 국법에 의하지 아니하고는 사람의 몸을 감옥에 가두지 말아야 하며, 평시에는 계엄령을 시행하지 못하도록 하였어요. 이후 영국에서는 청교도 혁명과 명예혁명을 통해 의회민주주의가 계속 발전해 갔어요. 청교도 혁명은 절대주의와 전제 정치에 항거하여 입헌적 자유와 신앙의 자유를 확대한 점에서 큰 의의가 있고, 명예혁명은 그 결과로 권리장전이 만들어져 의회의 입법권과 과세권을 다시 확인하고 의원 선거의 자유와 의회에서의 발언 면책권을 규정함으로서 영국 의회민주주의의 진일보된 모습을 보여 주었어요. 또한 지주 귀족을 배경으로 한 토리당과 신흥 상공인을 골간으로 하는 휘그당이 17세기에 등장하여 일찍부터 양당 제도가 발달하고 책임 내각 제도를 도입하여 민주주의의 제도적 모습을 갖추어 갔어요.

한편 1789년 프랑스에서 일어난 대혁명은 구체제인 봉건 제도를 타파하고 자유·평등·박애 정신을 전 세계에 알린 역사적 사건이에요. 특히 같은 해 8월에 선포된 '인간 및 시민의 권리 선언'은 유럽 대륙 최초의 인권 선언으로써 '구체제의 사망 증명서'인 동시에 혁명이 지향하는 새로운 시민 사회의 기본 원리를 밝힌 것으로서 근대 민주주의와 인권 역사상 가장 귀중한 문헌의 하나라고 할 수 있어요. 바로 제1조에서 인간은 권리에 있어 자유롭고 평등하게 태어났다고 선언하고 언론, 출판 및 신앙의 자유와 법적 평등 및 과세의 평등을 규정하였어요. 뿐만 아니라 국민 주권과 재산권을 확인하는 동시에 국가 성립의 목적이 이런 자연권의 보존에 있으며 따라서 압제에 대한 저항권도 자연권이라고 선언했어요

프랑스 혁명은 자유, 평등, 박애의 이념을 내걸고 시민 계급을 중심으로 봉건적이고 귀족적인 구제도와 절대 왕정의 전제 정치를 타도하고 민주주의와

자본주의로의 길을 열었으며, 그런 의미에서 근대 시민사회 성립의 가장 중요한 계기가 된 전형적인 시민혁명이라고 할 수 있어요.

이후 프랑스 혁명의 이념은 나폴레옹의 유럽 정복을 통해 전 유럽에 전파되고 그에 따라 유럽의 여러 나라들에 자유주의와 민주주의 그리고 민족주의를 일깨우는 계기가 되었어요.

영국과 프랑스의 역사적 사건을 통해 우리가 알게 된 근대 민주주의는 다음과 같은 두 가지 특징을 가지고 있어요. 첫째는 모든 인간은 자유, 평등, 생명, 재산 등을 남에게 양도할 수 없는 천부인권을 가졌다는 사실이 선언되었다는 점이에요. 그리고 둘째는 시민들에 의해 군주나 귀족들의 권력이 제한되거나 전복되기 시작했고 이에 따른 민주주의 제도들이 등장하게 되었다는 점이에요. 정치적 근대화의 핵심 요소인 인권과 민주주의가 발전하는 큰 계기를 맞이한 거예요.

이상 우리가 본 영국의 의회 제도와 프랑스의 시민혁명은 유럽에서의 정치적 근대화인 민주화 중 핵심 부분이에요. 이는 유럽은 물론 전 세계 민주주의를 지향하는 모든 국가와 국민들의 이정표 같은 역할을 하고 있어요.

우리도 과거 반세기 동안 군부 절대 권력으로부터 민주화 과정을 겪으면서 영국과 프랑스의 민주주의와 인권 사상에 빚을 졌다고 할 수 있어요. 이 중요한 두 나라를 알아본 이유예요.

유럽의 산업화와 자본주의 : 영국의 산업혁명과 그 여파

18세기 후반 유럽 대륙에서 혁명의 바람이 불고 있었을 때 섬나라 영국에서는 이미 두 차례의 혁명을 통해 의회민주주의 제도가 정착되었으며, 인류의 생활을 크게 변화시킬 또 다른 중요한 산업상의 변혁이 진행되기 시작했어요. 제조업에서 새로운 기계가 발명되고 각종 기술의 혁신이 이루어지면서 생산력이 전례 없이 비약적이고 지속적으로 발전했어요. 그리고 그 영향은 전 산업 분야에 파급되어 경제 구조와 사회 구조에까지 큰 변화를 일으키게 되었어요. 이른바 산업혁명이 일어난 것이에요.

영국에서 일어난 산업혁명은 자본주의를 완성시키고 농업 사회였던 유럽 사회를 산업(공업) 사회로 전환시킴으로써 유럽의 경제와 사회, 그리고 나아가서 정치에 심대한 영향을 미치게 되고 더 나아가 세계를 변화시키는 계기가 됩니다. 영국에서 산업혁명의 주도적인 역할을 담당한 것은 목화를 주원료로 하는 면직물 공업이었어요. 양털을 주원료로 하는 면직물 공업은 오랜 전통을 지닌 모직물 공업과는 달리 값싸고 대중적인 상품으로 해외 시장과 국내 시장의 규모도 방대하였고, 수요도 많았기 때문이에요.

면직물 공업이 발달하게 된 것은 새로운 방적기가 잇따라 발명되면서부터였어요. 1760년 하그리브스가 '제니(Jenny) 방적기'를 발명한 데 이어 1769년에는 아크라이트가 수력을 이용한 수력방적기를 발명했고 1779년에는 크럼프턴이 두 기계의 장점을 살린 '뮬(mule) 방적기'를 발명함으로서 좋은 실의 생산량이 급격히 증가하게 되었어요. 그 결과 이번에는 실 공급에 직포의 공급이 따라가지 못하자 카트라이트가 역직기를 발명하게 되어 면직물 공업을 비약적으로 발전시키게 된 것이에요.

산업혁명의 핵심 동력이었던 증기 기관은 원래 탄광에서 물을 뽑아내는 데 이용되고 있었으나 18세기 초 뉴커먼의 의해 개량되고 1760년대에 다시 제임스 와트에 의해 개량되어 1780년대에 이르러서는 모든 기계의 동력으로 이용될 수 있게 되었어요.

면직물 공업에서 기계의 등장(방적기 같은)과 동력으로서 증기 기관의 이용은 근대적인 공장을 출현시키고 생산 방식을 급속하게 변화시켰어요. 종래의 수공업 생산이 20~30년 만에 공장제 생산으로 바뀌어 간 거예요. 면직물 공업의 기계화와 더불어 기계를 만들기 위한 제철 공업과 기계를 돌리는 데 필요한 석탄 광업에서도 현저한 발전이 이루어지게 되었어요. 이로 인해 철과 석탄은 점차 근대 산업의 기초 산업 자원으로서의 지위를 굳혀 가게 됩니다.

제철 공업이나 석탄 광업의 발달은 면직물 공업의 기계화에 의해 자극을 받기도 했으나 더욱 큰 자극은 교통수단의 혁명적 변화에서 왔다고 할 수 있어요. 즉 1830년 조지 스티븐슨이 발명한 증기 기관차는 바로 제철과 석탄을 동시에 필요로 했던 것이에요.

영국에서 먼저 시작된 산업혁명은 점차 프랑스, 독일을 비롯한 유럽 대륙의 주요 국가들에 파급되었어요. 영국을 모방한 유럽 여러 나라에서의 산업혁명은 유럽 자본주의의 급속한 팽창을 초래함으로써 선진공업국과 후진국이라는 구분을 만들어 내기도 하였어요. 이는 유럽에서뿐 아니라 세계적으로도 산업혁명을 얼마나 빠르게 받아들였느냐에 따라 선진국과 후진국의 갈림길이 생겼어요. 미국과 일본은 산업혁명을 빨리 받아들인 나라예요.

산업혁명은 프랑스 혁명과 더불어 유럽 근대 사회 확립에 가장 중요한 계기가 되었어요. 긴 인류의 역사적 시각에서 보더라도 산업혁명은 신석기 시대 농업혁명 이래 가장 중요한 산업상의 혁명이었어요. 계속적인 발명과 기술 혁신은 종전의 농업 사회와는 전혀 다른 산업 사회를 출현시키고 지속적인 경제 성장을 가능하게 했어요. 생산력은 이전의 어느 시대보다도 더욱 비약적으로 발전하게 되었으며, 그것은 인류에 풍요한 사회를 약속하고 빈곤을 극복할 수 있는 수단과 기반을 마련해 주었다고 할 수 있어요.

한편 산업혁명 후 인구의 급격한 증가 현상과 더불어 인구의 도시 집중 현상이 나타났으며 산업혁명의 중심지에는 새로운 공업 도시가 많이 생겨나고 농촌의 인구는 신흥 도시로 몰려들게 되었어요. 이런 변화는 노동 문제나 도시 문제와 같은 근대 산업 사회의 새로운 문제를 제기하기도 했어요. 오늘날과 같은 근대 사회의 모습이 나타나기 시작한 거예요.

그러나 산업혁명은 인류의 생활을 변화시킨 엄청난 사건이지만 한편으로는 어두운 그늘을 만들기도 했어요. 산업혁명 초기의 영국 공장 노동자들은 지위가 낮고 생활은 비참했어요. 최대 이윤을 추구하려는 자본가들에 의해 임금이 싼 부녀자와 미성년자까지 노동자로 동원되기도 했어요. 이들은 비위생적이고 위험한 노동 환경 속에서 장시간 일을 하여 평균 수명이 매우 짧았어요. 이로 인해 자본가와 노동자 간의 대립이 심화되고 노동 문제가 사회의 큰 문제로 대두하게 되었어요. 이와 아울러 빈부격차, 실업 문제, 생산과 소비의 불균형 등 여러 가지 사회 문제도 야기시켰어요.

이와 같은 현상은 산업혁명이 일어날 당시의 영국만이 겪은 문제가 아니에요. 일본에서도 메이지 유신 당시 산업혁명이 일어날 무렵과 비슷한 상황을 경험하였고 심지어 우리나라에서도 1960년대부터 산업화하는 과정에서 비슷한 현상을 경험하기도 했어요. 이런 자본주의 체제의 문제점을 비판하며 노동자들의 노동운동을 뒷받침하는 사회주의 사상도 이때 싹이 트게 됩니다.

이 뿐만 아니라 산업혁명은 우리 인류가 가장 크게 걱정하고 고민하는 문제인 환경 문제를 일으킨 근원이기도 해요. 산업혁명의 전성기를 누리던 당시 영국의 맨체스터, 독일의 루르 지방은 흑향(黑鄕, black country)이라고 불렸어요. 공장에서 뿜어내는 검은 연기가 하늘을 뒤덮었기 때문에 생긴 별명이에요. 당시 이 별명은 바로 발전의 상징처럼 여겨졌어요. 물건을 만들기 위해 공장이 돌아가고 그로 인해 굴뚝에서는 검은 연기가 뿜어져 나오는 것은 바로 농업 사회에서 공업 사회로 전환하는 상징적인 모습으로 비추어졌어요. 오늘날에는 환경오염으로 인해 도저히 상상도 할 수 없는 일이 그 당시에는 공업 사회로 나아가는 발전의 상징으로서 부러움의 대상이 되었던 것이에요.

　지금까지 살펴본 영국의 산업혁명과 그 여파는 영국과 유럽은 물론 세계 모든 나라에 현재까지 영향을 미치고 있어요. 거의 모든 나라들이 산업화를 통해 자국의 발전을 추구하고 있기 때문이에요.

　우리나라도 1962년 경제개발 5개년 계획을 실행하면서 압축 경제 성장을 통해 산업화를 이룩한 나라예요. 뿐만 아니라 산업화로 생기는 사회 변화와 환경 문제를 포함한 사회 문제까지 안고 온 나라예요. 우리가 영국을 주목하고 알아볼 이유 중에서 가장 큰 이유예요.

2. 왜 유럽인가? – 유럽의 세계 지배와 제국주의

지금까지 우리는 유럽이 근대화되는 과정을 이탈리아, 에스파냐, 영국, 프랑스, 독일의 근대사를 중심으로 살펴보았어요. 또 이 국가들이 근대화하면서 세계에 어떤 영향을 미쳤는가도 생각해 보았어요. 모두 긍정적 시각에서 유럽과 유럽 5개국을 바라본 셈이에요.

이제는 그들이 상대적으로 우월한 경제력과 군사력을 바탕으로 세계 거의 모든 나라를 식민지화하는 과정을 통해 유럽의 또 다른 모습을 보기로 해요. 그리고 이것은 우리가 유럽을 제대로 알아야 할 또 다른 이유를 제공해 줄 거예요.

영국에서 시작된 산업혁명이 19세기 중엽 이후에는 유럽의 주요 국가에 파급되어 자본주의가 서유럽에서 크게 발달하게 되었어요. 1870년대 이후 이러한 선진자본주의 국가들은 국내에 축적된 자본의 투하를 위한다거나, 식민지 보유가 국가의 위신을 높인다는 등 정치적 경제적 요인으로 새로이 아프리카와 아시아 등 후진 지역으로 진출하게 되어 제국주의 시대를 맞이하게 됩니다. 선진자본주의 국가들의 이러한 제국주의적인 진출로 말미암아 20세기 초까지 아시아와 아프리카의 여러 지역이 그들의 식민지나 반식민지로 전락하게 되었어요.

그 사회적 배경과 과정을 간단히 살펴보도록 하죠.

신항로 개척 이래 치열했던 식민지 쟁탈전이 18세기 중엽 주춤해진 이후, 19세기 중엽에 산업혁명이 유럽 여러 나라와 미국에 파급되어 자본주의가 고도로 성장하자 이들 선진자본주의 국가들은 종전과는 다른 방식의 세계 여러 지역으로의 진출을 시도했어요. 즉 종전에는 본국의 공업에 필요한 원료, 식량, 기타 생활필수품의 확보와 본국의 공업 제품 시장, 그리고 이민의 대상지로서 식민지가 필요했어요. 그런데 이제 자본주의가 성장하여 독점자본주의 또는 금융자본주의 단계로 접어들어 '해외 진출'이라는 새로운 요인이 나타나게 된 것이에요. 즉 자본주의가 발달한 유럽의 선진자본주의 국가는 국내에 축적된 잉여 자본을 투하할 곳, 즉 자본 시장을 국외에서 획득하는 것이 중요한 과제가 된 것이에요. 이 단계의 자본주의는 종전의 자유 경쟁적 자본주의와는 달리 거대 기업의 독점과 기업들의 합동 등으로 독점자본주의 단계로 접어든 한편 이제까지 산업에 종속되어 있던 은행이 거대한 자본을 가진 투자은행으로 발전하여 거꾸로 산업을 지배하게 된 금융자본주의로 변모하게 된 것이었어요. 1870년대 이후의 제국주의는 자본주의의 이러한 고도의 발전을 바탕으로 삼고 이에 수반된 잉여 자본을 투자하기 위한 세계 다른 지역으로의 진출이라는 점에서 종전의 단순한 상품 수출이나 원료 공급지로서의 식민지 획득을 위한 해외 진출과는 그 성격이 판이해진 것입니다.

제국주의적인 해외 진출과 식민지 획득 경쟁은 교통과 통신 기관의 발달로 더욱 가속화되었고 네덜란드, 영국, 프랑스 등 종전의 식민지 국가뿐 아니라 독일과 이탈리아, 미국과 일본 등 새로운 국가들이 참여함으로써 더욱더 치열해졌어요. 이러한 식민지 획득 경쟁은 경제적 요인 이외에도 식민지를 소유하는 것이 국가의 위신을 높여 준다는 정치적 요인이 크게 작용했지만 국내의 과잉 인구나 불량분자의 배출구 또는 선교 사업이나 문화 전파의 대상지로서도 식민지는 필요했던 것이에요.

아프리카의 경우를 먼저 보도록 하죠.

유럽 열강들의 제국주의적 식민지 쟁탈전이 가장 치열했던 곳은 아프리카였어요. 원래 아프리카 대륙의 북부 지역은 일찍이 고대 지중해 세계의 일부를 형성하고 있었고 근대에 들어와서는 신항로를 개척하는 과정에서 동서 해안 지대에 약간의 식민지와 무역 거점이 건설되었으나 광대한 내륙 지방은 19세기 중엽까지도 미지의 대륙이었어요. 그러나 영국의 탐험가 리빙스턴과 미국의 스탠리 등에 의해 아프리카 내륙 지방의 사정이 알려지게 되자 유럽 제국주의 열강은 앞을 다투어 아프리카로 진출해 20세기 초까지 이를 완전히 분할해 자신들의 영토로 만들어 버렸어요.

1875년까지 아프리카에 건설된 비교적 확고한 유럽 국가들의 식민지는 영국의 케이프 식민지, 프랑스의 알제리, 네덜란드인의 후손 보어인들이 건설한 오렌지 자유국과 트란스발 공화국 정도였어요. 그러던 것이 아프리카 북쪽에서는 영국이 이집트를 보호국으로 만들고(1882), 아프리카 남쪽에서는 보어 전쟁을 일으켜 오렌지 자유국과 트란스발 공화국을 합병하여 남아프리카 연방을 조직했으며(1910) 그 와중에 남아공에서 금과 다이아몬드가 발견되자 이를 얻기 위한 전쟁도 벌였어요.

프랑스는 1830년에 획득한 알제리를 거점으로 동진하여 튀니지를 얻고(1881) 남으로는 사하라 사막을 포함한 프랑스령 서아프리카를 획득하게 됩니다(1896). 독일은 카메룬과 토골란드(토고)를 얻고(1884), 다시 독일령 서남아프리카와 동아프리카를 보호령으로 만듭니다.

이탈리아는 홍해 연안에 에리트레아와 인도양에 면한 소말릴란드와 리비아

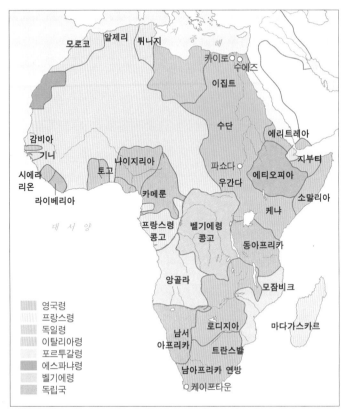

유럽 열강에 의한 아프리카의 식민지화

를 식민지로 삼고, 벨기에는 중부아프리카의 광대한 고무 생산지인 콩고를 영유하게 되며(1885), 포르투갈은 앙골라와 모잠비크를 획득하게 됩니다. 결국 1914년에 아프리카에서 독립을 유지하고 있는 나라는 미국의 해방노예가 세운 라이베리아와 에티오피아 두 나라만이 남게 되고 모든 아프리카의 나라들이 유럽 열강의 제국주의에 의해 희생되고 맙니다.

아시아와 태평양은 어떠한가요?

광대한 남태평양의 여러 섬들은 이미 신항로 개척 이래 유럽인들의 관심 대상이 되었으며 네덜란드는 일찍이 자바에 거점을 두고 인도네시아를 식민지화함으로서 확고한 세력을 구축했어요.

유럽 열강에 이어 미국이 식민지 쟁탈전에 뛰어든 것은 에스파냐와의 전쟁(1898) 때문이었어요. 쿠바를 둘러싼 양국의 전쟁에서 이긴 미국은 쿠바를 보호국으로 삼고 푸에르토리코를 획득하여 카리브 해를 지배하면서 중남부아메리카에 대한 영향력을 증대시켜 나갑니다. 또한 이 전쟁으로 필리핀과 괌을 획득하고 다시 1867년 미드웨이 섬과 1898년 하와이를 영유함으로써 미국은 태평양 국가로 등장하게 됩니다.

영국은 이보다 훨씬 앞선 18세기에 플라시 전투를 통해 경쟁자인 프랑스를 물리침으로서 인도 지배의 발판을 마련한 후 제2차 세계대전이 끝날 때까지 인도를 지배하게 됩니다. 또한 미얀마와 말레이시아를 식민지화하고 중국과 아편전쟁을 일으켜 중국을 개방하게 함과 동시에 중국을 유럽 열강들의 반식민지로 만드는 데에도 앞장서게 됩니다.

뿐만 아니라 영국은 오스트레일리아를 자치령으로 삼고 뉴질랜드를 영연방에 편입시켜 대양주를 자신의 영향권에 넣기도 합니다. 한편 인도에서 영국에 패한 프랑스는 인도차이나 반도의 베트남, 캄보디아, 라오스를 식민지화하게 됩니다. 이로서 남아시아와 동남아시아, 그리고 대양주까지 모두 유럽 열강과 미국의 식민지가 되는 비운을 겪게 됩니다.

여기에 신항로 개척 당시의 에스파냐와 포르투갈에 의해 식민지화된 중남미 국가들까지 합친다면 유럽의 열강들은 거의 전 세계를 자신들의 식민지로 만든 셈이에요.

이와 같이 세계 지배를 통해 유럽인들은 정치, 경제, 사회, 문화 모든 면에서 자신의 것들을 식민지 여러 나라에 전파했을 뿐 아니라 자신들에게 유리한 방향으로 모든 정책을 수행했고 심지어 모든 판단과 기준도 유럽 중심적으로 정했어요. 물론 이들의 지배를 받았던 식민지 여러 나라들은 그들의 주권은 말할 것도 없고 인간으로서의 생존까지 위협받는 고통을 감내해야만 했어요.

이 시기에 유럽인들에 의해 비유럽인들에게 자행된 악행은 이루 말할 수 없을 정도로 많아요. 그중에서도 우리가 묵과할 수 없는 역사적 사실은 유럽인들에 의해 이루어진 흑인 노예무역이에요. 이들은 인간을 동물이나 물건처럼 취급하면서 사고팔았으니까요.

당시 상황을 잠시 보도록 하죠.

신항로 개척 이후 처음부터 노예무역이 이루어진 것은 아니에요. 에스파냐는 아메리카를 정복한 후 라틴아메리카와 서인도 제도의 광산 개발, 사탕수수와 담배 재배의 대농장에서 아메리카인디언들을 노예로 삼았어요. 그런데 인디언들을 지나치게 혹사시키는 바람에 도망을 치거나 반항을 하기도 하고 심지어는 죽는 일까지 일어났기 때문에 그 수가 급격히 감소하게 되었어요. 이를 대체하기 위한 인력으로 16세기 초 인디언 대신 아프리카의 흑인을 들여오기로 하고 포르투갈이 식민지화한 아프리카 해안 지역에서 흑인들을 이주시키게 되었어요.

그 후 서인도 제도의 사탕수수 농장이 급속히 확대되고, 또한 아메리카 대륙에서 유럽인의 식민지가 확장됨에 따라 흑인 노예의 수요도 급증하여 노예무역은 점점 성대해졌어요. 16세기 말~17세기 말에 걸쳐 네덜란드, 프랑스, 영국 등이 포르투갈과 에스파냐가 독점하던 신대륙과 아프리카 서안에 침투하여 무역기지와 식민지를 건설하자 이들 나라 간의 경쟁은 더욱 치열하게 되었어요.

특히 영국은 영국–서부 아프리카–서인도 제도(유럽–아프리카–아메리카)를 연결하는 삼각무역(三角貿易) 체제를 구축하였는데 이는 영국에서 무역선에 술, 총, 화약 등을 싣고 아프리카로 가서 노예와 맞바꾼 다음 노예들을 서인도 제도에 팔고, 식민지의 상품을 구입하여 영국으로 돌아오는 무역 형태였어요.

이러한 형태의 무역이 계속되어 1771년에는 영국 노예 무역선이 190척이나 되었고, 연간 4만 7000명을 이동시켰는데 100톤짜리 배 한 척의 노예선에 400명 이상이 짐짝처럼 실려갔다고 해요. 이동하던 노예들은 항해 중에 1/6이 죽고, 도착해서 새로운 환경에 적응하는 동안 1/3이 죽었다고 해요. 아프리카에서 대서양을 건너 서인도 제도로 가는 도중 항로에서의 잔혹하고 비참한 실정은 말로 표현할 수 없을 정도였어요. 1750년 이후에는 노예 매매가 아니라 노예 수렵, 약탈도 이루어졌어요. 이러한 과정을 거쳐 유럽의 상인에 의해서 아메리카로 이동하게 된 흑인 노예는 300년 동안에 1500만 명에 이른 것으로 추정된다고 해요.

유럽인들은 참으로 인간으로서는 할 수 없는 엄청난 잘못을 저질렀어요. 결국 이와 같은 흑인 노예무역과 노예 제도에 바탕을 둔 인종 차별은 근대에 들어와서 인권 침해의 가장 대표적인 사례가 되었으며 오늘날까지 그 영향을 미치고 있어요. 우리도 일상생활에서 아프리카의 흑인 보다는 유럽의 백인에게 더 호감을 가지고 있는 것은 아닌가 한번 생각해 볼 일이에요.

또 한 가지 간과할 수 없는 점은 이 시기에 유럽인들이 동양인을 비롯한 비유럽인들을 어떻게 보았는가 하는 점이에요. 다행이 이 부분에 대해 우리에게 잘 알려줄 만한 책 한 권이 있는데 그것은 에드워드 사이드라는 학자가 쓴 『오리엔탈리즘』이라는 책이에요.

이 책에서 그는 유럽 국가들이 이 비유럽 사회를 지배하고 식민화하는 과정에서 동양에 대한 왜곡된 인식과 태도가 어떻게 만들어져 확산되었는지를 분석해서 보여 주고 있어요. 그에 의하면 유럽 국가들이 동양은 비합리적이고 열등하며 도덕적으로 타락하였고 이상(異常)한 국가이지만, 서양은 합리적이고 도덕적이며 성숙하고 정상(正常)이라는 식의 인식을 만들면서 동양에 대한 지배를 정당화해 왔다고 해요. 이와 같은 유럽인들의 사고방식은 결국 유럽 열강들이 추구해 온 제국주의의 식민지 지배를 낳는 수단이 되었을 뿐 아니라 식민지 지배를 정당화하는 근원적인 힘이 되었다는 거예요.

유럽인은 동양인을 비롯한 비유럽인에 대해 엄청나게 왜곡된 편견을 가지고 있었어요. 그런데 아이러니하게도 이들의 편견은 동양인들에게도 무비판적으로 수용되고 재생산되면서 오늘날까지 그 영향을 미치고 있어요. 우리 사회에도 현재 외국인 이주 노동자, 국제결혼한 외국 여성들이 우리와는 다른 세계에서 온 동남아 및 서남아인들이라는 이유 때문에 차별을 받고 무시를 당하면서 어려움을 겪는 것을 보면 우리도 유럽인의 편견을 그대로 갖고 있는 것이 아닌가 생각해 보고 반성할 일이에요.

결론적으로 소위 선진국이라고 하는 유럽의 여러 나라들은 우리 인류가 현재 안고 있는 세계적 문제들, 예컨대 선진국과 후진국 간의 빈부격차 문제, 인종 차별에서 파생된 여러 가지 인권 문제와 사회 문제, 산업화에 따른 환경오염과 생태계 문제, 제3국의 문화 정체성이 사라져 가는 문제 등은 모두 유럽 국가들의 근대화 과정에서 나타난 부작용과 그들의 식민 지배와 제국주의적 야욕에 그 뿌리를 두고 있는 거예요. 우리가 유럽을 제대로 알아야 할 또 다른 이유예요.

3. 하나의 유럽으로 – 유럽연합

　지금까지 우리는 유럽의 역사적 사건을 중심으로 왜 유럽 5개국을 알아야 하는가 그리고 이들 5개국이 포함된 유럽을 왜 알아야 하는가에 대해 생각해 보았어요. 이제는 오늘날 유럽의 모습을 보면서 완전히 다른 각도에서 왜 유럽을 알아야 하는가를 생각해 볼 차례예요.

　현재의 유럽은 역사상 어떤 지역에서도, 어떤 나라에서도 찾아볼 수 없는 거대한 실험을 하고 있어요. 유럽의 27개 나라를 한 개의 나라로 만들어 보려는 실험이에요. 세계 역사상 힘 있는 나라가 힘없는 나라를 정복하여 한 개의 큰 나라를 만든 적은 있어요. 하지만 이렇게 평화적인 방법을 통해서 많은 나라들이 더 큰 하나의 나라가 되려고 노력한 적은 없어요. 만일 이 노력이 성공을 거둔다면 (벌써 상당히 성공적이지만) 세계는 또 한 번 큰 영향을 받을 거예요. 이번의 영향은 앞서 우리가 보았던 과거

유럽연합기

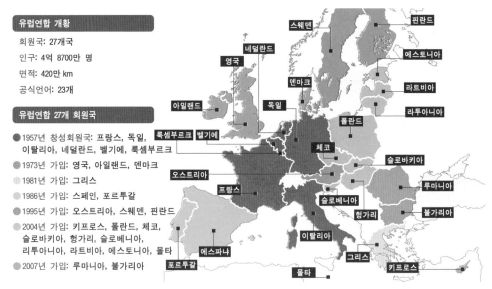

유럽연합의 현황 및 연도별 가입국

유럽연합 개황

회원국: 27개국

인구: 4억 8700만 명

면적: 420만 km

공식언어: 23개

유럽연합 27개 회원국

● 1957년 창성회원국: 프랑스, 독일,
이탈리아, 네덜란드, 벨기에, 룩셈부르크

● 1973년 가입: 영국, 아일랜드, 덴마크

● 1981년 가입: 그리스

● 1986년 가입: 스페인, 포르투갈

● 1995년 가입: 오스트리아, 스웨덴, 핀란드

● 2004년 가입: 키프로스, 폴란드, 체코,
슬로바키아, 헝가리, 슬로베니아,
리투아니아, 라트비아, 에스토니아, 몰타

● 2007년 가입: 루마니아, 불가리아

그들의 영향과는 사뭇 다른 의미에서의 영향이에요. 우리가 오늘날 유럽의 변화에 주목하고 그들을 알아보려고 하는 이유예요.

우리가 유럽을 여행하다 보면 유럽은 영광스러운 과거의 유적을 고스란히 보존한 거대한 박물관과 같다는 생각이 들 때가 있어요. 워낙 역사적 유적을 많이 가지고 있고 잘 보존하고 있기 때문이에요. 그러나 유럽을 다른 각도에서 보면 유럽이 하나의 국가처럼 국제사회에서 상당한 역할을 담당하는 역동적인 변화의 세력으로 떠오르고 있다는 사실을 알게 됩니다. 또한 유럽 지역에 있는 어느 한 나라의 경제적 어려움은 유럽 모두의 어려움이 되고 바로 세계의 어려움으로 전파된다는 사실도 알게 되고요.

유럽에서 이런 변화를 이끌고 있는 유럽연합(EU, European Union)은 1950년대 초 프랑스, 독일, 이탈리아 및 베네룩스 3국이 서유럽에서 시작하여 중·동부 유럽까지를 포함하는 27개국의 대륙적 규모로 성장했고 또 유로화라는 새로운 화폐를 만들어 미국의 달러와 함께 국제 금융 시장에서 중요한 역할을 담당하게 되었어요. 뿐만 아니라 유럽합중국(United States of Europe)이라는 새로운 통합 국가로 나아갈 씨앗이라고 할 수 있는 리스본 조약이 발효되어 앞으로 유럽연합의 행보에 세계가 주목하고 있어요. 이제부터 유럽연합의 속내를 들여다보아요.

유럽연합의 다양한 회원국과 초국가적 성격

유럽연합을 구성하고 있는 27개 회원국은 각각 고유한 언어와 전통, 문화와 풍습을 보유하고 있으며, 나름대로 특수한 역사적 과정을 통해 형성된 독특한 정치체제를 가지고 있어요. 독일은 연방 공화국이고, 프랑스는 중앙 집권적인 단일 공화국이며, 영국, 덴마크, 에스파냐 등 적지 않은 나라들은 여전히 군주가 국가원수인 왕국이고, 핀란드나 오스트리아는 전통적인 중립국이에요. 그리스는 아직도 농업의 비중이 큰 비교적 낙후된 국가이지만, 스웨덴은 이미 산업화의 단계를 넘어 후기 산업사회로 진입한 상황이에요.

2004년에 가입한 동유럽 회원국들로 인해 유럽연합 내의 다양성은 더욱 강화되었어요. 사용하는 언어만 해도 23개로 늘어났을 뿐 아니라 경제적 수준면에서 대부분의 신입회원국들은 기존의 회원국보다 낮은 수준이에요. 또한 유럽연합 내에서도 독일과 프랑스를 비롯한 유로화를 사용하는 지역과 영국과 같이 여전히 자국의 화폐를 사용하는 지역으로 나뉘어 있다는 점도 지나칠 수 없는 부분이에요.

이러한 다양성에도 불구하고 유럽연합은 그만의 독특한 초국가적인 성격

벨기에 브뤼셀에 있는 유럽연합 본부

을 가지고 있어요. 지난 1979년부터 유럽인들은 유럽 의회에서 자신을 대표할 의원들을 직접 선거를 통해 선출해 왔어요. 그들은 자신들의 국가를 대표하는 것이 아니라 유럽 전체를 대표하는 것이에요. 또 유럽연합의 행정부 기능을 담당하는 집행위원회는 1만 8000명이 넘는 관료들을 중심으로 구성되어 있으며 이들은 회원국의 관료들과 유기적인 관계를 맺고 있어요. 매주 브뤼셀에서 유럽연합 관료와 회원국의 관료들이 참여하는 회의만 해도 수백여 차례에 달해요. 따라서 유럽연합은 이미 하나의 거대 국가와 같은 행정 관료 체제를 구축해 놓고 있는 셈이에요. 또 유럽연합 회원국의 장관들은 유럽연합 각료이사회에 참여하기 위해 수시로 회원국으로 여행을 하고 있으며, 각 회원국의 정상들은 매년 두 번씩 유럽이사회에서 정상회담을 여는 한편, 중요한 쟁점이 대두되면 특별회의도 열어요. 유럽법원은 그 결정이 회원국의 법원들이 내리는 결정보다 우선하기 때문에 유럽사회에 핵심적 영향력을 행사하고 있기도 해요. 이처럼 유럽연합은 하나의 의회, 하나의 행정부, 회원국들이 참여하는 하나의 결정 기구(각료이사회와 유럽이사회), 하나의 법원 등 제도적인 단일성을 확보해 놓고 있는 것이에요. 유럽연합의 제도는 물론 어느 한 국가의 국내 제도에 비해서는 아직 그 결집력이 떨어지지만 그럼에도 불구하고 회원국들 간에 조정자와 통제자의 역할을 담당하는 초국가적인 정치체제로 존재하고 있어요.

유럽연합 공동정책의 수립 및 실행

위와 같은 제도적 통합을 바탕으로 유럽연합은 다양한 분야에서 모든 회원국에 적용되는 하나의 공동 정책을 추진하고 있어요. 여러 분야 중에서도 농업과 통상 분야는 유럽연합이 독점적인 정책권을 보유하게 된 최초의 정책 분야예요.

유럽의 농민들은 그들이 어느 나라에 속해 있든지 상관없이 유럽연합에 의해 제시된 공동 농업 정책을 통해 결정되는 생산량과 가격에 따라 매년 소득 및 사업 계획을 세워야 해요. 유럽연합은 이런 단일 정책의 추진으로 농업 관련 분야의 발전을 도모하면서 유럽을 국제적 농산물 수출국으로 변신시키는데 성공했어요. 유럽연합 각 회원국의 농민들이 한 덩어리가 되어 생각하고 행동한 결과예요. 이해관계가 얽힌 그 많은 나라들의 농민들이 하나같이 움직인다니 참으로 대단한 일이에요.

또한 유럽연합은 유럽공동체(EC) 시절인 1960년대부터 오늘날까지 대외 통상 협상권을 독점하여 회원국들을 대표하여 각종 다자 및 양자 간 회의에 참여하였으며 국제 조약을 체결해 오고 있어요. 2011년 7월에 임시로 발효된 자유무역협정(FTA)도 우리나라와 서명이 이루어져 유럽연합의 한 회원국이 아니라 독일, 프랑스, 영국 등 유럽연합의 27개국 회원국에 모두 똑같이 적용되는 협정이에요.

농업과 통상을 중심으로 시작된 유럽 차원의 공동 정책은 점진적으로 다른 분야로 확산되어 농업과 관련된 어업, 환경, 위생, 소비자 보호 등의 정책이 점차 유럽 차원에서 형성되고 있으며, 통상과 관련해서도 개발 지원, 과학 기술, 교육 등의 정책이 유럽화되어 가고 있어요.

물론 이 모든 분야에서 유럽연합이 직접적이고 상세한 결정을 내리는 것은 아니지만 회원국들은 유럽연합이 정한 원칙에 위배되지 않는 범위 내에서 세부 사항을 결정할 수밖에 없어요. 그만큼 회원국들의 정책 역시 '하나의 유럽'에 영향과 제약을 받게 되어 있는 셈이에요.

유럽연합의 단일 시장과 유로화

유럽연합의 회원국들은 회원국 간의 모든 장벽을 제거하여 유럽 전체를 한 나라의 국내 시장과 같이 단일 시장으로 만들기 위해 오랜 기간 동안 노력해 왔어요. 그 대표적인 것이 국경과 세관을 없애는 것이었어요. 국경을 없애기 위해 무비자 왕래를 보장했고 세관을 없애기 위해 관세를 철폐했어요.

유럽연합은 여기에 머무르지 않고 이와 동시에 발생하는 상징적이고 실질적인 문제들을 해결하기 위해서도 많은 노력을 기울였어요. 가령 포르투갈에서 인증받은 제품을 덴마크에서 유통시키는 문제, 그리스에서 의사 자격을 받은 사람이 영국에서 개업할 때 생기는 문제, 이탈리아의 조달관청에서 입찰을 할 때 독일 기업이 차별대우를 받지 않도록 하는 문제 등 단일 시장 계획은 수많은 규제를 통합하고 조정하지 않으면 안 되었어요. 오랜 시간과 적지 않은 진통을 겪은 후 1993년 유럽의 단일 시장

유럽연합 16개국에서 통용되는 유로화

은 완성되었고, 그 규모에 있어 유럽은 세계 최대의 경제권으로 부상하게 되었어요.

21세기 유럽에서 나타난 또 다른 중대한 변화는 유로라는 단일 화폐의 등장이에요. 이제 라인 강의 기적이라는 독일의 경제 발전을 상징하던 마르크는 역사의 뒤안길로 사라졌고, 마찬가지로 프랑스의 프랑과 이탈리아의 리라, 에스파냐의 페세타와 네덜란드의 플로린 등 민족 국가를 상징하던 화폐들도 모두 사라졌어요. 한 국가가 자신들만의 화폐를 포기하고 새로운 공동의 화폐를 사용하다니 우리로서는 얼른 이해가 안 되는 면도 있어요. 어느 학자는 이를 '지갑 속의 유럽'이라고 표현했어요. 그만큼 유럽인이 일상생활에서 하나의 화폐를 사용하면서 느낄 수 있는 동질성이 강화되었다는 의미이죠. 참으로 놀라운 일이에요.

이렇게 해서 유럽은 이제 하나의 제도, 하나의 정책, 하나의 시장, 하나의 화폐를 바탕으로 국제적 영향력을 확대해 나가고 있어요. 27개국을 거느린 거대한 유럽연합이 하나의 국가처럼 행세하는 모습을 보는 것 같아요.

유럽연합 내 시민들의 '생활공동체'

유럽연합 회원국들 간 국경을 없앰으로써 회원국의 국민들 간에는 거주 이전의 자유가 생겼어요. 이렇게 유럽연합을 경제공동체 차원을 넘어 '생활공동체'로 만든 일등 공신은 바로 쉥겐 조약(Schengen Agreement)이에요. 이 조약에 따라 유럽연합 회원국 시민들은 어느 나라에 가더라도 교육 및 취업의 기회 면에서 그 나라의 현지인들과 동등한 권리를 갖게 되었어요. 1985년 프랑스, 독일, 베네룩스 3국 등 5개국의 합의로 시작된 이 조약에는 현재 유럽연합 27개국 회원국과 아일랜드, 노르웨이, 스위스가 가입했어요. 조약 가입국 간에는 국경 검문과 여권 심사가 전혀 없어요. 이로 인한 사례를 보죠.

사례 1

프랑스 남서부 지방, 와인 주산지 보르도와 이웃하고 있는 에이매(Eymet) 마을에는 10여 년 전부터 영국의 은퇴자들이 몰려와 생활하고 있어요. 이유는 물가도 싸고, 기후도 좋아서인데 중요한 것은 영국의 은퇴자들이 이곳의 프랑스 사람들과 똑같은 대우를 받는다는 사실이에요.

사례 2

헝가리와 국경을 맞대고 있는 오스트리아의 판도로프(Parndorf) 마을은 헝가리인들이 국경을 넘어 출퇴근하면서 살아가고 있어요. 헝가리인이지만 오스트리아에서 근무를 하기 때문에 오스트리아로부터 좋은 임금도 받고, 의료 보험 혜택도 받고, 퇴직 연금도 받을 수 있어요.

사례 3

　　유럽연합 여러 나라의 학생들은 에라스무스 장학금을 통해서 유럽연합 회원국
내 어느 나라에서든지 교육을 받을 수 있어요. 교육을 받을 기회가 자신이 속한
나라에 국한되지 않고 그만큼 넓어진 셈이죠. 뿐만 아니라 교육받은 배경과 관
계없이 다른 나라에 취업을 할 수도 있는데, 가령 스페인 국적으로 마드리드 대
학교에서 디자인을 전공한 사람이 프랑스 파리의 패션 회사에서 프랑스인과 똑
같이 인턴사원으로 근무할 수도 있어요.

　　이상은 몇 가지 사례에 지나지 않는데 유럽연합 내에서는 시민들이 유럽이
한 나라인 것처럼 생활할 수 있는 여건들이 늘어 가고 있어요.

좌절과 진보, 실패와 성공이 반복된 유럽연합의 성장

　　그러나 이처럼 '하나의 유럽'으로 발전해 오는 과정은 순탄한 것만은 아니었
어요. 초창기의 원대하고 야심찬 군사 통합 계획인 '유럽방위공동체'는 실패했
고, 1960년대에는 프랑스 드골 대통령이 민족 주권을 보호한다는 명목으로 공
동체 제도를 마비시킨 적도 있어요. 또 1980년대에는 영국의 대처 수상이 "내
돈을 돌려 달라."고 여러 차례 요구하자 유럽연합 내 예산 배분과 관련된 문제
가 발생하기도 했어요. 1990년대 단일 화폐 출범을 앞두고는 그 당시 '통화위
기'라는 태풍을 극복해야만 했어요. 2000년대에는 '유럽헌법안'이라는 상징적
인 계획을 야심적으로 추진하였으나 프랑스와 네덜란드에서 국민 투표를 통
해 반대하는 복병을 만나 중도에 좌초되기도 했어요.

　　그러나 역설적으로 통합이 순탄한 성장 과정만을 거친 것이 아니라 이렇게
여러 차례 위기를 넘기고 지금까지 성장해 왔기 때문에 오늘날의 유럽연합이

보다 튼튼한 기반을 갖추게 되었다고 볼 수 있어요.

유럽연합은 회원국과 그 국민들 간 협력의 경험을 축적해서 만들어진 산물이에요. 그리고 이러한 경험의 축적 과정 이면에는 유럽을 하나의 운명 공동체로 만들기 위한 꾸준한 노력이 담겨 있는 거예요. 한 가지 놀라운 사실은 이렇게 어려운 통합 과정을 거치면서도 어느 국가도 유럽공동체나 유럽연합에서 탈퇴하지 않았다는 점이에요. 적지 않은 내부 진통을 겪으면서도 모든 참여 회원국이 자기 자리를 지켜 온 셈이에요. 이와 같은 유럽연합의 성장과 발전은 회원국들의 자발적인 참여, 협상에 의한 분쟁 해결, 법의 지배라는 합리적인 원칙에 기초한 평화적인 지역 통합의 모델로 세계에 등장한 것이에요. 유럽연합의 회원국과 그 국민들은 다른 나라나 지역에서는 꿈꾸기조차 어려운 일들을 실현시켰습니다.

유럽인들이 유럽을 하나로 만들고자 한 배경

우리는 유럽 여러 나라들 간의 상이함과 다양성이 존재하는데도 불구하고 유럽을 단일 실체로 이해하려는 경향이 있어요. 즉 우리는 유럽에 다른 지역과 명백하게 구분되는 공통적인 속성이 존재한다고 느끼는 것입니다. 우리가 종종 이야기 하는 '유럽풍의 건물', '유럽풍의 분위기', '유럽식 스타일'은 모든 유럽의 특징을 공유하는 단일 실체로 이해하는 단적인 예라고 할 수 있어요.

그 구성원의 다양성에도 불구하고 유럽을 하나로 바라보게 하는 한 가지 중요한 이유는 과거에서부터 '하나로 통합된 공동체'였다는 역사적 경험 때문일 거예요. 하나의 공동체로서 유럽의 기원은 멀리 로마 제국까지 거슬러 올라가요. 로마 제국은 북쪽으로 잉글랜드, 남쪽으로 북아프리카, 동쪽으로 터키, 서쪽으로 포르투갈에 이르는 광대한 지역을 통치하면서 지역 간에 물자를 교류하기도 하고 문화를 전파하기도 하여, 유럽을 비슷한 정치 제도와 계급 구조를 갖는 사회로 만들었어요.

로마가 닦아 놓은 도로를 따라 로마의 문화와 종교가 유럽의 곳곳으로 퍼져나가 크리스트교에 의해 하나의 정신적·문화적 공동체로 '통합'되었다고 할 수 있어요. 이탈리아에서 발생한 르네상스도 전 유럽으로 전파되어 인간 중심 사상을 보급했고, 포르투갈이나 에스파냐가 선두 주자로 나섰던 신항로 개척도 전 유럽으로 퍼져나가 다른 세계를 만나게 했어요. 뿐만 아니라 자유, 평등, 박애를 내세운 프랑스 혁명도 전 유럽으로 퍼져 나가 근대 유럽 국가들의 민주주의 제도가 성립하는 데 기여했고, 영국에서 일어난 산업혁명도 전 유럽으로 퍼져나가 자본주의 제도를 확립하는 데 결정적인 기여를 했어요.

이렇게 유럽의 근대 사회 형성에 기여한 여러 역사적 사건들도 유럽인들이 스스로를 하나라고 느끼게 하는 공통의 역사적 유산이라고 할 수 있어요. 그러나 역설적으로 통합공동체라는 의식과 함께 유럽은 그 어느 대륙보다도 수많은 정치적 단위로 분열되어 수많은 분쟁과 전쟁을 치렀던 대륙이에요. 유럽의 역사를 보면 나라와 나라 간의 국경선이 끊임없이 바뀌어 온 것을 알 수 있어요. 세계 어느 지역도 역사적으로 유럽만큼 분쟁과 전쟁이 많았던 지역은 없어요. 유럽 내에서의 수많은 전쟁들 가운데에서도 제1차 세계대전과 제2차 세계대전은 그야말로 유럽을 쑥밭으로 만든 인류 역사상 가장 참혹하고 피해가 많았으며 유럽뿐 아니라 세계 전체에 가장 큰 영향을 미쳤던 전쟁이었어요.

이런 엄청난 전쟁을 통해 유럽인들은 진정한 유럽 통합의 필요성을 자각하기 시작한 거예요. 특히 제2차 세계대전 당시 히틀러의 침략에 맞서 함께 투쟁한 유럽인들에게 서로 연대감을 느끼게 하였고 유럽 재건을 위해서는 국가간 국경선을 철폐하고 유럽을 하나의 공동체로 만들어야 한다는 인식에 도달하게 되었어요. 이들은 유럽 각국의 민족주의와 민족적 자만심을 전쟁의 근본원인으로 들어 비판하고, 유럽을 하나의 이해관계 속에 묶어 놓음으로서 평화를 보장받고 공통의 이해관계 속에서 안전과 번영을 추구하고자 하는 마음을 갖게 되었어요. 즉 유럽을 하나로 묶으면 옛날과 같은 전쟁과 분쟁이 없어질 수도 있다고 생각한 것이에요.

유럽 통합의 또 다른 요인은 국제 정치적 측면에서 찾아볼 수 있어요. 앞서 말한 제2차 세계대전이 끝났을 때 유럽은 승전국, 패전국을 막론하고 폐허의 상태가 되었어요. 과거 세계의 중심이었던 유럽은 전쟁을 통해 스스로 몰락의 길을 걸어갔고, 미국과 소련이 주도하는 새로운 국제 정치 질서하에 수동적인 존재로 전락하고 말았어요. 유럽이 세계사의 중심 무대에서 밀려난 현실을 자각하면서 유럽인들은 새로운 세계 질서 속에서 유럽의 독자성과 일체감을 유지하기 위한 방안을 모색했는데 유럽통합은 바로 이에 대한 대안이었던 셈이에요.

유럽연합과 한국

한국에서도 하나의 유럽은 21세기 들어 더욱 가시적인 모습으로 부상하고 있어요. 우선 유럽지역으로 배낭여행을 떠나는 젊은이는 과거 미국 달러를 들고 나가 여행지마다 각국 화폐로 환전해 사용하고는 했는데 이제 달러 대신 유로를 지갑에 넣고 파리로 들어가 암스테르담과 뮌헨, 비엔나와 로마, 마드리드와 리스본을 자유롭게 오가면서 여행할 수 있게 된 것이에요. 한편 한국은 지난 2007년 5월부터 유럽연합과 자유무역협정 체결을 위한 협상을 시작

한국과 유럽연합 간의 교역

유럽연합은 2009년 기준으로 총 교역액 788억 달러로 중국(1409억 달러)에 이어 우리나라와 제2위의 교역 파트너이다. 수출은 466억 달러로 중국(867억 달러) 다음으로 2위이고, 수입은 중국(542억 달러), 일본(494억 달러)에 이어 제 3위(322억 달러)를 차지하고 있다. 또한 무역수지도 중국(325억 달러)과 홍콩(182억 달러)에 이어 3위(144억 달러)를 차지하고 있다. 유럽의 한 나라 한 나라는 우리나라에서 큰 비중을 차지하지 않지만 27개국이 뭉친 유럽연합은 우리나라 경제에서 아주 큰 비중을 차지한다.

하여 서명까지 하게 되었고 2011년 7월부터는 잠정 발효가 되어 유럽과 한국이 경제적으로 더 가까워지게 되었어요. 경제적으로 가까워진다는 것은 바로 사회 문화적 측면에서도 가까워진다는 것을 의미하는 것으로, 멀리만 느껴지던 유럽이 우리 생활 속으로 더 분명하고 뚜렷하게 다가올 것으로 예상됩니다. 유럽으로의 여행도 늘어나고, 유럽 상품의 국내 반입도 늘어나 유럽을 접할 기회가 계속해서 확대되고 있어요. 그야 말로 국가의 큰일에서부터 개인의 일상까지 '하나의 유럽'을 한국에서도 여러 형태로 실감할 수 있게 되었어요.

한국과 주요국의 교역 현황(2009) 단위: 억 달러(%)

국가	총 교역액	수출액	수입액	무역수지
중국	1409(20.5)	867(23.8)	542(16.8)	325
유럽연합	788(11.5)	466(12.8)	322(9.9)	144
일본	712(10.4)	218(6.0)	494(14.3)	−276
미국	666(9.7)	376(10.3)	290(8.9)	86
무역 총액	6866(100)	3,635(100)	3231(100)	

자료: 주 유럽연합 한국대사관

유럽연합과 유럽 5개국

지금까지 살펴보았듯이 유럽은 유럽연합이 주축이 되어 움직이고 있어요. 이 중에서도 우리가 공부한 이탈리아, 에스파냐, 영국, 프랑스, 독일은 유럽연합 내에서 어느 정도의 위치에 있을까요?

아주 간단하게 알아보기 위해 국력을 나타내는 지표로서 인구와 국내총생산(GDP)을 알아보았어요. 이들 다섯 나라는 인구 측면에서 큰 나라들로 각각 1위에서부터 5위를 차지하고 있고, 이들이 유럽연합에서 차지하는 인구 비율은 과반수를 넘은 62%에 달하고 있어요. 또한 이들 5개국이 유럽연합에서 차지하는 국내총생산의 비중은 전체의 80%에 육박해서 27개국 가운데에서 22개국은 나머지 20%를 차지할 정도로 그 비중과 영향력이 매우 크다고 할 수 있어요. 이렇게 유럽연합 내에서 큰 비중을 차지하고 있다 보니 이들의 역할이 중요하기도 하지만 이들 나라 중 한 나라라도 잘못되면 그 피해 또한 클 수밖에 없어요. 유럽 내 한 국가의 경제적 위기를 다른 국가들과 함께 우려하는 것도 이 때문이에요.

유럽연합에서의 5개국의 비중(인구와 GDP, 2009)

유럽연합 및 5개국	인구(단위: 백만 명)	국내총생산(단위: 억 달러)
유럽연합	4억 98(100%)	14조 2000(100%)
독일	82.3(16.5%)	3조 3058(23.3%)
프랑스	63.3(12.7%)	2조 5554(18.0%)
영국	60.7(12.2%)	2조 0585(14.5%)
이탈리아	58.9(11.8%)	2조 0366(14.3%)
에스파냐	44.5(8.9%)	1조 3747(9.7%)
5개국 합계	3억 9.7(62.1%)	11조 3310(79.8%)

자료: 인구 자료는 EU, 국내총생산 자료는 IMF에서 인용

유럽연합의 27개국들은 크고 작은 나라들이 공존하는 초국가적 공동체예요. 독일 같이 큰 나라(인구 8200만 명)나 몰타 같이 작은 나라(인구 40만 명)도 다 같이 주권 국가로서 동등한 대우를 받고 있어요. 가령 유럽연합의 행정부라고 할 수 있는 집행위원회의 집행위원은 모두 27명으로 구성되어 있는데 독일도 한 사람, 몰타도 한 사람을 자국의 대표로 보내고 있어요.

또한 유럽연합의 사법부인 유럽 법원도 각 회원국마다 한 명씩, 27명의 법관으로 구성되어 있어요. 뿐만 아니라 27개국 중 23개국이 자국어를 사용하는데 이 23개국의 언어가 유럽연합에서 통용되고 있어요. 어떻게 보면 아주 비효율적이라고 생각될 수 있는데 모든 회원국들의 주권과 정체성을 존중하려는 그 기본 정신은 놀라울 정도예요.

그런데 두 가지 측면에서 큰 나라와 작은 나라 간에 차이가 있어요. 그 하나는 유럽의회 의원들의 구성 비율이에요. 유럽의회의 의원들은 자국을 대표하여 선출되는 것이 아니라 유럽 전체를 대표해서 선출되는 것이에요. 인구 비율에 따라 인구가 많은 나라는 많은 의석을 가지게 되고 인구가 적은 나라는 적은 의석을 가지게 되어 있어요.

가령 독일은 인구가 8200만 명이므로 96석의 의석수를 가지고 있지만 몰타는 인구가 40만 명이기 때문에 1석의 의석수를 가지고 있어요. 독일뿐 아니라, 프랑스, 영국, 이탈리아, 에스파냐도 인구 비율에 따라 각각 74, 73, 73, 54석을 가지고 있어 이들 5개국의 의석수는 모두 370석으로 전체 의석수 761석의 거의 절반에 가까운 것이에요. 그리고 유럽의회는 유럽연합의 각료이사회와 함께 매우 중요한 의사결정 기관이고 유럽연합의 여러 기구 중 유일하게 유럽 시민들이 직접 투표로 선출한 의원들로 구성된 기구예요.

회원국 간에 차이가 나는 다른 하나는 유럽연합의 예산을 구성하는 수입원인 각국의 분담금 비율과 절대액수가 달라요. 큰 나라는 많은 분담금을 내게 되고 작은 나라들은 적은 액수의 분담금을 내게 되어 있어요. 2011년도 유럽 연합의 예산은 1조 2552억 유로인데 이 중에서 직접 회원국이 내는 분담금은 1조 832억 유로예요. 이 분담금 가운데서 독일(19.6%), 프랑스(17.6%), 이탈리아 (13.4%), 영국(11.9%), 에스파냐(8.9%) 분담금의 합은 전체의 71.4%를 차지하고 있어요. 그리고 이 예산의 상당 부분은 유럽연합 내에서 어려운 처지에 있는 최근 가입한 중부·동부 유럽 국가들을 지원하는 데 사용되고 있어요.

이렇게 볼 때 유럽 5개국(이탈리아, 에스파냐, 영국, 프랑스, 독일)은 유럽의회에서 상당한 역할과 비중을 차지하고 있으며 유럽연합을 움직이는 데 필요한 아주 큰 재원을 조달하고 있는 셈이에요.

그러나 이들 나라들은 인구와 국내총생산뿐 아니라 국토의 면적이나 여러 산업 부분에서도 유럽연합 내에서 큰 비중을 차지하고 있는 나라들이에요. 특히 독일과 프랑스는 유럽연합을 이끌어 가는 쌍두마차라는 말을 듣고 있을 정도예요. 역사적으로도 유럽을 변화시키는 데 큰 역할을 했을 뿐 아니라 현재에도 유럽을 하나로 만드는 데 큰 비중을 차지하고 있어요.

끝으로 프랑스의 문호 빅토르 위고의 예언적 말이 생각나서 여기 다시 인용해 봅니다.

"이 대륙(유럽)의 모든 나라들이 그들의 독특한 개성과
영광스러운 개별성을 놓치지 않으면서 더욱 높은
하나를 형성하여 유럽의 형제애를 드높일 날이
올 것이다."

―빅토르 위고, 1849년